政社协同视域下

县域教育治理创新的行动研究

王晓芸 李广耀 ◎ 著

华东师范大学出版社
·上海·

图书在版编目（CIP）数据

政社协同视域下县域教育治理创新的行动研究 / 王晓芸，李广耀著. -- 上海：华东师范大学出版社，2024. -- ISBN 978-7-5760-5511-5

Ⅰ.G527

中国国家版本馆 CIP 数据核字第 20242WM144 号

政社协同视域下县域教育治理创新的行动研究

著　　者　王晓芸　李广耀
责任编辑　王丹丹
责任校对　郭　琳　时东明
装帧设计　卢晓红

出版发行　华东师范大学出版社
社　　址　上海市中山北路 3663 号　邮编 200062
网　　址　www.ecnupress.com.cn
电　　话　021-60821666　行政传真 021-62572105
客服电话　021-62865537　门市（邮购）电话 021-62869887
地　　址　上海市中山北路 3663 号华东师范大学校内先锋路口
网　　店　http://hdsdcbs.tmall.com

印 刷 者　上海龙腾印务有限公司
开　　本　787 毫米×1092 毫米　1/16
印　　张　12.75
字　　数　220 千字
版　　次　2024 年 12 月第 1 版
印　　次　2024 年 12 月第 1 次
书　　号　ISBN 978-7-5760-5511-5
定　　价　58.00 元

出版人　王　焰

（如发现本版图书有印订质量问题，请寄回本社客服中心调换或电话 021-62865537 联系）

全国教育科学"十三五"规划 2020 年度教育部重点课题"政社协同视域下县域教育治理创新的行动研究"（课题批准号：DHA200386）

序

党的二十大确立了教育、科技、人才在中国式现代化发展中的基础性、战略性支撑作用和地位,进一步凸显了教育的时代要求与历史使命。治理体系和治理能力现代化已经成为国家现代化的组成部分和主要内容。提升政府管理服务水平,提高学校自主管理能力,推动社会参与治理常态化,形成全社会共同参与的教育治理新格局,是建设中国现代化教育的重要任务。

政社协同是我国新时代治理体系现代化建设的重要内容。它的核心是通过政府与社会组织、社会公众在公共事务管理中相互合作和协调行动,实现共同的发展目标。如何借鉴国内外的成功经验,结合实际,走出一条高效、和谐的创新治理之路,是新时代教育发展的重要课题。破解这一难题既需要实践的多方面探索,也需要多维度、多学科、综合性地进行深入的理论建构与实践凝炼。

江苏省太仓市申报承担了全国教育科学"十三五"规划 2020 年度教育部重点课题"政社协同视域下县域教育治理创新的行动研究",并以此为抓手,开展了持续的探索。他们提出了"活力教育"的主张,努力以"好读书""读好书",形成在太仓"读书好"的生动局面,积极打造社会支持、公众认可、家长满意的良好教育生态,建设更加公平、更加优质、更加协调、更加有效的现代教育服务体系。近年来,我较长时间生活在太仓,通过当地政府建在那里的"谈松华深化教育综合改革工作室",我实地参与了课题的一些活动,这对我来说既是一个学习的过程,也为我带来了一些实际的感受。

第一,政府是教育协同治理体系建设的关键。作为公共权力机构,政府代表全体人民的利益,在治理体系中发挥主导作用。政府对保障教育公平、质量和效益,实现教育支撑经济和社会全面、可持续发展负总责。同时政府需要通过教育的发展,为每个人的生存和发展提供机会与条件。纵向上,国家、省(区、市)、地市、县市区政府以及教育行政部门,通过分工,层层落实责任;横向上,通过发挥依法治教和社会参与的作用,建设服务型政府。

太仓市委、市政府把教育作为促进民生幸福的头等大事、推动经济和社会高质量发展的重要支撑,全力以赴办好人民满意的教育。通过规划用地和持续建设,满足城乡居民和新市民子女日益增长的入学需求;通过规划、支持和投资,形成了支撑县域经济转型和高速发展的基础教育、职业教育和高等教育布局;通过加强和完善老年大学等措施,推动从健康养老到增智养老的转变。2024年太仓市再次通过各区镇向市委、市政府递交教育目标责任书的形式,层层压实教育强市的责任。

第二,社会参与是提高教育治理效能的基本路径。建设社会公众以团体、群体和个体等形式参与公共事务管理的机制,可以广泛倾听公众意见,通过协商实现不同利益相关者相互了解、理解和融合,达成共识,协同行动。当前,教育正处在深刻的变革之中,教育社会化的趋势愈加明显,教育不仅在宏观上受社会发展水平的支持与制约,同时也在中观和微观上受到区域、学校、家庭的社会、文化和经济发展状况影响。当前,充分利用社会资源,建设高质量的教育,已成为政社协同教育治理的基本途径。全国许多地区通过教育部门与社区、学校、家庭等主体参与教育教学和教育管理过程,形成了自上而下与自下而上相结合的解决教育问题的新模式。

太仓市在有民政情怀的教育局长和有教育情怀的民政局长的共同领导下,建立初高级中学"一校一社工"机制,全覆盖太仓市20所学校,努力打造"学校主导、社工协同、家庭尽责、社会支持"的工作局面,在江苏省首创了政社协同保护青少年心理健康的新路径。社工进校园解决了学校心理健康教育专业化的难题,通过驻校社工面向全体学生提供心理筛查、个案服务、小组服务,开设社工课堂、学校社工工作坊,常态化组织对社工的团队督导和个体督导,形成了不局限于学校对个别学生的关注与辅导,更从社会关系角度,分析学生心理问题的工作模式。太仓市还利用德企之乡的资源,开发阅读德企课程,协同市科技馆、博物馆、美术馆等,调动家长资源,开发田园课程和特色课程,让学生多角度感受"幸福田园城,美丽金太仓"的魅力。

第三,学校在政社协同治理中处于核心地位。学校作为办学主体,通过教育教学和教育管理落实立德树人根本任务,通过提供适切的学习环境和学习课程,在学生成长成才和个性发展方面发挥核心作用。但是,学校教育不能代替家庭教育、社区教育,只有三者形成合力,协同育人,才能保证每个学生的健康成长。学校处于治理的核心地位,可以整合家庭资源和社区资源,可以更好地汇聚家庭和社区对学校教育的支持和参与。实际上学校在治理中的核心地位是育人核心地位在育人主体关系上的体现，发挥的是各主体间的枢纽与桥梁作用。

太仓市城乡学校积极面向全体学生全面发展的要求，努力使每个学生都有出彩的机会，并在此基础上培育和促进更多拔尖和创新人才的成长与成功。他们抓学校管理改革试点，推进学校管理体制改革，将过去的教务处、教导处、学工处等职能部门，改为课程与教学管理、学生发展指导、教师专业发展等六大中心。学生发展指导中心面对学生发展需求，以项目化方式，组建应对小组，充分尊重学生、鼓励学生参与到学校治理中，必要时对外寻求专业机构的帮助，从而形成具有科学性、专业性的工作方案和实施效果。在深化集团化办学探索中，太仓市注重每所学校的活力培育，注重每所学校的优势发展，注重每所学校对集团的贡献，形成了践行新发展观的教育集团化发展新样态。

联合国教科文组织2022年发布了《一起重新构想我们的未来：为教育打造新的社会契约》的报告，提出面对人类及其居住的星球的严重危机，必须紧急重塑教育，以帮助人类应对共同的挑战。可以看出，政社以及更广泛的协同治理，已成为国际教育发展的共同愿景。太仓市的县域教育治理体系建设研究具有重要的现实意义和探索价值。

本书出版发行之时，全国上下正在学习贯彻落实第二次全国教育大会精神。习近平总书记高度概括了教育强国的科学内涵，特别把"社会协同力"作为重要内涵之一，为我们深入探索政社协同下的教育治理指明了方向。我相信，从建设教育强国的全局视角，从重新思考知识和学习如何在日益复杂的世界里塑造人类的未来的视角，研究政社协同的教育治理，必将为建设教育强国提供理论武器和行动指南。

这是我参与学习的点滴体会，是为序。

谈松华

国家教育咨询委员会委员
中国教育学会原常务副会长
中国教育战略学会学术委员会名誉主任

前　言

2013年11月,党的十八届三中全会提出"完善和发展中国特色社会主义制度,推进国家治理体系和治理能力现代化"的总目标。2014年1月,全国教育工作会议旗帜鲜明地将"加快推进教育治理体系和治理能力现代化"作为主旨,"教育治理"作为一种理念向导与实践方式,正式由教育的"幕后"走向"台前",将"教育治理"引入教育各领域的改革中,成为新时代教育发展的新景观。2018年9月,习近平总书记在全国教育大会上指出,"办好教育事业,家庭、学校、政府、社会都有责任","全社会要担负起青少年成长成才的责任。各级党委和政府要为学校办学安全托底,解决学校后顾之忧,维护老师和学校应有的尊严,保护学生生命安全"。由此可见,政府与社会是教育改革与发展不可或缺的支持力量,迈向新征程办好人民满意的教育需要"政社协同"。当前,教育发展充满不确定性,推进"教育治理"需要关注"政社协同"作为一种场域环境的客观存在,尤其是在基层教育现场教育治理体系构建与能力建设中,更需要"政社协同"的保障与支持。

古人讲,郡县治,天下安。"县（区）"是中国最基础、最重要的行政单位,因秦代推进郡县制而得到巩固和发展。正如习近平总书记在中央党校县委书记研修班学员座谈会上所讲的那样,"在我们党的组织结构和国家政权结构中,县一级处在承上启下的关键环节,是发展经济、保障民生、维护稳定、促进国家长治久安的重要基础"[①]。因此,"县兴则国兴、县强则国强",建设高质量教育体系,推进教育强国建设,要建设好中国2800多个县级行政区域的教育,相应的,办好县域教育在整个国民教育体系中具有基础性与先导性的战略价值,推进县域教育治理创新成为新时代教育改革与发展的重

---
① 习近平.习近平著作选读(第一卷)[M].北京:人民出版社,2023:333.

点工程。在这样的背景下,将"政社协同"纳入"县域教育治理创新",成为新时代推进县域教育高质量建设与发展"创新行动"的必要选择,"政社协同视域下县域教育治理创新的行动研究"也就成为一个与时代同步共鸣、回应时代呼唤的重要课题。

2021年2月,江苏省人民政府颁布《江苏省国民经济和社会发展第十四个五年规划和二〇三五年远景目标纲要》,将"建设现代化教育强省"作为"十四五"期间江苏教育改革与发展的战略任务和战略目标,全领域擘画江苏教育的未来,再次显现江苏教育作为中国教育改革"排头兵"和"试验田"的勇气和智慧。目前,无论是教育理念还是改革实践,江苏都处在中国教育发展的前沿,江苏教育敢为人先,不断探索教育改革的创新空间,一定程度上代表了新时代中国教育发展的质量与水平。苏州市是江苏的经济大市与教育强市,太仓市作为苏州市教育的典型代表,近些年一直贴合地区国民经济发展需要、老百姓教育高质量发展需求以及区域教育基础与文化传统,探索政社协同视域下的县域教育治理创新,多措并举改良县域教育发展生态,创生太仓教育现代化发展的新模式与新路径,打造新时代太仓教育的新格局。

太仓多年来深入推进"政社协同"的创新理念与改革实践。尤其是进入"十四五"以后,太仓全面推进治理体系和治理能力现代化建设,在教育各领域引入"治理"理念与思维,注重吸引社会力量参与教育治理、支持教育改革,而且政府在教育发展过程中主动担责、积极作为,与社会协作构筑太仓教育发展的保障体系与支持体系,求真务实追求教育改革与发展实效,"政社协同"为太仓教育高质量发展"保驾护航"。因此,在实践中积极推动"政社协同教育治理创新"已经成为太仓教育的典型特色与品牌,不断将"政社协同"作为县域教育治理创新的突破口,攻坚克难,力图将太仓教育的治理创新行动打造成有太仓特色、苏教品牌、全国影响的"教育样本",为新时代全面推进、优化中国县域教育治理提供"太仓模式"与"太仓方案"。正是在这样的背景下,太仓市教育局在2020年申请立项"全国教育科学'十三五'规划2020年度教育部重点课题'政社协同视域下县域教育治理创新的行动研究'(课题批准号:DHA200386)。在中国宏观教育研究著名专家谈松华研究员(国家教育发展研究中心原副主任)与王珠珠研究员(中央电化教育馆原馆长)的全程指导下,课题组以课题研究为抓手,系统梳理、整合、提炼政社协同视域下县域教育治理创新的"太仓智慧"。

事实上,该研究是一项从实践中来、回到实践中去的"行动研究",扎根太仓市多年来不断推进"政社协同"与"县域教育治理"的区域探索与创新实践,运用文献分析法、比较研究法、案例研究法、访谈法、民族志考察等综合方法,微观深描政社协同视域下太仓教育治理创新行动的理念遵循、模式选择与阶段性进展和局限,全景式勾勒在政社协同的大背景下太仓市如何有效推进县域教育治理创新行动,如何建成高质量的太仓教育体系,如何办好太仓人民满意的教育。鉴于此,本书遵循"相关基础理论研究—太仓县域实践研究—县域教育治理展望"的研究取径,运用九章内容呈现课题研究的核心要义与内容主旨。

第一章讨论"县域教育治理创新行动的依据",着重从建设教育强国的时代背景、国家教育治理的宏观布局与要求、当前县域教育发展的新情境与新需求三个方面,全面解析这个时代为什么要研究"县域教育治理创新行动"。

第二章讨论"县域教育治理创新的理论探析",着重从理论上分析教育治理与县域教育治理的内涵、特征、结构、内容,并且在论析县域教育治理的基础上对学校教育治理进行全方位解构,初步勾画了县域教育治理创新的理论景观。

第三章讨论"县域教育治理创新的现实图景",着重从现实出发,一方面描述了当前县域教育治理的三种代表性的类别,另一方面挑选国内比较有代表性的县域案例提出县域教育治理的三种模式,呈现我国县域教育治理的基本图景。

第四章讨论"政社协同县域教育治理的要求",着重围绕"政社协同"与"县域教育治理"的基本属性与特征,从政社协同教育治理的基本原则、县域教育治理创新的行动策略、县域教育治理创新的关系把握、家校社协同下的学校治理体系四个方面,明确提出政社协同视域下县域教育治理创新的"要求"。

第五章讨论"政社协同县域教育治理的策略",着重分析太仓的教育治理探索案例,提出三种策略:实施系统性规划引领、推进普法与依法治理、注重管理者能力建设。

第六章讨论"政社协同教育治理创新的措施",着重分析太仓在政社协同大背景下稳步推进县域教育治理创新的行动举措,而这些举措体现在规范政府行为:清单式管理、创新办学模式:集团化办学、社工进驻校园:教育新服务、助力学校教育:全方位育人四个方面。

第七章讨论"政社协同教育治理的学校行动",着重聚焦太仓的学校治理创新举措,运用大教育治理观审视学校办学,提炼出贴合太仓教育基础与文化传统、具有太仓教育特色的学校行动:推进创新人才培养、变革学校管理机制、打造区域教育特色、发展现代职教模式、创新融合教育体系。

第八章讨论"政社协同教育治理创新的总结",着重回顾政社协同视域下太仓教育治理创新的诸多行动举措与未来构想，从创新行动的基本特点、创新行动的关键因素、创新行动的推进方向三个方面，总结多年来太仓系统开展县域教育治理创新行动的卓越成就与区域经验。

第九章讨论"推进教育治理创新行动的深化"，着重立足太仓教育过去的发展历史、当下的发展成绩与未来的发展需要，从提升新时代教育治理创新的站位、新发展观引领教育治理体系建设、系统关注教育治理能力建设重点、县域是教育治理创新的重点场域四个方面下功夫，站在太仓、面向全国，既关照太仓教育可持续创新发展，也为中国县域教育治理创新提供具有未来性的发展思路与道路。

2023年5月29日，习近平总书记在中共中央政治局第五次集体学习时强调，建设教育强国要"以教育理念、体系、制度、内容、方法、治理现代化为基本路径，以支撑引领中国式现代化为核心功能，最终是办好人民满意的教育"，"坚决破除一切制约教育高质量发展的思想观念束缚和体制机制弊端，全面提高教育治理体系和治理能力现代化水平"[1]。因此，面向未来中国建设教育强国，要将"教育治理"作为教育改革与发展的理论遵循与实践路向，将提高教育治理体系和治理能力现代化水平作为教育强国建设的重点任务。县域教育治理创新是国家教育治理创新的重要组成部分，"教育治理体系和治理能力现代化"总体目标的真正实现，迫切需要"县域教育治理体系和治理能力现代化"，不断探索、推进县域教育治理创新要成为新时代中国教育治理创新基础性、先导性的教育工程。政社协同视域下的太仓市教育治理创新行动探索已经为此提供了良好的示范。

总之，本书既从理论上分析了为什么要从政社协同的视域切入讨论县域教育治理创新行动，又从实践上对太仓市的教育治理创新行动进行了较全面的阐释与模式提炼，立足政社协同视域下县域教育治理创新行动的"太仓实践"论析，初步勾勒、提炼出县域教育治理创新的"太仓模式"与"太仓方案"，一定程度上为中国县域教育治理的创新发展提供了一个可以参考的"区域样本"。然而，还要指出的是，本书更多是基于太仓市个案的微观深描，研究样本的代表性以及研究的专业视野仍有限，课题组成员撰写本书的过程中也不免存在一些尚未被察知的偏误，请各位读者、同侪不吝指正。

---

[1] 习近平.扎实推动教育强国建设[EB/OL].(2023-09-15)[2024-07-22]. http://www.qstheory.cn/dukan/qs/2023-09/15/c_1129862386.htm.

目 录

第一章 县域教育治理创新行动的依据 1
    一、落实教育强国建设的战略要求 1
    二、遵循县域教育治理的国家要求 12
    三、立足县域教育治理创新的环境 18

第二章 县域教育治理创新的理论探析 26
    一、教育治理的本质要求 27
    二、教育治理的体系建构 33
    三、学校治理的制度建构 41

第三章 县域教育治理创新的现实图景 50
    一、教育治理的不同类别 50
    二、教育治理的县域模式 55

第四章 政社协同县域教育治理的要求 59
    一、政社协同教育治理的基本原则 59
    二、县域教育治理创新的行动策略 65
    三、县域教育治理创新的关系把握 74
    四、家校社协同下的学校治理体系 77

第五章	政社协同县域教育治理的策略	84
	一、实施系统性规划引领	84
	二、推进普法与依法治理	91
	三、注重管理者能力建设	96

第六章	政社协同教育治理创新的措施	106
	一、规范政府行为：清单式管理	106
	二、创新办学模式：集团化办学	112
	三、社工进驻校园：教育新服务	120
	四、助力学校教育：全方位育人	125

第七章	政社协同教育治理的学校行动	132
	一、推进创新人才培养	132
	二、变革学校管理机制	135
	三、打造区域教育特色	140
	四、发展现代职教模式	146
	五、创新融合教育体系	155

第八章	政社协同教育治理创新的总结	161
	一、创新行动的基本特点	161
	二、创新行动的关键因素	165
	三、创新行动的推进方向	169

第九章	推进教育治理创新行动的深化	174
	一、提升新时代教育治理创新的站位	174
	二、新发展观引领教育治理体系建设	178
	三、系统关注教育治理能力建设重点	181
	四、县域是教育治理创新的重点场域	186

第一章　县域教育治理创新行动的依据

党的十八届三中全会提出,全面深化改革的总目标是完善和发展中国特色社会主义制度,推进国家治理体系和治理能力现代化。教育治理体系和治理能力现代化是国家治理体系和治理能力现代化的重要构成,也是其先导性力量。党的二十大报告提出,2035年"基本实现国家治理体系和治理能力现代化",建成教育强国。因此,在建设社会主义现代化强国和中华民族伟大复兴的大时代,需要更好地理解教育治理创新在推动教育现代化高质量发展、建设教育强国中的关键作用;同样,需要更好地理解县域教育治理的必要性和重要性,把握县域教育治理创新应该有、可以有的责任与担当。

一、落实教育强国建设的战略要求

我国教育正处在"穷国办大教育"向"大国办强教育"过渡的历史转折点上。"建设教育强国是中华民族伟大复兴的基础工程",奠定了教育强国的科学内涵,教育强国是国家基于教育发展总体形势提出的战略愿景,是人民愿望和国家意志的结合。

(一) 体现教育发展新内涵

党的十八大以来,以习近平同志为核心的党中央越来越围绕"培养什么人、怎样培养人、为谁培养人"这一原点问题思考教育,将教育上升到国之大计、党之大计这一新的战略高度。教育强国包含"以教育强国"和"教育的强国"两层含义。其中,"以教育强国"是将教育作为强国的必要路径与重要支柱,是说教育是建设现代化强国的决定性因素,具有明确的方法与方法论意蕴;作为偏正短语的"教育的强国",则表达国家教育的具体形态,指向强国这一整体结构中的教育构成,描绘强国构成中的教育目标,具有鲜明的结构层次论与目的论意蕴。国家对教育的高期待,通过优先发展、适度超前发展得以安排,"教育优先是指政府把教育和人力资源开发列为优先项目,政府在分配所掌握的财力时给教育以优先地位"。① 这就是国家坚持教育优先发展的战略。

1. 教育发展的国家责任

建设教育强国,意味着教育成为驱动国家发展、释放改革红利的基本力量和基本智慧。在国家 2050 年全面建成社会主义现代化强国的战略规划中,现代化教育强国要领先现代化强国 15 年,这一领先既包含着民族复兴中的教育责任,也包含着国家发展中的教育方法;既包含着教育范畴内建立公平有质量的教育体系,也包含着教育范畴外教育带动国家整体发展的引领作用、破局作用和示范作用。党的十八大以来的十多年间,我国各级教育普及程度达到世界高收入国家平均水平,2021 年劳动年龄人口平均受教育年限达到 10.9 岁,受过高等教育的比例达到 24.9%,国民素质的提升为经济高质量发展提供了强大支撑②。正如全国教育大会上习近平总书记所说:"坚持把优先发展教育事业作为推动党和国家各项事业的重要先手棋,不断使教育同党和国家事业发展要求相适应,同人民群众期待相契合、同我国综合国力和国际地位相匹配。"③在吸纳人力资本理论的同时,中国特色社会主义话语体系中的"以教育强国",越来越强调教育发展惠及全体人民这一普惠性问题,越来越将教育强国纳入中华民族伟大复兴的历史脉络之中来理解,也越来越将教育强国放入国家发展的系统性工程之中来理解,这是"从系统论上认识教育强国,把教育放在国民经济和社会发展系统中,关注教育对国家人力资源水平提升的贡献"④。党的二十大报告对教育强国中教育之全局性、基础性、先导性作用作了清晰论述,明确了教育赋能政治建设、经济建设、文化建设、社会建设和生态文明建设的多重任务和多重角色,进而在拓展教育功能的过程中增强了教育的服务意识,使其在新时代更加匹配在通往第二个百年奋斗目标过程中国家所面临的格局性变化和复杂性挑战。

教育强国是指一个国家具有强大的国家教育能力,从国家内部服务于人的现代性

---

① 雅克·哈拉克. 投资于未来:确定发展中国家教育重点[M]. 尤莉莉,徐贵平,译. 北京:教育科学出版社,1993:7.
② 教育部. 数说"教育这十年"[EB/OL]. (2022-09-27)[2023-03-22]. http://www.moe.gov.cn/fbh/live/2022/54875/sfcl/2 02209/t20220927_665124.html.
③ 教育部. 坚持优先发展教育事业——三论学习贯彻习近平总书记全国教育大会重要讲话精神[EB/OL]. (2018-09-15)[2023-03-26]. https://www.moe.gov.cn/jyb_xwfb/xw_zt/moe_357/jyzt_2018n/2018_zt18/zt1818_pl/mtpl/201809/t20180915_348880.html.
④ 李伟涛. 教育强国基本内涵与指标体系构建[J]. 中国教育学刊,2023(02):1-6.

增长和支撑国家综合国力的需要,从外部表现在这个国家教育的国际竞争力和世界影响力相当强。① 教育历来存在国家、社会和个人等不同取向,不同取向有不同观照,不同观照对应着教育中国家、社会和个人的多元价值诉求。教育强国的"中国特色",首先表现在坚持国家取向、社会取向和个人取向的融汇融通,以时代之眼重新审视教育功能、教育定位和教育担当,这与孤立地强调个体成功具有明显的差异。站位更高,教育强国的理论解释力和实践指导力自然也更强。我国的教育强国是以大时代中的大视野为原则对国家、社会和个人取向的汇通,在百年未有之大变局这一时代背景中,适时提出教育要担负起"为党育人、为国育才"的历史重任,要求胸怀"国之大者",坚持落实立德树人根本任务。党的二十大报告首次将教育、科技、人才并置,更加突出了教育在引领科技革命、培育拔尖创新人才、应对国际竞争环境和推动世界格局加速转变中的关键作用,更加突出了教育强国战略的基础性、主体性和先导性地位,这是在坚持把握大势、理解大局、着眼大事的方法论原则下对教育、科技和人才的系统谋划、一体推进。

2. 教育质量的重新界定

教育质量的理解与阐释决定着教育强国的理论与实践进路。作为教育之强国,要在以教育内容、教育结构为主线的教育理解基础上,对教育表现、教育质量和教育竞争力进行衡量、评价和展望。前者是后者的基础,国际社会普遍是在教育质量理解的基础上制定教育质量提升的具体政策,或者说任何教育政策都暗含着特定的质量观;后者则是在前者基础上最终实现的政策应用。

教育质量涉及教育中的不同利益相关者,以及不同利益相关者不同的价值取向,当我们以评价强弱的导向性进入教育时,必然要深度关切教育质量的多维性、多层次性和多主体性②。中国共产党将教育之"强"置于教育内外、国际国内纵横勾画的空间坐标中,也同步将其置于中国现代化进程的历史坐标中,这就决定了中国共产党领导的教育强国建设始终具备历史的发展眼光、国际的竞争力眼光和中国特色社会主义的制度眼光。从历史角度看,2010 年《国家中长期教育改革和发展规划纲要(2010—2020 年)》发布,首次提出"加快从教育大国向教育强国、从人力资源大国向人力资源

---

① 张炜,周洪宇. 教育强国建设:指数与指向[J]. 教育研究,2022(01):146-159.
② 中国教科院教育质量标准研究课题组,袁振国,苏红. 教育质量国家标准及其制定[J]. 教育研究,2013
(06):4-16.

强国迈进"。①《中国教育现代化2035》提出"到2035年,总体实现教育现代化,迈入教育强国行列,推进我国成为学习大国、人力资源强国和人才强国,为到本世纪中叶建成富强民主文明和谐美丽的社会主义现代化强国奠定坚实基础"。党的二十大报告将"教育强国""科技强国"与"人才强国"一并阐述,凸显了它们在现代化强国建设中的关键位置。从中国特色社会主义的制度眼光来看,教育强国建设需要汲取古今中外优秀文化与思想,构建具有中国特色与中国话语体系的教育理念,在这一过程中形成一种新的教育方法或强国方法,它是于大变局中开新局的中国方法,是一个"超过个体范畴,进入大共同体范围的方法进路",它必将超越西方研究范式中的"冲击—回应说""中心—边缘说""传统—现代说"以及"帝国主义说"等。②

3. 促进全体人民的发展

"教育现代化的核心是人的现代化"③,以人民为中心是中国式教育强国最本质的内涵与方法。在价值论上,教育强国指向普遍惠民的民生价值、助推转型与升级的经济价值、提升创造力的科技价值与增强文化自信的文化价值④;在本体论上,教育强国不只是教育的硬实力,还包括教育的软实力,后者取决于教育的自由、平等、担当、激活、区分的程度⑤。从中国共产党的初心使命以及中国教育发展的历史来看,我国教育强国的内涵始终包含以人民为中心,因此是价值论与本体论相结合的教育强国。始终坚持以人民为中心的发展思想,在发展教育的过程中就不是让优质教育服务向个别区域开放,不是让优质教育成果为个别群体独享,不是让教育发展由个别团体来推动,而强调的是教育发展中人民群众的共建、共治、共享。中国共产党领导中国人民建设教育强国的目的是让教育改革发展的成果更多更公平地惠及全体人民,朝着实现全体人民共同富裕不断前进。正如习近平总书记指出的,"人民立场是中国共产党的根本政治立场"⑥,国家教育政策的制定与实施,始终将人民拥护不拥护、赞成不赞成、高兴不高兴作为重要依据,人民满意是我国推动教育发展的最高标准,从人民群众的判断

---

① 国务院.国家中长期教育改革和发展规划纲要(2010—2020年)[EB/OL].(2010-07-29)[2023-03-26].http://www.gov.cn/jrzg/2010-07/29/content_1667143.htm.
② 任剑涛.变动坐标:"百年未有之大变局"的复式理解[J].上海交通大学学报(哲学社会科学版),2023(02):97-111.
③ 谈松华.历史的跨越:宏观决策视角下的中国教育[M].北京:商务印书馆,2020:747-751.
④ 朱旭东,李育球.新时代教育强国的新内涵建构[J].重庆高教研究,2018,6(03):3-8.
⑤ 吴康宁.教育的品质:教育强国的"软实力"[J].教育发展研究,2015,35(11):1-4+48.
⑥ 习近平.习近平谈治国理政(第二卷)[M].北京:外文出版社,2017:40.

与期待出发不断审视教育面临的突出问题,化解亟待解决的突出矛盾,新时代一体化大力发展劳动教育、整顿教育培训市场、建立家门口的好学校等,是在国家层面积极回应人民群众对更高质量、更有效率、更加公平教育服务的期盼。以人民为中心体现了"中国共产党人一贯坚持的人民利益至上的价值立场、为人民谋幸福的价值取向和让人民满意的价值标准,实现了价值立场、价值取向和价值标准的有机统一"。① 可以说,这种统一让教育强国获得了真正的动力源泉和精神归宿。

(二)应对教育治理新挑战

1. 更复杂的教育系统

国家在引领教育强国建设时,要率先回答"谁的教育强国""教育强在哪里""如何实现教育强国"等基础性必答题。教育强国的综合性与复杂性呼唤并支持科学的教育治理。

站在人民立场上,中国的现代化教育强国建设必然要遵循世界教育强国的普遍性、一般性成长规律,"始终保持危机感、化危机为机遇""再造教育信息化的领先优势""强化技能强国的战略竞争优势""持续扩大教育国际竞争力影响力""倾举国之力,持续推进战略性竞争"等②;还需在中国特色社会主义制度下,在中国大地上思考如何发挥我国教育强国建设的政治优势、制度优势和文化优势。可以肯定的是,在从教育大国向教育强国转变的过程中,国家将面临更加尖锐复杂的矛盾,各种问题将突发迭出,教育强国建设与教育改革进入深水区和攻坚期是高度同步的,教育强国建设就是教育改革深度推进的过程。改革进入攻坚期,"更多面对的是深层次体制机制问题,对改革顶层设计的要求更高,对改革的系统性、整体性、协同性要求更强"③,唯有以高度的使命感和责任感,才能统筹处理新时代教育发展面临的各种复杂问题,在追求更高质量、满足更多样教育选择④的同时解决人民群众对教育公平的强烈诉求,思考大众教育、学校传统正规教育中培育拔尖创新人才的可能空间与创新路径,在提升教育内力、苦练教育内功的同时更加主动提升国际教育治理体系中的中国影响力,定位中国坐标,协同教育服务经济社会科技发展的工具价值和教育塑造现代化成熟人格的内在价值。

---

① 陈金兰."以人民为中心"发展思想的价值哲学意蕴[J].西部学刊,2023(04):28-31.
② 高书国.世界教育强国的形成与发展:以英、法、德、美为例[J].教育研究,2023,44(02):15-29.
③ 习近平.习近平谈治国理政(第三卷)[M].北京:外文出版社,2020:112.
④ 柯政.建设教育强国应更加突出多样化发展[J].教育研究,2023,44(02):30-44.

在该阶段,任何教育改革都不可能在单一领域、单一维度、单一群体、单一目标下展开,一系列具有牵一发而动全身作用的教育改革,如评价改革等,必须坚持治理理念、运用治理思维、遵循治理逻辑,这样才能顺利推进。

与此同时,教育强国的目标设定与实施过程,奠定了治理体系建设的国家意志基础、目标愿景基础和政治理论基础,丰富了教育治理的手段,拓宽了教育治理的操作空间。正如兰小欢针对中国分税制改革所指出的,"改革大大增强了中央政府的宏观调控能力,为之后应付一系列重大冲击(如1997年亚洲金融危机、2008年全球金融危机和汶川地震等)奠定了基础,也保障了一系列重大改革(如国企改革和国防现代化建设)和国家重点建设项目的顺利实施"。① 教育领域也一样。首先,教育综合实力的提升让国家参与全球教育治理具有了可能性,从而让国际社会更加主动地对接和认识中国,重估中国教育智慧,譬如上海学生数学的优异表现让中英两国签署《中英双方关于数学教师交流的谅解备忘录》,"中英数学教师交流项目作为中英高级别人文交流机制的重要组成部分,成为中国第一个由发达国家政府全额资助的教师互派交流项目"②。这为中国教育的"国内外治理"提供了契机。其次,教育强国所赖以存续的教育经费通过"财政性教育经费支出占GDP的比例达到4%"得以持续保障,教育投入基数的持续加大使得各级各类教育协调发展、高等教育重点领域重点突破、学前教育超常规发展等具备了前提条件,实施教育内部治理获得了切实的支持和社会话语权。最后,教育强国建设让教育成为科技与人才的重要策源地,仅高等学校这十年就"累计培养了高素质专业人才7700多万人,持续为国家重大战略实施和经济社会发展提供强大智力支撑"③,教育的内外部治理具有了新生命。可见,教育强国建设这一总表述和总历程,从教育的内部治理、教育的内外治理、教育的国内外治理等不同维度,向教育治理提出高质量的目标诉求,提供普遍的社会共识,满足治理的经费与人才需求,进而促动教育治理体系与治理能力的改革发展。

2. 更多元的教育问题

教育治理体系与治理能力现代化水平是衡量教育强国的重要风向标。教育治理的提出是基于问题导向的立场转换、思维转变和范式转型,是对教育强国建设进程中

---

① 兰小欢. 置身事内:中国政府与经济发展[M]. 上海:上海人民出版社,2021:59.
② 黄兴丰,张民选. 中国教育智慧的跨文化传播[J]. 上海师范大学学报(哲学社会科学版),2022,51(06):114-122.
③ 教育部. 数说"教育这十年"[EB/OL]. (2022-09-27)[2023-03-22]. http://www.moe.gov.cn/fbh/live/2022/54875/sfcl/202209/t20220927_665124.html.

的复杂问题提出的新看法和新见解,正如俞可平所言,"强调'国家治理'而非'国家统治',强调'社会治理'而非'社会管理',不是简单的语词变化,而是思想观念的变化"①。换言之,在治理话语体系中,国家教育不强、不足或还不够的原因在于治理的体制机制问题还没有理顺,教育发展的动力还有待进一步挖掘,教育利益相关者的权责问题需进一步对等,教育系统中多元主体共生共荣的互动关系有待进一步完善,等等。这些问题在一个教育大国的建设中并未被提出,或者说,还不够凸显,但在教育强国的理论与实践体系中则成为回避不了且亟待解决的中心问题,这是教育强国与教育治理相伴而生的根本原因。在不同历史时期,教育强国的策源地和动力源是不同的,"以英国工业革命时期的工厂教育为起点,可以将现代教育强国历程大致分为三个时间段:教育强国1.0,时间段为19世纪初到20世纪中期,以义务教育普及为主要特征;教育强国2.0,时间段为第二次世界大战后到20世纪末,以高等教育普及为主要特征;教育强国3.0,时间段为21世纪初至今,以提升创新驱动服务发展能力为主要特征"②。我国建设教育强国,实现教育的创新驱动,教育体系的治理创新驱动是基础,因而依靠简单的政府拉动式发展和单一的统管模式在教育强国3.0阶段显然远远不够。也就是说,由弱到大或许通过自上而下的国家力量或完全抛给市场即可实现,但由大到强则需要进一步解放教育思想,进一步激发教育活力,让教育体系和制度同创新超越的国家战略相匹配,教育强国建设中的教育治理面临的难度更大,其处理和化解自然更需要大勇气和大智慧。

教育治理着力解决的是深层次制度问题和内涵式发展问题,是在外延式、粗放型教育发展路径的反思批判基础上进行的思路转换,因此治理天然地带有贴合教育发展本质的理论意向,在粗放型的教育发展中规模是否适度、结构是否协调、资源配置的效率高不高并不是先要考虑的问题,但把教育强国建设置于现代化强国的坐标中,将现代化强国与人的现代化相关联,治理就必然担负着将人从镶嵌在管理—被管二元对立的人际关系、府际关系中脱嵌,重新赋予各教育主体现代人格、现代特质、现代精神,进而发挥其主体性和创造性,为教育强国乃至社会主义现代化强国服务,因为正如英克尔斯(Alex Inkeles)所言,现代人"不是派生于制度现代化过程的边际收益,而是这些

---

① 俞可平.国家治理体系的内涵本质[J].理论导报,2014(04):15-16.
② 马晓强,崔吉芳,万歆,等.建设教育强国:世界中的中国[J].教育研究,2023,44(02):4-14.

制度得以长期运转的先决条件"①。在此层面上,作为立德树人的教育与教育主体,其治理水平代表了国家治理的水平,其治理的效能也将直接传导作用于现代化强国建设,这一风向标意义是显而易见的。

总而言之,不管是作为"以教育强国"的治理支撑,还是作为"教育的强国"的治理体系,教育治理都是教育强国的自然延伸,是教育强国建设的内在要求和必然构成。缺乏教育强国总体目标的教育治理无法提出具有方向性和引领性的战略性思考,缺乏教育治理的方法与方法论无法支撑教育强国的目标达成,在教育治理体系与教育强国之间存在明显的双向滋养的过程,是同一教育发展过程的不同侧面。

(三) 建设教育治理新格局

如果说,教育强国可以在朴素的强大与弱小上来言说教育发展的程度、水准和水平高低,那么教育现代化则内在地表达了教育之特征、结构和特质,直奔教育发展的内在机理与纹路。中国教育现代化总是在不断汲取传统文化的营养,但其前提是建立在现代科学、现代技术、现代文化、现代民族国家等基础之上的。基于教育现代化视野讨论教育治理创新,意味着教育治理必须体现教育现代化发展方向,展现教育现代化发展的方式方法,彰显出教育的现代性和时代性,这是国家现代性的本质要求及其外在表现。

1. 顺应教育现代化发展要求

作为我国第一个以教育现代化为主题的政策文件,《中国教育现代化2035》明确提出中国教育改革与发展的新目标和新定位,到2035年要"总体实现教育现代化",这一目标高于2035年"基本实现社会主义现代化"的国家目标,也先于2050年建成"社会主义现代化强国"的国家目标。这意味着两层含义。首先,教育作为子系统,深深扎根于国家与社会构成的大环境中,教育的现代化进程必然是国家现代化进程的组成部分,对教育现代化的理解与实践同国家现代化是高度同源的,这种同源性就是世界范围内的现代化进程以及在地化反馈。现代化是"传统的前工业社会向工业化和城市化转化过程中发生的主要内部社会变革"②,它所展现出的国家实力增强和人的思想方式的深度变革,让教育逐渐走向前台,教育不只是配合和支持国家现代化总进程,它本

---

① 阿列克斯·英克尔斯,戴维·H·史密斯.从传统人到现代人——六个发展中国家中的个人变化[M].顾昕,译.北京:中国人民大学出版社,1992:455.
② 戴维·波普诺.社会学(下)[M].刘云德,等译.沈阳:辽宁人民出版社,1987:168.

身就是现代化进程在教育领域的具体化。其次,教育现代化作为国家现代化发展的先导性力量,承担着支撑服务和立德树人的双重任务,现代化的教育要在国家现代化发展的不同阶段,输送能够参与国际竞争、增强综合国力的高素质人才,通过教育与科技融合为经济社会发展注入可持续的创新动能,这是伴随国家发展而生的教育硬件与软件的提升,也是紧跟世界先进理念、先进水平和先进生产力在教育中的投影。与此同时,教育担负着人的思想塑造和培育的职责,为一个真正的现代人的生成奠定观念基础、思维基础、技能基础和情感态度基础,"当今任何一个国家,如果它的国民不经历这样一种心理上和人格上向现代性的转变,仅仅依赖外国的援助、先进技术和民主制度的引进,都不能成功地从一个落后的国家跨入自身拥有持续发展能力的现代化国家的行列"[1]。在此层面上,国家提出立德树人,是在培养堪当民族复兴大任的时代新人,使其具备现代化国家公民基本素养。

教育现代化是指与教育形态的变迁相伴的教育现代性不断增长和实现的过程,"现代"是指一种"好的、理想的"状态,教育的现代性即教育的某种"理想形态",即"好教育的特征"。[2] 这些特征或特性,是通过"现代"这一字眼得以表达的,"现代"代表着一种从历史发展的纵向维度和国际比较的横向维度一起审视的发展判断,代表着立足这一科学判断基础上的发展观选择。随着人类社会从农业社会到工业社会再到信息知识社会的转型,社会的整体结构也发生着巨变,首先体现在理性思维在富强、民主、文明、和谐、自由、平等、公正、法治、爱国、敬业、诚信、友善等价值观层面的全面深化,教育的现代化既体现了这一价值观体系,又加速了这一体系在人民心中扎根生长,前者是现代化教育的风采,后者则是促进国家现代化发展的教育力量、教育智慧和教育担当。可以说,"现代化进程和现代性彰显,构成了中国教育体系过往百年的叙事基调,它与持续进步的发展信念和民族复兴的美好愿景关联"[3]。邓小平提出"教育要面向现代化,面向世界,面向未来",高度凝练且准确地概括了教育现代化是同世界潮流和未来愿景关联在一起的,就是要用现代的技术、方法和制度去吸纳中国传统文化的精华,汲取世界先进的经验,打造具有持续创新能力、独立自主的中国特色现代化教育体系,并在现代化教育的自我反思中展现出自身的引领性、超前性、本体性和反身性。

---

[1] 阿历克斯·英格尔斯,等. 人的现代化:心理·思想·态度·行为[M]. 殷陆君,编译. 成都:四川人民出版社,1985:7.
[2] 褚宏启. 教育现代化的本质与评价——我们需要什么样的教育现代化[J]. 教育研究,2013,34(11):4-10.
[3] 朱益明,王瑞德,等. 中国教育现代化2035:从规划到实践[M]. 上海:上海教育出版社,2020:34.

党的二十大报告明确指出,高质量发展是全面建设社会主义现代化国家的首要任务。与之相应的,追求教育的高质量发展也是中国式教育现代化支撑社会主义现代化强国建设的首要任务,在此层面上,教育的现代化同教育的强国之间有着显然的对应关系。作为复杂的体系化存在,教育现代化是国家现代化的先导,主要体现在教育观念、教育制度、教育程度、教育内容、师资水平、教育设施、教育手段和方法、教育公平、教育国际化等方面。① 我们可以在硬件和软件两个方面概要地理解、把握和衡量教育的现代化水平,前者指教育的设施设备、空间场所等,后者指教育文化、观念和制度等看不见的手,尤其是教育制度在很大程度上影响教育的发展,"教育制度的每一次有效的变革与创新,都会给人类社会带来新的教育成功。人类教育进步与发展的每一次质的飞跃,无不是以教育制度结构的革命性突破为前提"②。硬件和软件的有效结合,是教育治理的关键指向,现代化的教育治理就是让具有现代科技水平的硬件在教育场域合理运转、发挥作用,让彰显现代生活价值理念的教育要素进行系统化运作,最终让置身其中的每个人都得到教育,让现代化通过人得以扎根和赓续,治理的现代化水平代表了教育现代化的"水位",也反映着推动现代教育发展的想象力。

2. 推进教育治理现代化建设

教育治理创新是推动教育现代化走深走实走长久的根本所在。治理关心的是教育系统,它将教育视为既受其他系统影响,又具有自身独立运作规律的自组织;治理重视关系,尤其是利益关系,它分析问题的运思方式,凸显关联式思维,总是试图挖掘教育要素的协同性和共赢性;治理的主旨是发展与成长,因此资源的存续、关系的和谐、主体的成长和获得感是治理着力于讨论的关键词。概言之,治理的逻辑起点和终点是善治,指向公共利益的最大化和持续化,提升的是"教育系统内部全体个人与全部组织的参与度、满意度和获得感"③。正因如此,在《中国教育现代化2035》中,"推进教育治理体系和治理能力现代化"成为十大战略任务之一,治理创新被置于教育现代化的基础性、战略性地位,通过治理结构、治理体系、治理质量和治理标准等革新,打通国际的协商沟通,架通区域间的自由流动,构建接受教育、监督教育、参与教育、评价教育的多元多样、可进可出的灵活平台,激发人们的教育热情;推进政府教育职能的转变,"深化

---

① 《教育规划纲要》工作小组办公室. 教育规划纲要辅导读本[M]. 北京:教育科学出版社,2010:218.
② 田正平,李江源. 教育制度变迁与中国教育现代化进程[J]. 华东师范大学学报(教育科学版),2002(01):39-51.
③ 朱益明,王瑞德,等. 中国教育现代化2035:从规划到实践[M]. 上海:上海教育出版社,2020:50.

纵向维度的简政放权与横向维度的善政分权"①，让各级政府明确自己的职权所在和责任所在。所以，根本上说，治理是在边界的划分与厘定中，让从事教育的各主体都能根据自己的兴趣和意愿，根据自己的特长和技能，找到介入教育领域的合理通道，因教育而汇聚、因教育而获益、因教育而成长，把藏于个体、社会组织、各级政府以及整体国家中的教育潜能发挥和兑现出来，而围绕教育的这一汇聚和成长过程本身就是创造性的，是现代人格在个体中的生发，是现代制度在组织中的扎根，也是有效性和高度认同感在现代国家中的蓬勃壮大，一个高质量的现代化教育必然在治理体系与治理能力现代化的创新过程中随之浮现。

教育治理创新是中国式教育现代化的最大底气和最大优势。党的二十大报告明确提出，"中国式现代化，是中国共产党领导的社会主义现代化，既有各国现代化的共同特征，更有基于自己国情的中国特色"②。正如习近平总书记强调的那样："我国今天的国家治理体系，是在我国历史传承、文化传统、经济社会发展的基础上长期发展、渐进改革、内生性演化的结果。"③中国走出了一条不同于西方社会的现代化道路，也取得了不同于西方的现代化成果，中国式现代化的本质要求主要体现在九个方面：坚持中国共产党领导，坚持中国特色社会主义，实现高质量发展，发展全过程人民民主，丰富人民精神世界，实现全体人民共同富裕，促进人与自然和谐共生，推动构建人类命运共同体，创造人类文明新形态。中国式现代化超越了西方现代化服膺于资本的单一逻辑，是对物质主义、侵略霸权的抛弃。中国式教育现代化通过治理创新，坚持历史逻辑、理论逻辑和实践逻辑的统一，以中国式教育治理体系充分实现以人民为中心的理念，弘扬和培育人类命运共同体意识，贯彻落实天人合一、万物一体的价值体系。中国式教育治理的方法是中国式教育现代化的主要特色，其关键在于坚持党的领导。俞可平指出："西方国家治理的主体通常是政府机构，与此不同，中国共产党是中国的政治权力核心，也是中国所有公共治理事务的权力核心，因此，中国的国家治理主体不仅包括各级政府组织，也包括各级党的领导机构。"④中国共产党是国家发展的主心骨和顶

---

① 苟鸣瀚，刘宝存.中国式教育现代化的时代书写与经验阐析[J].中国电化教育，2023(03)：9-16.
② 习近平.高举中国特色社会主义伟大旗帜 为全面建设社会主义现代化国家而团结奋斗——在中国共产党第二十次全国代表大会上的报告[EB/OL].(2022-10-16)[2023-03-22]. https://www.12371.cn/2022/10/25/ARTI1666705047474465.shtml.
③ 习近平.完善和发展中国特色社会主义制度 推进国家治理体系与治理能力现代化[N].人民日报，2014-2-18(001).
④ 俞可平.国家治理的中国特色和普遍趋势[J].公共管理评论，2019,1(03)：25-32.

梁柱，没有自己的私心和私利，正是通过党的凝聚向心作用，教育治理的现代化真正具有了区别于西方治理的方法论特征，在多样中有集中，在创新中不忘守正，在简政放权中又始终坚持顶层设计，以全党的统一意志、统一行动和统一步调把来自不同方向的不同力量，汇集到中华民族伟大复兴的中国梦这一主线上来。可以说，以党的领导为核心的教育治理是构成中国式教育现代化，乃至中国式现代化的最大底气和最大优势，中国共产党的把舵引航让中国教育的现代化进程有了明确的方向，在风险浪阻中保持定力，围绕立德树人中心任务，培育德智体美劳全面发展的社会主义接班人。

二、遵循县域教育治理的国家要求

基层治理是国家治理的基石，统筹推进乡镇（街道）和城乡社区治理，是实现国家治理体系和治理能力现代化的基础工程。① 考虑到县域视角在教育治理创新中具有的必要性和重要性，县域教育治理要在国家教育治理系统中厘定坐标，找准定位，将坚持党的全面领导作为创新发展的基本原则和根本保障，将立德树人作为县域教育治理创新的中心环节和根本任务，着力发挥好三重作用。一是国家教育制度与政策在县域层面落地生根的桥梁纽带作用，二是丰富国家（教育）治理手段和彰显中国特色社会主义现代化（教育）治理特色的改革先锋作用，三是开辟地方教育治理新格局和系统提升县域教育质量的基层创新作用。为此，必须始终坚持以下原则性要求。

（一）国家要求的县域实践展现

教育治理是多主体参与的协同管理，要回答"通过教育治理具体解决哪些突出问题""教育治理的参与主体有哪些""如何落实教育治理"等关键问题，先得明确是何种层次上的教育治理。在国家层面，教育治理创新必须思考如何体现中国特色，如何把握中国本质；在基础教育以县为主的办学制度下，县域教育治理更要凸显中国教育的实践要求，这是整个国家教育治理体系的基础所在。国家教育治理创新涉及政府、社会团体、企业、个人、学校等不同主体间的教育共治问题，这同样也是县域教育治理的议题范畴。因此，县域教育治理创新在理论或实践上并非简单，而是有其自身特殊乃至独有的问题，在教育权力配置、资源整合、上下合作、内外协同等治理举措基础上，县

---

① 中共中央国务院关于加强基层治理体系和治理能力现代化建设的意见[N]. 人民日报, 2021-07-12 (001).

域教育治理必须同步思考国家教育宏观政策的有效落地与地方教育实践的开拓创新之间的关系,以县级层面的教育规划、教育标准、地方性教育法规、教育举措等形式将国家教育的顶层设计与战略决策转化为贴合本地实情的教育行动。在国家—省域—县域—乡镇—学校等自上而下的多级结构中,市县居于中间环节,是过渡性桥梁,对上,要贯彻党的路线方针政策,落实中央和省市的工作部署;对下,要领导乡镇、社区,促进发展、服务民生。这一角色要求使得市县教育治理需要更多地从国家教育治理的系统性设定中具象化各种原则与标准,使其更具可操作性;并在对接地方现有水平、现实需求和可能目标的过程中凝练形成本地特色,使其更接地气。可以说,这是县域教育治理特殊问题之特殊表现中最基底性的内容。在此基础上,县域范围内的多重主体——县级党委与政府、以基础教育为主的各类学校、体量相对较小的各类经济体、与经济和文化高度耦合的家庭群体等——才在教育治理的话题中集聚,探讨教育治理创新具有了必要性和重要性,它所呈现的特殊性或者说县域性表现在吸纳、转化、创新国家教育治理总原则时的地方气质、地方精神和地方智慧。

县域教育治理创新是国家教育治理创新的落地落实和具体表现,也是国家教育治理创新的基层智慧和动力源泉。在把治理、教育治理、国家教育治理等层层递进的实践原理、构想和原则,在县域的范畴中拓展开来、扎下根来时,需要市县处理自下而上与自上而下相结合的实践有效性问题,为政策执行空间的度量、政策执行过程的监管、政策执行效果的评估等问题探索可能路径。不管是理论上,还是实践上,市县教育治理创新与国家教育治理创新都是互相成就的紧密关系。

一方面,县域教育治理水平在很大程度上反映了国家教育治理现代化的水平与层次。"郡县治,天下安。"作为国家政权的基本单元,县域是真正意义上最为底层的完备"政府",具有复杂的组织架构、资源统筹调度权力和丰富的政策工具。在国家层面统筹协调不同地域教育、不同类别教育、国际国内教育问题之外,国家教育治理最终要处理的问题直接表现在以县为基本单位的区域教育是否满足当地人民群众对教育的现实需求上,在该范畴中,国家开展教育治理的目标与方法同县域教育治理的目标与方法是高度重叠的,县域教育治理创新的方法与方法论也是国家政策工具库在县级层面的直接表征,必须从经济建设、政治建设、文化建设、社会建设、生态文明建设"五位一体"的总体布局中理解教育的复杂性和系统性,必须思考教育扎根社会现实的依存性和作为完整价值与工具体系的独立性所在。在此意义上,我们可以说县域教育治理创新是国家级教育治理水平的表现形式,而推动县域教育治理创新则是国家教育治理创新的具体方法,它意味着"一种独特的治理方式和国家意志的实现方式"①。

另一方面,国家需要县级教育治理的创新实践探索。党的十八届三中全会在《中共中央关于全面深化改革若干重大问题的决定》中明确将"推进国家治理体系和治理能力现代化"确定为全面深化改革的总目标。这意味着,治理体系和治理能力现代化是一个待成而不是现成的创新过程。全球治理委员会也曾指出:"治理不是一整套规则,也不是一种活动,而是一个过程;治理过程的基础不是控制,而是协调;治理既涉及公共部门,也包括私人部门;治理不是一种正式的制度,而是持续的互动。"②在开放式、探究式和不断生成的教育治理创新过程中,从国家层面看,市县这一主体本身就承担着大方向下的灵活运用、大原则下的在地化创造,以及大局中的破局责任。换言之,教育治理的现代化是未完成的,是待完成的,只有全国所有市县在教育治理创新浪潮中奋勇而出,展现来自基层的教育内生力和活力,才能汇集成国家教育治理现代化与治理能力提升的磅礴力量。

县域作为我国基本行政区域单元,具有完整的地域划界,相对独立,且涵盖人事编制、财政预算、规划制定、督导评估等基本行政要素的组织架构,以及除高等教育外完整的一整套教育体系。我国"以县为主"的教育管理体制,在一定程度上决定着县域教育的治理是国家教育治理大系统中与群众关联最为密切,也最为复杂多样的板块,县域教育发展中凸显的利益格局和问题指向,具有典型性、普遍性和一般性,推动县域层面的教育治理,同样需要处理政府、社会、学校和家庭等教育主体间的关系问题,同样需要处理社区组织、民间互助组织、志愿者团体、家庭群体等社会力量参与教育的有效性问题,同样需要回答现代学校制度之现代性的核心与本质问题等。区别于国家层面的方向引领和战略规划,这些基本问题,在县域层面必须拿出共治、共建、共享教育的切实可行的办法,教育的利益相关者们在治理格局中能够真正感受到权责对等、参与奉献和收获喜悦。县域层面的教育治理创新,需要政府拿出明确的教育管理负面清单,需要辖域内的所有学校提出家校社合作有效运行的"一校一案",这些都需要在现实层面提供可操作、可复制、可供检验与修正的实践举措,来自市县的典型案例和典型做法为国家教育治理的实践逻辑提供着源源不断的地方经验。

总之,国家教育治理体系与治理能力现代化建设是以县域教育治理创新为前提的,县域教育治理是整个国家教育治理的重要基础。

---

① 刘岳.作为方法的县[J].文化纵横,2019(05):70-78+142.
② 俞可平.治理与善治[M].北京:社会科学文献出版社,2000:5.

(二) 顶层设计与实践探索结合

与国家教育治理一样,县域教育治理的难点并不只是解决一个或者几个问题,而是需要在整体上构建教育要素交流汇通的制度平台和生长型环境,政府从缺位、越位和错位中找到教育发展的真正着力点,在政策发布、制度设计、服务供给、标准制定、规划出台上更多发力。这就是县域教育治理中的顶层设计,即政府需要"跳出教育看教育、立足全局看教育、放眼长远看教育",从县域城乡协调发展的整体视域、教育社会互制互促、政社校共商共建共享的系统与生态视域出发,发挥政府的引领作用和统合作用,为基层乡镇、基层学校、社会组织、教育个人等参与教育而创设与创造制度化时间。当前,各种矛盾深深地缠绕着我国的政治和经济生活,左右着我国政府间关系的格局[①],在一定程度上影响了政府办好教育的作用。

为此,需要重点推进政府议事协调能力,破解教育发展的部门条块分割,形成教育合力。政府必须为教育治理的系统化推进做出具体安排,结合县域教育治理的特殊性,将改进和创新教育治理提到更高的高度。县域内的"中心工作具有整体性和系统性,它不以部门的职能和权限为边界,单一的职能部门做不了,需要调动不同部门的资源共同完成"[②]。这也是县域教育治理创新的出发点,即将零散的社会参与办学、不自觉的学校行动和个别部门的管理等进行优化,在县域教育治理的范畴中开展整体设计,从而提升县域治理创新的自觉性、系统性和有效性。

基层组织和学校在政府的整体引导下积极响应,将重心放在具体制度和现实的可操作性办法上,思考如何将本组织中的教育力激发和释放出来。由具体的、可视化的教育"单元"主导,以教育治理为题眼,思考最基层的乡镇、社区、公司和学校在实质性介入和参与教育中的具体路径,思考大系统、小系统、微小单元和个人中的教育权利与教育责任,正如叶澜指出的:"新型现代化城镇和农村建设,都需要有新的观念与思路、设计方略、物质设施和结合建设开展的新人员培训与新组织建设,最基层的社区和乡村则成为新型建设的基层组织。他们中的一部分先行者,不仅为此作出了创造性的贡献和榜样,而且增强了中国可以走出当代中国城镇化独特道路的信心。"[③]基层教育治理探索要尊重治理"单元"的基本属性,区分群众性的自治组织、社会组织、社工、学校、教育个人等不同类型的行动单元,分析把握本行动单元教育实践的现实空间、向往空

---

① 林尚立. 国内政府间关系[M]. 杭州:浙江人民出版社,1998:309.
② 杨华. 县域治理中的党政体制:结构与功能[J]. 政治学研究,2018(05):14-19.
③ 叶澜. 社会教育力:概念、现状与未来指向[J]. 课程·教材·教法,2016,36(10):3-10+57.

间和可能空间,在合法性要求、规范性要求、道德性要求的基础上提出创造性教育行动。

由此可见,政府的顶层设计并非制定条分缕析的规矩,而是在指明大方向、描绘大愿景、敲定大框架的基础上,给基层教育机构及其人员留足改革创新的空间,鼓励、勉励和奖励来自最基层的教育参与和治理创新。顶层设计与基层实践探索相结合,在一定程度上意味着包容挫折与失败。事实上,中共中央办公厅印发的《关于进一步激励广大干部新时代新担当新作为的意见》文件中说得很明确,"建立健全容错纠错机制,宽容干部在改革创新中的失误错误,把干部在推进改革中因缺乏经验、先行先试出现的失误错误,同明知故犯的违纪违法行为区分开来;把尚无明确限制的探索性试验中的失误错误,同明令禁止后依然我行我素的违纪违法行为区分开来;把为推动发展的无意过失,同为谋取私利的违纪违法行为区分开来"[①]。这一容错纠错机制,是对县域教育治理创新给予的强大支持。

(三) 问题导向和目标导向结合

当前教育改革与发展中存在诸多人民群众急难愁盼的实际问题,县域教育治理必须找到解决各种问题的办法。"问题导向"意味着面向问题、应对问题和解决问题,是县域教育治理创新实践的首要任务,解决问题是检验教育治理创新是否有效的关键指标。教育治理有效性总是以一个个具体的教育问题的化解表现出来的,一些亟待化解的难题也可以作为县域教育治理创新的切入点,这是因为当下教育发展面临的疑难杂症往往牵一发而动全身,具有复杂性和综合性的特征,在一个孤立的领域中寻找解决办法,单主体出击解决问题等,都是无法奏效的;必须通过多主体共建共享、多学科知识协同作用,才能找到化解教育问题的真办法。以"双减"政策为例,学业和校外培训负担过重严重制约学生健康全面发展,极度不利于我国培养拔尖创新人才,深重影响人民群众的幸福感和获得感。"综合治理是一项复杂的系统工程,科学'双减'必须有系统思维",需要努力做到"在治理执行上,要考虑多方协同参与,整合教育内外力量,关注学校内外的区别与关联,实现教育与社会之间的互动与共振;在治理方式上,实现管理、督导、指导、引导等多样化整合,将'双减'综合治理发展成为发展素质教育、加快教育现代化、办好人民满意教育的重要途径;在治理领域上,全方位关注学生学习参与

---

① 新华社,中共中央办公厅印发《关于进一步激励广大干部新时代新担当新作为的意见》[J]. 社会主义论坛,2018(06):9-10.

表现,包括学校、社会、家庭、校外培训机构、在线平台等,关注与学业负担相关的社会舆情、家长观念与行为、校外培训机构与在线培训机构等情况"。① 可见,将"双减"等人民群众的急难愁盼作为县级人民政府推进教育治理的起点,具有切口小、牵动广、影响深远、效果显著的特征。

目标导向意味着,通过目标设置和对实现目标的过程监测与结果评价,而确保教育治理创新的实现。我国县域政府在实际运作中往往通过"目标责任制""工作组""包村制"等方式替代科层化的设置和运作②。考虑到教育治理改革创新的难度,以及其不易考察、不易量化的特点,如果不对教育治理创新进行有效的目标管理,很容易浮于政府文件、学校文字和社会口号的表面工作,而缺乏切实有效的路径创生和教育资源集成,也无法形成可持续发展的教育治理格局。县域教育治理创新,无论是政府行政层面,还是社会和学校层面,都需要设定不同教育主体的治理创新目标,对目标进行清晰的设定,譬如说,以学校章程为基础的现代学校制度建设,必须在县级教育主管部门层面将章程全覆盖、定期修订和完善作为基本指标,做出治理安排。因此,监测评估是教育治理创新中不可或缺的重要内容之一。

(四)系统全面与重点突出结合

系统立场和系统方法是教育治理创新的核心思想之一。县域是有完整的政治体系、经济体系、社会体系、文化体系和生态体系的空间系统,教育治理归属于政治学、教育学、社会学等多学科的实践范畴,具有整合的视域和系统的立场,县域教育治理创新必须坚持系统思维和整全思维,"不把系统当作处在孤立因果关系中的各部分的机械聚集来对待"③。系统论不仅是教育治理的思想基础,也是推进教育治理实现目标的基础。正如习近平总书记指出的,"必须坚持系统观念","为前瞻性思考、全局性谋划、整体性推进党和国家各项事业提供科学思想方法"。推动县域教育治理创新,除了在可见维度上处理政府层面的部门协同,还需在制度层面梳理教育治理框架和权责运作逻辑,在文化层面沟通国家文化和地方文化、传统文化和现代文化间的联结,以系统化的视野分析教育内部的要素关系,对教育系统的结构性、开放性、动态平衡性等进行综

---

① 朱益明."双减":认知更新、制度创新与改革行动[J].南京社会科学,2021(11):141-148.
② 王汉生,王一鸽.目标管理责任制:农村基层政权的实践逻辑[J].社会学研究,2009,24(02):61-92+24.
③ E·拉洛兹.用系统论的观点看世界——科学新发展的自然哲学[M].闵家胤,译.北京:中国社会科学出版社,1985:13.

合把握,在基本公共服务中理解教育服务,在更大范围的公共治理中理解教育治理,"教育公共治理是社会公共治理结构中的有机组成部分"[①],可从学校系统、教育系统、教育—社会交互系统、社会大系统等不同分析维度寻找破解教育治理的方法。

在县域内,教育治理的重点突出,意味着县域教育治理要将学校作为重点对象;学校改革与发展是推动县域教育治理创新的重点突破口。学校被作为县域教育治理的中心与重点,不仅在于学校是县域内教育的直接表现,还在于学校是学生生活学习的主要空间载体,教育治理的成果可以直接显现与评判。营造家、校、社协同参与学校教育的格局与构建具有中国特色的现代学校制度,关键是激活每一所学校的办学自主权;要在建立健全党组织的领导下,通过学校内部治理结构优化与学校治理能力提升,实现学校层面的各项政策与制度制定的民主集中、透明开放和更高质量,其最终落脚点还是学校发展、教师发展和学生发展的各个层面,师生获得感、幸福感和安全感的更加充分和更有保障,以及政府、社会和家长对学校办学满意度的不断提升。

综上所述,县域教育治理及其创新必须按照国家教育治理体系建设与治理能力提升的要求而展开,要将创新作为实践发展的首要理念,并在实践中持续探索。

三、立足县域教育治理创新的环境

区域教育发展是一个整体性话题,而不是教育自身的课题;在区域内,教育发展与区域社会发展、经济发展、文化传统、地理特点以及人口等各方面因素相关联。在社会经济全方面发展基础上,随着教育普及高水平推进,作为民生的教育日益受到全社会的关注和重视,教育正在成为人民对美好生活期盼的重要领域。近年来,太仓市社会经济快速发展,为区域教育治理创新营造了新环境。

(一) 县域基础

太仓市是江苏省苏州市下属的县级市,距今已有4500多年的历史,明代著名航海家郑和七下西洋便由此扬帆起锚。太仓市自古人文荟萃,教泽绵长,形成了独具风格的区域文化,是江南丝竹的发源地,娄东文化的发祥地,又是神话传说牛郎织女的降生

---

① 姜美玲.教育公共治理:内涵、特征与模式[J].全球教育展望,2009,38(05):39-46.

地。目前,太仓市"城乡一体、产城融合,城在田中、园在城中"的田园城市特色逐步呈现,荣获中国人居环境奖。

2022年末,全市户籍人口53.30万人,其中常住人口84.36万人,城镇化率为71.03%。2022年,全市实现地区生产总值1 653.57亿元,按可比价格计算,比上年增长2.2%。其中,第一产业增加值24.21亿元,增长2.0%;第二产业增加值812.12亿元,增长0.6%;第三产业增加值817.24亿元,增长3.7%。目前,全市三种产业生产总值之比为1.5∶49.1∶49.4。按常住人口计算,人均地区生产总值19.65万元。全年城镇居民人均可支配收入79 265元,农村居民人均可支配收入43 725元。

太仓市是首批"全国县域义务教育发展基本均衡县(市、区)""江苏省促进义务教育均衡发展先进县(市、区)"。2022年底,全市年末拥有各级各类学校126所(含幼儿园),其中小学39所(含民办小学7所),普通初中16所,普通高中4所,特殊教育学校1所,中等专业学校1所,高等职业技术学院1所,社区教育中心9个,老年大学1所。全市在校学生11.84万人,其中公办学校在校学生10.83万人。全市学龄儿童入学率、初中毕业生升学率、高中阶段教育毛入学率均为100%。年末拥有专任教师7 846人,其中公办学校专任教师7 140人。

在深化教育改革发展实践中,太仓市坚持以习近平新时代中国特色社会主义思想为指导,全面践行"活力教育"主张,积极深化教育综合改革,教育质量稳步提高,教育现代化水平持续提升,服务经济社会发展的能力不断增强,努力办好人民满意的教育。在"十三五"期间,太仓市坚持优先发展教育战略,在教育事业方面取得显著进展,教育发展迈入高水平,为教育高质量发展打下了坚实基础。

太仓市教育发展成绩

(摘自2022年8月《太仓市"十四五"教育事业发展规划》)

(一)持续强化资源配置,教育供给能力稳步提升

1. 教育投入稳步增长。全市公共财政预算安排的教育经费约120.56亿元,年平均增长率为9.54%,占公共财政支出的18.01%。生均财政公用经费拨款标准逐年递增,学前教育段增长7.8%,小学教育段增长20%,初中教育段增长25%,高中教育段增长30%。

2. 教育基础设施建设有序扩量。健全了覆盖城乡的基本公共教育服务体

系,教育资源得到有效配置。全市共建成投用新建、改扩建学校项目30个,新增学位共计10 024个。西北工业大学太仓校区、西交利物浦大学太仓校区和太仓西浦附属实验学校建设项目顺利开工。

3. 教育信息化、国际化水平显著提升。全市教育装备总投入3.2亿元,省Ⅰ类标准达标率超90%,江苏省智慧校园覆盖率达86%。实施"云上教育同城帮扶"项目,实现区域内优质教育资源的共建共享。加快推进国际理解教育,新增苏州市国际理解教育项目学校2所,与境外学校缔结友好学校16所。

(二)持续深化创新创优,教育发展水平持续提升

1. 学前教育优质普惠发展。加快推进优质园创建,新增15所省市级优质幼儿园,在优质园就读幼儿占比由2015年的81.6%提升到85.1%。公办和普惠性民办资源持续扩大,普惠性幼儿园就读幼儿占比由2015年的78.4%提高到92.3%。

2. 义务教育优质均衡发展。着力提升区域教育城乡一体化、公民办教育一体化建设水平,获评江苏省义务教育优质均衡发展县市,并被推荐为全国督导评估对象。新市民子女接受义务教育就学率达到100%。

3. 高中教育优质特色发展。全市实现公办普通高中四星级全覆盖。深入推进高中教育与义务教育有机衔接,强化特色课改实验项目建设,区域整体推进学生发展指导和拔尖创新人才培养工作,全国高层次学科类竞赛获奖保持高位,每年保持在300人次以上。

4. 职业教育优质创新发展。持续推进"双元制"本土化实践,建成国内首个中德(太仓)"双师型"教师培养培训中心,成立"双元制"教育研究院,与德国巴符州"双元制"大学合作开展"双元制"本科项目,形成中、高、本科应用型人才培养模式。江苏省太仓中等专业学校获评江苏省现代化示范性职业学校和中等职业教育领航学校建设单位。

5. 特殊教育优质融合发展。全面构建可持续发展的特殊教育体系,建成22个融合教育资源中心,做到每个乡镇和每个学段全覆盖。"分层走班教学"和"自闭症学生教育康复多维立体模式"经验向全国推广。

6. 终身教育优质协同发展。积极创设"教育惠民进社区活动"品牌,建成江苏省标准化社区教育中心2个、江苏省标准化村(居)民学校47所。获评国家级农村职业教育和成人教育示范县及江苏省社区教育示范区。

（三）持续优化体制机制，教育内涵品质不断提升

1. 立德树人教育机制有效完善。认真贯彻落实《中小学德育工作指南》，强化未成年人思想道德建设，打造"德育新时空"品牌，通过"六大途径"，全力构建"三全育人"工作体系，推动"五育并举"落地落实。建立各类学校领导班子成员带头上思政课制度，加大思政课教师培养培训力度，推进学科德育课程一体化和中小学生品格提升工程项目建设，实现省市级项目全覆盖。新增省市级文明校园15所、国家级足球特色学校17所、中国STEM教育"种子学校"5所，获评江苏省青少年校园足球试点市。持续加强班主任激励机制建设，新增苏州市级优秀班主任、德育工作者37人。

2. 教育改革重点项目有效实施。积极倡导"活力教育"主张，平均每年各投入1 000万元用于创新实验室和内涵建设，着力推进175个创新创优建设项目，建成省市级内涵建设项目55个。优化课标、课程、课堂、课题四位一体研究机制，建立全市教科研训一体化研修制度。深化考试招生改革，建立"新生入学信息采集系统"，推进公民同招。

3. 教育联盟办学机制有效推进。深化集团化办学，构建"三纵九横"教育联盟，推进城乡学校办学模式创新，实现了农村薄弱学校跨越式发展。联盟品牌被推荐为第四届中国教育创新成果公益博览会参展项目。

4. 区域教育合作交流有效开展。建立长三角一体化教育合作机制，成立"嘉昆太"教育联盟。主动融入上海，引进国际化、高端化办学品牌资源和项目，加强与上海中小学名校的合作交流。积极开展与新疆喀什、贵州玉屏、陕西周至等地区教育对口帮扶，太仓——玉屏"教育组团式"帮扶项目入选全国东西部扶贫协作典型案例。

（四）持续细化教育治理，教育保障能力全面提升

1. 党对教育工作的全面领导切实加强。成立市委教育工作领导小组，加强对学校党建工作的领导。扎实推进"两学一做"学习教育常态化、长效化，巩固深化"不忘初心、牢记使命"主题教育成果，聚焦全面从严治党，做强"融合力"工程，做亮"融合育德"党建品牌，成立"红色在线"等行动支部，开创了党风引领校风、师风、学风四风一体化建设的新局面。11所学校获评省、市级党建品牌称号。市教育局获评2020年度苏州市"激励干事创业、再创火红年代"先进集体。

2. 教育服务能级不断提升。构建"个十百千万"教育志愿服务体系，实现全

市中小学课后服务全覆盖。构建"督政、督学、质量监测"三位一体的教育督导体系和区域—学校—年级组三级督导调研机制。扎牢学校疫情防控网,健全校园、校车安全风险防控体系,26所学校获评江苏省平安校园称号。建立校外培训机构专项治理工作联席会议制度,扎实开展看护点、无证幼儿园分类治理和提档升级管理。

3. 教育人才队伍持续建强。强化师德师风建设,系统推进"县管校聘"管理体制改革和备案制改革,实施"4225"教育人才计划,招聘教师1 476人,引进高层次教育人才14人,新增苏州市级及以上骨干教师72名,中高级教师比例由56.63%提高到58%。持续推进基层党组织书记双带头人培育工程。扎实推进校长职级制改革,获评特级、高级校长24名。

4. 政社协同实践扎实推进。通过"一校两中心",建立多元参与、内外协同教育治理机制,"政社协同视域下县域教育治理创新的行动研究"获评教育部重点课题,创新推出"清单式"管理进校园工作,在全国首创引入驻校社工教育项目。

很显然,上述四个方面即教育发展中的供给能力、发展水平、发展质量以及教育治理都取得了显著进展,在整体上达到了比较高层次的教育发展水平,在建设教育现代化方面迈出了坚实的步伐。

(二) 区域规划

太仓市是苏州市管辖的市级县。苏州市是我国社会经济及教育现代化发展较快的区域之一。当前,苏州市正在加快建设展现"强富美高"新图景的社会主义现代化强市,努力打造社会主义现代化"最美窗口"。"十三五"时期,苏州市朝着"让学生就读更多好学校、让学生遇到更多好老师、让学生发展更多好素养、让学生享受更多好服务"的"四个更好"发展追求努力,并取得成效,为实现更高水平、更高品质、更高质量的发展奠定了坚实基础。数据显示,2020年苏州市学前教育毛入学率达100%,高等教育毛入学率达70.1%,劳动年龄人口平均受教育年限为11.56年,学生体质健康达标率为93%。《2022年苏州市国民经济和社会发展统计公报》[①]显示:

---

① 苏州市统计局.2022年苏州市国民经济和社会发展统计公报[EB/OL].(2023-03-10)[2023-03-22].https://www.suzhou.gov.cn/szsrmzf/ndgmjjhshfztjsjfb/202303/cb4c9f0a234e453f8a2fc19a5049475c.shtml.

全年实现地区生产总值23 958.34亿元，按可比价格计算比上年增长2.0%，其中第一产业增加值192.98亿元，增长3.0%；第二产业增加值11 521.41亿元，增长1.8%；第三产业增加值12 243.95亿元，增长2.1%。目前，苏州市三种产业结构比例为0.8∶48.1∶51.1。按常住人口计算，人均地区生产总值18.60万元，比上年增长1.3%。

2022年8月苏州市人民政府颁发了《苏州市"十四五"教育事业发展规划》，全面阐述了"十四五"期间苏州教育改革发展的蓝图，这也是对太仓教育改革发展提出的要求，主要的相关论述如下：

"十四五"时期是我国开启全面建设社会主义现代化国家新征程、向第二个百年奋斗目标进军的第一个五年，也是苏州加快建设展现"强富美高"新图景的社会主义现代化强市，努力打造向世界展示社会主义现代化的"最美窗口"的关键五年。新征程、新目标要求苏州必须加快建设高质量教育体系，高标准推进现代化教育强市建设，支撑和引领高质量发展、高品质生活。

全市教育事业发展必须立足当前，着眼长远，更加准确地把握聚焦教育发展的紧迫性问题、人民群众关心关注的热点难点痛点问题，统筹推进教育综合改革，努力构建与苏州城市发展相适应的高质量现代教育体系。

坚持胸怀"两个大局"、牢记"国之大者"，深刻理解把握教育是国之大计、党之大计，全面贯彻党的教育方针，坚守为党育人、为国育才初心使命，以立德树人为根本任务，以推动更高水平教育现代化和发展更高质量的素质教育为主线，以努力让每个孩子都能享有公平而有质量的教育为目标，为打造向世界展示社会主义现代化的"最美窗口"，谱写社会主义教育强国建设的"苏州篇章"，加快建设展现"强富美高"新图景的社会主义现代化强市提供强大的人才保障和智力支撑。

到2025年，教育现代化水平显著提升，教育体制机制更加合理，教育更加公平、优质、均衡，教育资源供给矛盾有效缓解，教育对城市经济社会发展支撑能力显著增强。积极融入长三角教育一体化，做到引领苏南、辐射长三角，努力将苏州建设成为率先贯彻新时代党的教育方针的先行示范城市，建设成为长三角优质教育资源聚集交汇的文教枢纽城市，建设成为具有国际国内竞争优势的人才中心城市,建设成为学风浓郁、活力充沛的终身学习城市,建设成为苏式教育与城市发展交相辉映的现代教育强市,努力擘画苏式教育的新时代新图景,为开启全面建设社会主义现代化国家新征程、建设社会主义现代化教育强国贡献苏州力量、苏州方案、苏州经验。

显然,"十四五"期间太仓教育改革发展必须按照苏州市教育整体规划而进行,必须以高标准、高要求和高水平为旨在,在全面贯彻党的教育方针、加快推进教育现代化和建设中国特色社会主义教育体系等方面做出探索、创造经验和树立示范。这是一种发展目标,也是一种发展挑战。

(三) 发展目标

面对"十四五"发展的新形势、新情况和新要求,太仓在进一步提升教育发展水平、建设高水平教育服务体系、办好人民满意的教育和加快推进教育现代化方面面临诸多新挑战。"十四五"是我国开启全面建设社会主义现代化国家新征程、向第二个百年奋斗目标进军的第一个五年,对标教育现代化2035,我国新一轮科技革命和产业革命正在孕育兴起,重大科技创新正在引领社会生产新变革,经济体系转型升级迫切要求增强教育的支撑、服务和引领能力,对加快提升教育质量和培养拔尖创新人才提出了更高的要求。

太仓市着力打造沪苏同城"桥头堡",建设"现代田园城、幸福金太仓",促进城市经济社会向更高水平发展。因此,太仓市对高素质人才的需求和人民群众对公平而有质量的教育的需求日加强烈,教育高质量发展的需求更加迫切。太仓教育需要在落实立德树人根本任务、建设高质量教育体系和德智体美劳全面培养体系上争当表率;在深化教育体制机制改革与推动教育深度融入新发展格局上争作示范;在率先实现教育现代化上走在前列,在教育公平优质上做更多文章,下更多功夫;不仅要持续加大优质教育资源供给力度,还要加快建设现代化公共教育服务体系,提供更多丰富优质的教育,提升教育服务区域经济社会发展的能力,提升人民群众对教育的获得感和满意度。新形势下,面对发展新目标和高要求,太仓教育面临的新挑战在《太仓市"十四五"教育事业发展》中表述为:

一是优化体制机制有待持续攻坚。教育管理体制不够灵活,不能完全适应教育、社会、经济统筹发展需要,教育的人才支撑、科技服务和文化引领作用还不够显著。教育办学体制的活力未充分激发,民办教育发展还需进一步规范。公办学校办学自主权有待进一步增强,学校内生发展动力略显不足。

二是教育资源供给仍偏紧张。随着我市经济社会的快速发展,学龄人口的规模、分布和结构出现较大变化,各类教育资源供需矛盾日趋加剧,主城区及重点区镇招生入学压力较大。普通高中资源供给压力极大,加快娄江新城高中建设项目落地尤为迫切。同时因扩班、结构性问题等因素,师资也存在较大缺口。

三是教育质量提升亟需提速。教育内涵发展水平还不够高,各学段教育发展不平衡现象明显,名校特色校集群效应有待进一步放大,教育教学质量和区域教育影响力亟需加快提升。

这些挑战对于太仓教育改革发展而言压力巨大。为此,太仓市提出,要深刻理解把握教育是国之大计、党之大计,紧扣"两个高于"[①]工作导向,奋力拼出"太仓速度",聚焦高质量发展,聚力"一冲刺三提升"目标任务(冲刺苏州教育第一方阵,提升广大师生幸福感、提升教育教学新品质、提升太仓教育影响力),打造"活力教育"先行区,构建高质量教育体系,努力以家门口"好读书""读好书"为目标,形成在太仓"读书好"的生动局面。这为太仓推进县域教育治理创新、建设现代化教育治理体系和治理能力的提升指明了方向。

---

① 主要指标增速高于苏州平均水平、对苏州的贡献份额高于10%。

第二章　县域教育治理创新的理论探析

正如习近平总书记所言:"治理和管理一字之差,体现的是系统治理、依法治理、源头治理、综合施策。"新时代有新的治理理念,迈向新征程的中国教育改革与发展呼唤国家推进教育治理体系建设。回顾过去,以往相关研究与实践探索不仅阐明了国家教育治理体系建设的相关概念内涵,还初步呈现了国家治理体系框架下县域教育治理的图景,从中央到地方,建构出贴合当时、当地教育改革与发展基础、诉求及需求的教育治理体系与结构。立足现在,党的二十大报告明确提出:"从现在起,中国共产党的中心任务就是团结带领全国各族人民全面建成社会主义现代化强国、实现第二个百年奋斗目标,以中国式现代化全面推进中华民族伟大复兴","要坚持教育优先发展、科技自立自强、人才引领驱动,加快建设教育强国、科技强国、人才强国"。[①] 这一创造性论断为未来中国的改革与发展指明了道路。其中,"中国式现代化"的实现离不开"中国式教育现代化"与教育强国建设,而"县"是具有中国特色的行政单位,中国式教育现代化以及与之相关的教育强国建设,要扎根中国大地发展具有中国特色、中国风格、中国气派的中国式的县域教育,在国家教育治理体系建设布局下优化与改进县域教育治理体系与结构。面向未来,中国式教育现代化建设以及教育强国宏伟目标的实现,亟待在国家教育治理体系建设大格局之下,找到县域教育治理的理论依据,呈现并优化县域教育治理的实践布局,开创属于县域独有的教育治理体系图景。

---

① 新华网.高举中国特色社会主义伟大旗帜 为全面建设社会主义现代化国家而团结奋斗——在中国共产党第二十次全国代表大会上的报告[EB/OL]. (2022-10-25)[2023-03-16]. www.news.cn/politics/cpc20/2022-10/25/c_1129079429.htm.

一、教育治理的本质要求

区别于教育管理与教育行政的教育治理,是一个相对新的概念,它来自治理的概念,有综合治理的说法,与治理体系关联,当然还涉及治理能力。这里就治理、教育治理、教育综合治理、教育治理体系等相关概念,结合县域教育与学校制度的概念,进行辨析与界定。

(一)基本特性

从语义上讲,"治理"(governance)一词诞生于13世纪的法国,在相当长的一段时期内,"治理"的概念和意义都和"统治""指导""引导"甚至"监控""控制"等概念系等同使用。① 现代话语语境中的"治理"在最初诞生之际,并没有将"协同"视作其运行方式的"方法论",而是对"权力监控""权威控制""关系依附"等产生与生俱来的"迷恋"。这时候的"治理"更多地应用于"管理",甚至和"管理"不作区分。到了1989年,世界银行研究非洲问题时,首次以"治理危机"(crisis in governance)为主题,使用了现代意义上的"governance"(治理)一词②,具备了通过多主体协同参与解决某一具体问题或者化解某一具体现象的意蕴指向。20世纪90年代之后,随着对政府失灵与市场失灵的反思,"治理"一词被赋予新涵义;意指在政府与市场之外,社会对公共事务的参与,强调政府分权与社会自治,以弥补政府管理的不足与市场调节的弊端。③ 事实上,"治理"寄寓着一种理想,"治理"意蕴的中国表达即力求以恰当方式推进公共事业,促成群体生活之"向善"与"向上"发展④。

对于"治理"概念的诠释至今没有统一的内涵共识。"治理"不同于"统治",它指的是政府组织和(或)民间组织在一个既定范围内运用公共权威管理社会政治事务,维护社会公共秩序,满足公众需要,是政府、社会组织、个人之间达到公共利益最大化目的(即善治)的多向互动、合作、协商的过程,具有去中心化和主体多元化特征,"多一些治

---

① 让-皮埃尔·戈丹. 何为治理[M]. 钟震宇,译. 北京:社会科学文献出版社,2010:4.
② Pagden A. Thegenesis of Governance and Enlightenment Conceptions of the Cosmopolitan World Order [J]. International Social Science Journal,1998,50(15):7-15.
③ 褚宏启. 绘制教育治理的全景图:教育治理的概念拓展与体系完善[J]. 教育研究,2021,42(12):105-119.
④ 李林. 探求"治理"意蕴的中国表达[J]. 基础教育,2021,18(05):1.

理,少一些统治"(less government and more governance)是 21 世纪世界主要国家政治变革的重要特征。① 事实上,这一论说在教育领域同样适用且存在,尤其是随着教育民主化、决策协同化的教育改革理念的深入推进,强化教育改革"多主体协同"的教育治理,弱化单主体意志体现的教育管理的教育改革与发展思维,将主导教育发展的主流取径,推动教育改革与教育治理相伴相生、须臾不离。

正因为对于"治理"概念的解析"众说纷纭""其说不一",以至于到今天到底什么是"治理"以及"治理"与"管理"的根本差别所在,一直没有被完全地阐释清楚。不过,通常意义上提及的"治理"概念的基本特征在于治理不是一整套规则,也不是一种活动,而是一个过程,治理过程的基础不是控制而是协调;治理涉及公共部门和私人部门,不是一种正式的制度,而是持续的互动。② 对于"治理"也基本上初步形成四种共识:一是政府并非唯一的权力中心,政府与其他社会组织,如志愿者组织、私营组织、社区组织等一起参与事务,这当中既有政府的责任,又有民间或私营部门的参与。二是治理强调参与、对话、协商、谈判与合作,这种合作要求政府发挥不同于过去的主导作用,担当统筹协调的"调解员"。三是治理过程中没有绝对的主客体之分,权力向度是多元化的,强调的是利益调和、联合行动。四是治理的价值基础是更好地实现公共利益的最大化,即通过"共治"达到"善治"③。

2013 年 11 月,党的十八届三中全会提出"完善和发展中国特色社会主义制度,推进国家治理体系和治理能力现代化"的总目标。此后,治理和教育治理成为公共政策话语。2014 年 1 月,教育部强调"加快推进教育治理体系和治理能力现代化",正式揭开我国从"教育管理"走向"教育治理"的序幕。2019 年 2 月,中共中央、国务院印发的《中国教育现代化 2035》再次提出"推进教育治理体系和治理能力现代化",从社会治理全局考虑强调教育治理的时代意义与行动方案,即探索治理能力与体系建设。通常,教育治理是指国家机关、社会组织、利益群体和公民个体,通过一定的制度安排进行合作互动,共同管理教育公共事务的过程,它呈现出一种新型的民主形态,其直接目标是善治,即"好治理",最终目标是"好教育",即建立高效、公平、自由、有序的教育新格局。④ 教育治理体系是一个以教育制度为中心的系统,这个系统既包括作为教育制

---

① 俞可平.中国的治理改革(1978—2018)[J].武汉大学学报(哲学社会科学版),2018,71(03):48-59.
② 全球治理委员会.我们的全球伙伴关系[R].伦敦:牛津大学出版社,1995:23.
③ 范国睿.教育管办评分离改革:理论假设与实践路径[J].教育科学研究,2017(05):5-21.
④ 褚宏启.教育治理:以共治求善治[J].教育研究,2014,35(10):4-11.

度导向的教育价值观或价值追求,也包括贯彻教育制度的政策行为。教育治理能力包括理解能力、执行能力和创新能力,新时代教育治理体系与治理能力现代化的衡量标准主要包括科学治教、过程民主化、运行制度化和法治化、高效与公平并举。①

事实上,"教育治理的价值基础是基于不同教育利益主体共治、共享的'善治',构建基于合作的政府—学校—社会关系"②。政府的主要职能是区域教育事业规划、教育资源配置、公共财政投入、教育政策设计、教育质量监控、服务平台建设等;学校的主要职能是法人地位的确立、法人治理结构的形成、实现自主发展,包括教职工聘任、学校课程开发、教育教学指挥、自主评价等;社会主要职能是实现对区域和学校教育的知情、参与、监督、诉求以及评估,发挥辅助作用,提供多元的、可供选择的教育③。在这样的背景下,与当前中国教育改革与发展贴合的教育改革与发展方式必须要引入"治理"理念与实践,尤其是国家宏观教育改革的持续、有效推进,更离不开教育治理理念指导下的教育布局,由此也产生了一个覆盖领域更为广阔且值得继续深入探讨的教育范畴,也即"教育综合治理"。

(二) 综合治理

教育是一项复杂系统的教育工程,教育领域需要开展系统性的"综合治理",也即"教育综合治理"。其中,"综合治理"是"治理"概念的延续,对于"综合治理"一般的研究主要集中在"自然科学""经济学""社会学"等领域。其中,在纪检监察、环境保护、城市建设、林业管理、计划生育、水资源保护、减灾防灾、扶贫开发等工作领域中相继提出了"综合治理"的指导思想。④ "综合治理"这种存在与发展的形式以及表现出来的特征同社会化大生产的商品生产、商品流通、商品分配一样,必须要保持高度的协调和统一。这预示着推进综合治理不能仅聚焦治理对象及其属性和本质,还应该关注与之同生共在的社会环境以及社会发展对于治理对象的诉求与需要。

当前,对于"综合治理"产生了很多精辟的代表性论说。比如,刘波认为,综合治理是"人们为了从根本上解决某一社会问题,要求全社会共同参与,运用各种手段和措施,实行全面的治理,努力追求其实现效果最大化的一种社会活动",在形式上综合治

---
① 陈金芳,万作芳.教育治理体系与治理能力现代化的几点思考[J].教育研究,2016,37(10):25-31.
② 范国睿.教育管办评分离改革:理论假设与实践路径[J].教育科学研究,2017(05):5-21.
③ 姜美玲.教育公共治理:内涵、特征与模式[J].全球教育展望,2009,38(05):39-46.
④ 刘波.治安社会化思想与模式——社会治安综合法理的理论与实验[D].北京:中共中央党校,2002.

理要求全社会在维护社会治安、保障社会稳定中必须保持高度的协调和统一[①]。唐皇凤认为,综合治理这种国家治理方式的本质特征在于集中和动员资源,通过组织化调控的方式不断拓展国家治理空间,综合治理中的"治理"仍然是为实现政治统治、保障社会秩序、履行社会公共服务等国家职能而进行的统治领导、管理和调控各类活动的过程,虽然在社会秩序整合和公共服务供给方面,社会力量能够发挥作用。[②] 张桂芳认为,综合治理为多个主体通过政策来规范个体或者群体的行为,使存在利益冲突的个体或群体在治理中得以调节,最终达到平衡的状态。[③] 这些概念论说,究其本质都是在强调综合治理主体对象的广域性、范围的广泛性、参与主体的多样性和目标追求的利益平衡。其实,"综合治理"应用于社会是这样,应用于教育亦如此。

事实上,"教育综合治理"是"教育治理"概念的延续,与"教育治理"不同,前缀"综合"将"教育治理"的属性澄清、外延缩减。"综合"是指将事物的各个部分联合成一个整体进行考察的全方面审视的方法,强调多元性、多样性、多面性。"综合治理"作为一种工作的指导思想,首先是在社会治安工作领域中提出来的,它最初的含义是强调全党和全社会动员起来,运用各种手段和措施,维护社会治安。遵循类似的论说逻辑,"教育综合治理"涉及的对象基本都是教育领域重要、宏大的问题,它要求所有参与教育改革的成员普遍参与,并运用各种手段和措施,将教育目标的实现作为一个社会发展的历史过程。

整体而言,"教育综合治理"主张教育行为的集中化、统一化、标准化,在解决教育问题时,以人们的共同参与为前提,以浓缩、集合和整合社会各种力量、各种条件、各种措施为基础,以实现教育参与主体思想和行为的集中化、统一化、标准化为模式,以实现对教育问题或现象的全面治理、努力追求效果的最大化为目标。由此可见,"教育综合治理"是人们为了解决某一教育问题,要求全社会共同参与,运用各种手段和措施,实行全面的治理,努力追求效果最大化的一种社会活动。在教育综合治理活动中,不仅参与主体、采取的措施和手段具有广泛的社会性,而且参与主体还呈现出意识的日趋统一性和行为的日趋一致性。

要意识到的是,现如今教育作为社会大系统内重要的子系统,并没有在当前的"综

---

① 刘波. 治安社会化思想与模式——社会治安综合法理的理论与实践[D]. 北京:中共中央党校,2002.
② 唐皇凤. 社会转型与组织化调控[D]. 上海:复旦大学,2006.
③ 张桂芳. 中小学校外培训机构综合治理效果评估指标体系构建研究——以重庆市为例[D]. 重庆:西南大学,2020.

合治理"研究中得到足够的重视,这反过来也说明,教育领域针对具体教育(宏大)议题进行综合治理存在较大的讨论空间。国家教育治理体系建设和治理能力建设是"教育综合治理"在我国生根发芽的基础。其中,"综合治理"不是在任一学术场域都会出现的语词,唯有当社会出现重要事项且事项本身具有重大的(社会)负面影响或潜在的重大的(社会)负面影响之时才会运用"综合治理"这一概念。教育作为最大的民生工程,教育领域对于重大教育问题进行综合治理,客观上合时且合适。教育综合治理强调教育治理视域的整体性、对象的全面性,是对于未来教育的一种整体性理解和全面性把握。

(三) 治理体系

2013年11月12日,党的十八届三中全会通过的《中共中央关于全面深化改革若干重大问题的决定》,首次在政府重要文件中用"社会治理"取代原先的"社会管理",进一步淡化政府的管制作用,强化其服务职能①。"治理体制和治理行为主要体现国家的工具理性","现代国家治理体系是一个有机的、协调的、动态的和整体的制度运行系统,其本质就是规范社会权力运行和维护公共秩序的一系列制度和程序,其中包括规范行政行为、市场行为和社会行为的一系列制度和程序,因此,政府治理、市场治理和社会治理是现代国家治理体系中三个最重要的次级体系"②。"发展社会主义先进文化、广泛凝聚人民精神力量,是国家治理体系和治理能力现代化的深厚支撑"③,国家治理体系建设是在国家治理现代化的背景下产生的教育范畴。

国家治理现代化的显著特质包含了党的治理、国家治理、社会治理三个层次。其中,党的治理现代化起到了决定性作用,在制度体系下不断提高执行能力,在执行过程中不断完善改进制度体系,是国家治理现代化的关键。④ 这也为现代国家治理体系建设提供启益:一方面,重视国家治理制度建设。制度建设能够发挥其背后政府或行政监管部门的专业权威和领导力,通过制度建设,搭建国家治理体系的"四梁八柱",形成从宏观到微观的国家治理的结构性、规律性体系框架。另一方面,重视国家治理能力

---

① 俞可平.中国如何治理? 通向国家治理现代化的道路[M].北京:外文出版社,2018:143.
② 俞可平.中国的治理改革(1978—2018)[J].武汉大学学报(哲学社会科学版),2018,71(03):48-59.
③ 新华社.中共中央关于坚持和完善中国特色社会主义制度 推进国家治理体系和治理能力现代化若干重大问题的决定[EB/OL].(2019-11-05)[2023-02-15].http://www.gov.cn/zhengce/2019-11/05/content_5449023.htm? ivk_sa=1024320u.
④ 胡鞍钢.中国国家治理现代化的特征与方向[J].国家行政学院学报,2014(03):4-10.

建设。显见的是,国家教育治理制度建设的结局凸显了国家教育治理能力的一个方面,但是制度的运转更是需要国家教育治理能力作为支撑。这种能力可能不聚焦在某一具体领域,它更多地指向对教育全局的把握、支配、调整、优化的能力范畴。

教育治理的主体可分为政府、学校和社会,即管理、办学和评价的行为主体。管理是政府或教育行政部门的权力和责任,要回答好由谁管理、如何管理、管理什么等问题,重点做好教育顶层设计、教育规划、资源配置,进一步简政放权,不断提升自身依法行政的能力。新时代教育治理的本质特征是"人民性",即作为教育治理主体,始终富有人民情怀,并把"以人民为中心"置于心灵深处的心理状态。① 在这样的背景下,对政府或教育行政部门而言,积极培育教育专业中介机构,让社会专业机构提供专业服务,既能提高教育服务质量,又能体现教育服务效益;建立健全家校社合作协商机制,家长对教育的满意度是评价政府管理效能的重要标准,对于管理走向治理显得越来越重要②。

教育内部治理是教育行政部门、学校、教育科研机构之间关系的治理。从教育治理模式看,教育治理分为教育政府治理、教育市场治理、教育公共治理。从组织系统范畴上看,教育治理分为教育外部治理与教育内部治理。教育外部治理是教育作为社会系统中特定的子系统与其他子系统之间关系的治理。面向未来,教育治理需要拓展为纵向多层面、横向多维度的立体化网络。概言之,纵向多层面是指政府、学校、班级三个层面,而每个层面上都需要解决行政化对教育活力的压抑以及商业化对教育公益性的侵蚀;横向多维度是指每个层面都有各自的多元共治、自治和元治。③

推进中国教育治理体系和治理能力现代化离不开教育领域的"综合治理",要有宽广的视野和思路,要适应国家治理体系和治理能力建设,根据教育发展的自身规律和教育现代化的基本要求,以构建政府、学校、社会新型关系为核心,以推进管办评分离为基本要求,以转变政府职能为突破口,建立系统完备、科学规范、运行有效的制度体系,形成政府宏观管理、学校自主办学、社会广泛参与的格局,更好地调动中央和地方的积极性,更好地激发每所学校的活力,更好地发挥全社会的作用。④ 而且,只有坚守教育治理的人民性,才能真正找到教育所遭遇问题的根源,才能真正开出人民所期望

---

① 杨光钦,靳培培.教育治理的人民性与困境突破[J].教育研究与实验,2020(04):52-56.
② 尹后庆.见证变革——站在上海基础教育转折点上[M].上海:上海教育出版社,2013:19.
③ 褚宏启.绘制教育治理的全景图:教育治理的概念拓展与体系完善[J].教育研究,2021,42(12):105-119.
④ 徐艳国.关于教育治理体系和治理能力现代化建设的分析[J].中国高等教育,2014(17):53-55.

的治愈教育问题的灵丹妙药,才能真正促使教育治理效能的全面提升。①

总之,教育领域关于"国家教育治理体系"的系统性研究尚显单薄,且研究主题较为分散,少有哪一个主题集中进行"综合治理"的深入研究,它散布在教育系统的多个主体、各个学段具体教育问题的研究领域之中。对于已有研究的分析可以发现,教育中关涉"教育治理"的主题,具有宏观的教育视野、明确的问题指向、多元的参与主体、多样的改革办法,强调与社会发展需要、主流教育意志一致,兴利除弊、改旧布新,建构一种新的教育生态实现对于既有教育问题的破解、改进、完善抑或预防。归纳而言,现当代"国家教育治理体系建设"是借助"治理"的理念与模式,以党和国家先进教育思想为指导,以满足国家、社会发展需要为目标,对于教育领域的重要、重大事项,统合政府、学校、社会等主体的积极力量,发挥各个主体的专业优势,统一思想、凝聚共识,有序进行的全面性、持续性、发展性和前瞻性的教育改革。随着党的二十大的召开,中国教育已经迈入一个新的发展阶段,优化、改进和落实国家教育治理体系建设,是摆在教育相关领域主体面前的重大命题,要推动新时代的新教育转型升级、内涵发展,亟待深刻反思国家治理体系建设的结构。

二、教育治理的体系建构

县域教育治理是国家教育治理的构成主体,县域是国家治理最基本也最重要的单元。县域稳则社会稳,县域强则国家强,过去如此,现在如此,将来还是如此;政治如此,经济如此,教育也是如此。② 为此,必须分析与思考县域教育治理体系的建设依据。

(一) 理论基础

1. 系统论

通常来讲,"系统论"(systems theory)主要从"系统对象"整体出发,研究"系统"的结构、特点、行为、动态、原则、规律以及系统间的联系,以及研究系统整体和组成系统整体各要素的相互关系。进一步讲,"系统论"的基本思想是,世界上任何事物都可以

---

① 杨光钦,靳培培. 教育治理的人民性与困境突破[J]. 教育研究与实验,2020(04):52-56.
② 刘彭芝. 县域教育:前路浩荡 未来可期[J]. 湖南教育(A版),2022(05):36-38.

看成是一个系统,系统是普遍存在的,我们应该把所研究和处理的对象当作一个系统,从整体上分析系统的组成要素、各个要素之间的关系以及系统的结构和功能,还有系统、组成要素、环境三者的相互关系和变动的规律性,根据分析的结果来调整系统的结构和各要素关系,选择最佳结合方式,使系统达到整体上的最佳优化目标。

马克思主义强调"共生",这是"共产主义"的另一张面相,其间蕴含的深意指涉"人与人在一起"构建一种"命运共同体"。[①] 教育领域存在很多共生体,具体指涉不同主体之间,因为有共通的意向、期望、愿望以及实践能力等,为了实现共同的目标而构成主体协同参与的教育治理体系和治理结构。县域教育治理建设作为一个系统工程,将教育部门、学校、社会部门、群众组织、家庭等看作一个协同的系统,运用系统论来分析县域教育治理系统的结构和功能、各组成要素及其与环境之间的关系,运用系统论的方法对政社协同系统的实施进行统筹协调与机制优化。

2. 新公共管理理论

新公共管理理论方法论作为一种新的理论范式,以经济学理论作为其理论基础,突破了传统公共行政理论的羁绊,形成了以"理性经济人"为表征的个人主义的理性思维方式,以市场经济为取向的竞争式管理方法,以效率为取向的战略管理方法,以结果为取向的绩效目标管理方法,以顾客为取向的回应性管理方法等为内容的、具有实证主义特征的方法论体系。[②] 简·莱恩(Jan—Erik Lane)在其代表作《新公共管理》中提出的新公共管理理论,以西方行政改革为背景,以质疑官僚行政有效性为前设,以追求"3E"即 economy(经济)、efficiency(效率)、effectiveness(效能)为目标。以 OECD 成员国的公共改革实践为基础,OECD 于 1995 年,将新公共管理运动的基本特征概括为八个:① 权力转移,提高灵活性;② 确保绩效、控制和责任制;③ 发展竞争和选择;④ 提供回应性服务;⑤ 改善人力资源管理;⑥ 优化信息管理;⑦ 提高管制质量;⑧ 加强中央指导而非干预的职能。

新公共管理理论要解决的问题是在过度规范化、法治化和过多控制的情形下,如何提升政府的管理能力和改善政府的管理绩效。[③] 在新公共管理理论的引导下,实现了政府行政管理与治理方式的根本性的、方向性的转变。新公共管理理论不再将公共管理活动仅仅看作是政府的行政管理职能,也不再将公共管理活动仅仅等同于公共部

---

① 孙伯鍨,张一兵. 走进马克思[M]. 南京:江苏人民出版社,2012:332-338.
② 何颖,李思然. 新公共管理理论方法论评析[J]. 中国行政管理,2014(11):66-72.
③ 黄小勇. 新公共管理理论及其借鉴意义[J]. 中共中央党校学报,2004(03):62-65.

门的管理活动，而是将公共管理看成是在公共产品与公共服务供给过程中由多元主体共同组成的复杂网络的治理，是由公共部门、准公共部门及部分参与公共服务提供的私人部门共同对公共事务的处理。该理论对于在公共教育领域中引入市场机制，以及在教育管理体制内部实施分权改革等方面有指导意义。

3. 多中心治理理论

多中心治理理论最早是由以奥斯特罗姆夫妇（Vincent Ostrom and Elinor Ostrom）为核心的一批研究者在实证研究的基础上提出的。多中心治理是在多中心概念的基础上发展而来的。多中心是指借助多个而非单一权力中心和组织体制治理公共事务，提供公共服务，强调参与者的互动过程和能动创立治理规则、治理形态，主张公共服务的供给是一个多元主体的合作、协同过程，改变了政府作为单一公共服务的供给主体的模式，构建起了政府、市场和社会三维框架下的多中心供给模式，从而有效地克服单一靠市场或政府来实现公共服务供给的不足。

多中心理论源起经济领域对于计划经济和市场经济的比较研究，之后在政治行政领域获得进一步发展并趋向成熟。其中，多中心治理的主体是复合主体，包括政府、企业、非营利组织、公民社会、国际组织、社会组织等，其结构是网络的，目标是实现公民利益最大化和满足公民多样化的需求，方式是"合作—竞争—合作"[1]。多中心体制对公共产品供给的重大意义在于，打破单中心体制下权力高度集中的格局，形成多个权力中心来承担公共产品供给职能，并且相互展开有效竞争，由于更贴近基层，其具备相对的灵活性和适应能力，更能切实有效地解决许多急迫的公共服务需求。该理论的主要观点与主张和当前县域教育治理体系建设与实践推进的理念高度吻合，可以为之提供相应的理论支撑。

4. 善治理论

善治理论的代表是"公共治理""协同治理"理论，即国家与社会的协同治理，并衍生出"多元共治""复合治理""多中心治理"等概念。善治理论强调"公共事务公共管理"，它把公共管理定义为政府、社会组织、社区单位、企业、个人等所有利益攸关者共同参与、协同行动的过程，认为"善治"意味着国家与社会良性互动、协同治理，因此建立集体决策和共同参与制度，加强公共选择和公共博弈，实现责任共担、利益分享、权力协同是善治理论的主要诉求。就治理主体而言，善治是"善者治理"。作为治理主

---

[1] 王志刚. 多中心治理理论的起源、发展与演变[J]. 东南大学学报（哲学社会科学版），2009(S2)：35-37.

体,无论政府、非政府组织或是私人企业都应具有合法性。

就治理目的而言,善治是"善意治理"。治理的本意是服务,其出发点是让公众享有更充分的公共物品,享有更高满足度的公共管理,从而实现社会公众福利的最大化。就治理方式而言,善治是"善于治理",是建立在契约基础上的合作。治理的过程,是多中心良性互动的过程,是政府不断回应公众需求的过程。就治理结果而言,善治是"善态治理"。

要实现善治,必须改革由政府垄断公共事务的格局,建立政府与市场、社会之间的合作型治理模式,建立政府与其他治理主体良性互动的网络型治理模式,以保持权力与权利的协调性、政府与社会的合作,让所有利益相关者共同参与、共管共治,以实现公共选择和公共博弈的有效性、政府与民间的互动性。善治体现了政社协同的精神,善治理论可以作为县域教育治理的理论工具,实现走向多元治理、和谐治理的县域教育治理理想境界。

(二)实践布局

基于上述分析,县域教育治理体系建设在实践中需要关注以下内容:如何实现协同育人,实现学校教育与家庭教育、社会教育的有机统整?如何发挥教师在治理中的关键作用,体现教师为本的教育发展思想?以及如何实现以学校教育为阵地的现代化教育新格局建设?等等。

1. 服务协同育人体系

"协同"是"十四五"规划的高频主题词,尤其是"健全学校家庭社会协同育人机制"的提出,让"协同育人"成为推进优化教育变革实践,提升教育治理和社会治理能力的重要选项。这也是当下县域教育治理要关注的重点之一。进入新时代,"协同育人"已经上升为国家战略,县域范围内推进协同育人也是自然而然的教育发展趋势和选择。2015年在春节团拜会上,习近平总书记首次作出了"注重家庭""注重家教""注重家风"建设的重要讲话;2018年9月10日,习近平总书记在全国教育工作大会上指出:"办好教育事业,家庭、学校、政府、社会都有责任。"2021年10月23日,《中华人民共和国家庭教育促进法》强调,"各级人民政府指导家庭教育工作,建立健全家庭学校社会协同育人机制",而"职责"与"协同"是其显性亮点。2023年1月,教育部等十三部门印发的《教育部等十三部门关于健全学校家庭社会协同育人机制的意见》明确提出:"健全学校家庭社会协同育人机制是党中央、国务院作出的重要决策部署,事关学生全面发展健康成长,事关国家发展和民族未来。"①在此背景下,发挥不同教育主体的优势,开掘家庭、学校、社会等相关教育主体的教育潜力,建构一种与这个时代的教育需求匹配的协同育人新生态,是县域教育治理体系建设的重点任务。

基于"社会治理"和"教育治理"两个视角,现时期教育新格局是基础教育要走高质量发展的新道路,"家校社"协同育人是基础教育领域办好人民满意的教育的重要路径和方法。而且,新时代优化教育治理结构没有"局外人"和"旁观者",教育是一项复杂的系统工程,家庭与学校、社会相互协同、相互融合、相互促进,形成强大的教育合力,形成整体性、系统性、一体化的协同育人体系,这是新时代教育治理的必然走向和选择。其中,"以人民为中心"是新时代我国各领域改革遵照的重要理念,它指涉将"人"看成是发展的重心,也是关照的中心,"人"是检验发展质量与品质的重要标准。聚焦到县域教育领域,县域教育治理将学生成长场域的"学校的改革"视作重心,是践行"以人民为中心"的发展观的重要体现。现时期学生是教育的中心,以学生为本,践行"生本导向"的教育改革是我国教育改革的优良传统。因此,在县域教育治理中扎实推进家校社多主体协同是促进学生健康成长的重要保障,营造适应学生健康成长的教育环境与生态,迫切需要家庭、学校、社会贡献自己的教育力量和智慧,推动育人结构与体系转型升级、内涵发展。

2. 发挥教师参与作用

"强教"必先"强师",教师是立教之本、兴教之源,是教育过程的主导和灵魂,教师队伍的质量决定教育发展的质量,重点围绕师资建设,培养高素质专业化创新型教师队伍,既是推进基础教育事业发展的基础工程,更是推进县域基础教育治理体系建设与治理能力提升的关键所在。

进入新时代,中国教育改革与发展的经验之一,就是把教师队伍建设作为基础性工作来抓,这一经验也成为了中国教育现代化发展的基本原则之一。其中,习近平总书记不断强调教师队伍建设在教育发展中的独特地位和重要价值。在不同的场合,总书记多次寄厚望于广大教师能够肩负实现"两个一百年"奋斗目标、中华民族伟大复兴中国梦的神圣使命和历史责任,为办好具有中国特色、世界水平的现代教育,培养新时代社会主义事业合格建设者和接班人作出更大贡献。毕竟,没有高水平的师资队伍,就很难培养出高水平的创新人才,建设高质量县域教育体系,加快推进教育现代化,全

---

① 教育部等十三部门.教育部等十三部门关于健全学校家庭社会协同育人机制的意见[EB/OL].(2023-01-17)[2023-01-21]. www.moe.gov.cn/srcsite/A06/s3325/202301/t20230119_1039746.html.

面提高教师队伍的质量是关键。

早在2001年5月,国务院印发的《关于基础教育改革与发展的决定》就强调:"有条件的地区要培养具有专科学历的小学教师和本科学历的初中教师,逐步提高高中教师的学历,扩大教育硕士的培养规模和招生范围。"①2018年1月,中共中央、国务院印发的《关于全面深化新时代教师队伍建设改革的意见》再次强调:"推进教师培养供给侧结构性改革,为义务教育学校侧重培养素质全面、业务见长的本科层次教师,为高中阶段教育学校侧重培养专业突出、底蕴深厚的研究生层次教师",同时"根据教育行业特点,分区域规划,分类别指导,结合实际,逐步将幼儿园教师学历提升至专科,小学教师学历提升至师范专业专科和非师范专业本科,初中教师学历提升至本科,有条件的地方将普通高中教师学历提升至研究生"。②2018年3月,教育部等五部门联合印发《教师教育振兴行动计划(2018—2022年)》,文件强调:"为义务教育学校培养更多接受过高质量教师教育的素质全面、业务见长的本科层次教师,为普通高中培养更多专业突出、底蕴深厚的研究生层次教师","引导鼓励有关高校扩大教育博士招生规模,面向基础教育、职业教育教师校长,完善教育博士选拔培养方案",如此等等。③这一系列政策论述,让教师队伍建设成为县域教育治理体系建设不能不重视的关键领域。

当前,随着基础教育办学规模的不断扩增,学生受教育需求的不断扩大,社会对于教育的要求不断增多,依赖传统的以"专科"甚或"本科"学历教师为主的师资队伍,运用传统的教育方式开展育人实践,已经逐渐在建设高质量教育体系的大潮中"掉队",强化教师队伍建设,增强教师的专业能力,已经成为基础教育改革与发展的一种趋势。这些现象的出现,与基础教育高质量发展的目标追求和现实需求紧密相关,也从侧面反映出县域基础教育高质量发展对于提高教师专业能力的迫切需要。

2023年2月,首届"世界数字教育大会"在北京召开,"数字化转型是世界范围内教育转型的重要载体和方向"是大会共识。大会期间,教育部副部长王嘉毅指出:"中国政府高度重视基础教育数字化,注重发挥数字技术对基础教育的引领、推动作用,将

---

① 国务院. 国务院关于基础教育改革与发展的决定[EB/OL]. (2001-05-29)[2023-02-04]. http://www.gov.cn/gongbao/content/2001/content_60920.htm.
② 新华社. 中共中央 国务院关于全面深化新时代教师队伍建设改革的意见[EB/OL]. (2018-01-20)[2023-01-24]. https://www.rmzxb.com.cn/c/2018-01-31/1949683.shtml.
③ 教育部等五部门. 教育部等五部门关于印发《教师教育振兴行动计划(2018—2022年)》的通知[EB/OL]. (2018-03-22)[2023-01-24]. http://www.moe.gov.cn/srcsite/A10/s7034/201803/t20180323_331063.html.

数字化与基础教育改革发展同谋划、同部署、同推进,数字化基本建设实现全面覆盖,大规模应用实效明显,为基础教育高质量发展注入强大动力","中国将坚定不移推进基础教育数字化战略行动,努力为全体中小学生享有更加公平、更高质量的基础教育提供强有力支撑"。①事实上,"教育数字化"是"数字中国"战略的重要组成部分,"推进教育数字化"是党的二十大报告明确提出的中国教育改革与发展战略动向。现如今信息技术的发展正在以更加多元的形式参与到基础教育改革与发展中,正在改变传统的基础教育学校教育生态,数字化赋能基础教育高质量发展逐渐成为教育数字化转型时代基础教育改革与发展的关键选择。正如习近平总书记所说:"随着信息化不断发展,知识获取方式和传授方式、教和学关系都发生了革命性变化。这也对教师队伍能力和水平提出了新的更高的要求。"②因此,引入教育数字化建设资源来推动县域基础教育高质量发展,必须要建设一支高素质的教师队伍。在这样的背景下,县域教育治理必要且必须将教师队伍建设作为一项重点工程去落实展开。

3. 促进学校改革发展

建设高质量教育体系离不开县域教育高质量建设,尤其是在学校教育领域"培养目标""育人方式"以及"课程教学"等不断改革背景下,县域教育治理的实践布局要聚焦关注三个重点方面。

第一,培养目标。"培养什么人"、"怎样培养人"和"为谁培养人"是新时代中国人才培养体系改革面临的时代"三问",我国人才培养的目标设定及其实现都围绕这三个问题展开③。当下人的培养目标已经从简单的知识传授上升到学科核心素养的养成,对教师的知识涵养、综合能力水平提出了更高的要求,中小学对优秀人才有着更强烈的需求,尤其是当前新高考和新教材等改革越来越注重学生创新思维的培养,对学生综合能力的要求越来越高。根据现代教育发展的需要和未来人才培养目标,基础教育必须从传统的应试教育走向素质教育。以往的中小学考虑更多的是知识的传授效率,较少考虑对学生思想的熏陶和价值的引领,对教师知识的需求也只是限制在学科基础知识上。但随着基础教育普及化进程的加快,受益的学生群体越来越多,学校办学规

---

① 教育部. 数字化赋能基础教育高质量发展论坛在京举行[EB/OL]. (2023-02-14)[2023-02-15]. http://www.moe.gov.cn/jyb_xwfb/xw_zt/moe_357/2023/2023_zt01/pxlt/pxlt_jcjy/202302/t20230214_1044669.html.
② 习近平. 在北京大学师生座谈会上的讲话[N]. 人民日报,2018-05-03(002).
③ 赵冬冬,朱益明. 培养受过教育的人:"培养什么人"的教育学之维[J]. 教育学术月刊,2021(06):3-9+18.

模越来越大,这意味着不管是针对学生个体的教育,还是针对学生群体的管理,都变得比旧时的学校更有挑战性,从需要的角度来讲,这源于学校教育和学校管理挑战的提升,尤其是在"全面提高人才自主培养质量,着力造就拔尖创新人才"的培养目标要求下,迫切需要学校适时改革。

第二,育人方式。2019年6月,《中共中央国务院关于深化教育教学改革全面提高义务教育质量的意见》明确指出,全面提高义务教育质量要"坚持教学相长,注重启发式、互动式、探究式教学","充分发挥教师主导作用,引导教师深入理解学科特点、知识结构、思想方法,科学把握学生认知规律,上好每一堂课"。当月,国务院办公厅印发的《关于新时代推进普通高中育人方式改革的指导意见》也指出,推进普通高中育人方式改革要全面实施新课程新教材、完善学校课程管理、有序推进选课走班、深化课堂教学改革、优化教学管理以及加强学生发展指导等,重点强调"加强教师队伍建设","创新教师培训方式,重点提升教师新课程实施、学生发展指导和走班教学管理能力"。事实上,我国传统的县域教育主要以"应试升学"为导向,对于教师的要求主要是提高学生的考试分数和升学率,这样的目标设定带来的直接结果是高中阶段学校"千校一面"的同质化办学现象严重,学校与学生都缺少创新性,陷入模式化的发展困局。这样的办学局面产生的负面影响不言而喻。党的二十大报告再次提出要"坚持高中阶段学校多样化发展",这使得"多样化"成为高中教育改革的重点任务。因此,强调"多样化办学"就成为高中阶段教育改革的重点之一,县域教育治理应该果断地突破应试教育的瓶颈,在素质教育上多下功夫,引领高中教育在学科思想、人文思想方面进行深入探索,提前引领学生做好职业生涯规划,学会学科思维与探究方法,激发高中生的研究潜能,树立人生发展目标和理想。

第三,课程教学。面对经济、科技的迅猛发展和社会生活的深刻变化,面对新时代社会主要矛盾的转化,面对新时代对提高全体国民素质和人才培养质量的新要求,面对我国高中阶段教育基本普及的新形势,"课程教学"改革悄然发生。2019年6月,国务院办公厅印发《关于新时代推进普通高中育人方式改革的指导意见》,明确指出要"依照普通高中课程方案,合理安排三年各学科课程,开齐开足体育与健康、艺术、综合实践活动和理化生实验等课程。加强学校特色课程建设,积极开展校园体育、艺术、阅读、写作、演讲、科技创新等社团活动"。[①] 2020年4月,教育部启动"普通高中新课程

---

① 国务院办公厅. 国务院办公厅关于新时代推进普通高中育人方式改革的指导意见[EB/OL]. (2019-06-19)[2023-02-04]. http://www.gov.cn/zhengce/content/2019-06/19/content_5401568.htm.

新教材实施国家级示范区和示范校遴选工作",将在全国遴选建立32个普通高中新课程新教材实施国家级示范区、96所国家级示范校,每个省份设立1个国家级示范区和3所国家级示范校(示范校原则上在示范区内)。在此背景下,一些成功入选新课程新教材实施国家级示范校的中学,结合学校的办学目标和办学特色,积极开展课程改革和教学改革,在课程建设、教学改革、考试评价等关键领域进行积极探索,推进学校育人方式变革和特色化、优质化发展,形成一批可借鉴、可推广的有效经验和成果,在全国范围内起到示范引领作用。2020年5月,国家通过课程标准确定普通高中课程内容应遵循"思想性""时代性""基础性""选择性"和"关联性"[①],对于普通高中课程与教学质量提出较高要求,驱动县域教育治理方式适时调整以满足课程标准转化为课程教学实践的需要。

三、学校治理的制度建构

在县域层面,国家教育治理创新需要具体落实到县域内各级各类学校治理体系建设之中,建立与时俱进的现代学校治理体系,是县域教育现代化的重要任务与主要内容。面对社会治理的发展与创新,学校治理也同样需要加快创新与改革。这不仅需要了解国家教育治理体系建设及其创新的要求,也需要认识和理解现代学校制度建设视域中学校治理的基本要求和关键特征,进而把握县域内学校治理建设的方向与原则,建构基于家、校、社协同参与的现代学校治理体系。

(一)价值理念

现代学校制度是适应知识经济时代潮流的学校制度,是符合21世纪我国经济与社会全面发展的、指导和约束学校可持续发展的各种制度的总称。现代学校制度的本质是一种面向育人开展公共教育的规则体系与安排。所谓"制度",从本质上来说,就是一种规则体系。新制度主义经济学家诺斯认为,制度就是由人类设计出来,构造社会各个方面之间相互关系的一系列约束。[②] 新制度主义学派的代表人物理查德·斯

[①] 教育部.教育部关于印发普通高中课程方案和语文等学科课程标准(2017年版2020年修订)的通知[EB/OL].(2020-05-13)[2023-01-24]. http://www.moe.gov.cn/srcsite/A26/s8001/202006/t20200603_462199.html.

[②] 道格拉斯·C.诺斯.制度、制度变迁与经济绩效[M].杭行,译.上海:上海人民出版社,2008:3-4.

科特(W. Richard Scott)进一步厘清了制度的内涵,认为制度包括规制性、规范性和文化—认知性三大要素,以及相关的活动与资源。① 这三大基础性要素基本上涵盖了制度的基本内容,可以用来作为分析制度的工具。因此,有研究者以新制度主义学派代表人物理查德·斯科特提出的制度三大基础性要素为分析框架,来探讨现代学校制度的内涵。他们认为现代学校制度是适应我国国情和时代发展要求的一系列教育制度安排,在其规制性要素层面,主要体现为以学校章程为核心的规则体系;在其规范性要素层面,应蕴含和体现公正性、民主性、法制性、人本性等现代教育精神;在其文化—认知性要素层面,现代学校制度的核心是如何促进教师更好地教和学生更好地学的制度。②

现代学校制度的价值理念,乃是人们关于现代学校价值观的反映,是人们价值选择的外在表现。现代学校制度作为指导我国现阶段及今后一段时期学校发展的战略性制度规划,它所追求的价值取向直接决定着学校的发展走向,关乎每一所学校、每一位学生的福利,从而也关乎国家社稷的利害。

教育公正是我国现代学校制度的核心价值,具体体现在两个方面。其一,公正性是任何制度最基本的价值取向,它制约着制度存在的合理性和正当性。这也是现代社会对学校教育的起码要求,乃现代学校制度维持和促进社会稳定和谐的内在规定性。现代学校制度对公正性的价值追求就是通过规范化、定型化了的现代学校制度结构的公正性,实现对现代学校制度的规范化、秩序化发展的规制与导引,使现代学校制度充分体现公正性。一个基本公正的学校制度环境,无疑会鼓励社会成员彼此协作、互助互利、扬善惩恶,有利于社会为人才的成长提供较为理想的发展空间,为现代学校的存在和健康发展提供有效保障。其二,现代学校制度是一种教育制度,而非经济制度。两者不仅在目标功能、运用过程、收益形式上存在区别,还有一个本质的不同,即表现为学校组织所具备的"教育性"。这是因为,首先,作为一种教育组织的学校,其服务与商业服务有明显的不同,它以造就人、发展人为追求和目的。这就要求学校的办学要把培养人、发展人放在最核心的位置,一切规章制度的制定和实践活动的开展都应当围绕这个核心。其次,作为一种教育制度,学校应当服从教育的内在规定性或遵从教育的本质,即服务于教育培养人的社会目标。现代学校制度应立足教育,使学生得到

---

① W·理查德·斯科特.制度与组织——思想观念与物质利益[M].姚伟,王黎芳,译.北京:中国人民大学出版社,2010:56.
② 张清宇,苏君阳.现代学校制度下教师制度化参与的内涵及意义[J].现代教育管理,2017(07):43-48.

充分发展,实现人的全面发展。正如人们普遍所认识到的那样:学生的充分全面发展,乃现代学校制度最重要、最根本的目标。

由此可见,现代学校制度的核心价值,应该指向学校的"教育公正性",即基于服务于公共利益的"教育性"之上的"公正性"。其中,"教育性"和"公正性"是现代学校制度中的两个重要支点,两者相互依存,缺一不可。①

党的十八届三中全会《关于全面深化改革若干重大问题的决定》明确提出了现代学校制度建设的新思路,即"深入推进管办评分离,扩大省级政府教育统筹权和学校办学自主权,完善学校内部治理结构"。管办评分离是教育体制改革的重点,也是难点,是建设现代学校制度的必然选择。因此,政府要把握好放权、授权、监权之间的关系。在政府放权、社会评价的路径中,将办学的自主权交给学校,实现由微观管理到宏观管理的转变,大力培植社会评价机构,将评价权交给社会。政府要做好宏观统筹,学校要精化内部治理,切实提升办学质量和水平,这是实现管办评分离的有效途径,也是快速推进现代学校制度建设的必经之路。管办评分离是构建"政府管教育、学校办教育、社会评教育"的教育发展新格局和现代学校制度建设的必然要求,其根本目的是"为促进学校办学质量的提高服务,满足人们对优质教育的需求"。

当前,"治理"已成为各级各类现代学校管理制度的新取向。地方政府应以实施现代学校制度改革试点项目为契机,创新学校管理机制,探索现代学校制度建设的具体措施,主要着力于完善现代学校治理结构,规范学校办学行为,激发学校办学活力;立足构建具有地方特色的现代学校治理模式,加强顶层设计,进一步去行政化,理顺学校、政府、社会的关系;推动学校步入多元主体协同治理的民主管理轨道,形成系统完备、科学规范、运行有效的现代学校治理结构。现代学校治理结构的进一步完善,必然成为未来学校制度建设的根本路径。

(二) 运行特性

2010 年颁布实施的《国家中长期教育改革和发展规划纲要(2010—2020 年)》明确提出:要适应中国国情和时代要求,建设依法办学、自主管理、民主监督、社会参与的现代学校制度,构建政府、学校、社会之间的新型关系。显而易见,"依法办学、自主管理、民主监督、社会参与"是现代学校制度的核心,体现在"法治、自主、民主、开放"四个

---

① 袁勇.教育公正:现代学校制度的核心价值[J].教育科学研究,2015(08):14-18.

方面。① 至此,现代学校制度建设由理论探讨步入政策实践阶段。

首先,依法治理是学校制度建设的前提。换句话说,建立现代学校制度,法治性是其最重要的特性与本质要求。习近平总书记指出:"法律是治国之重器,法治是国家治理体系和治理能力的重要依托。"②党的十八届三中全会以来,国家从战略层面明确"依法治理是现代治理的核心"。就教育而言,依法治理即"依法治教"。"依法治教"是实现教育治理体系和治理能力现代化的重要路径。对学校来讲,要紧紧围绕"依法治教"理念,树立现代学校制度建设的"治理"思维,在现代学校制度建设上有所突破,充分激发学校的办学活力,对于实现教育现代化至关重要。

其次,自主治理是现代学校制度建设的关键。现代学校制度要求学校作为能够适应国家发展战略、市场经济发展与建设学习型社会等各方面要求的公共组织,要以完善的学校法人制度为基础,以现代教育观念为指导,在学校依法的前提上,发挥学校办学的自主性,激发办学的主动性和创新性,建立有助于学生、教职工、学校、学校所在社区之间协调发展与可持续发展的制度体系。办学自主性是现代学校制度的突出特征,也是其办学主体地位体现的重要标志。在当下教育充满变革的时代,作为教育管理的基层教育行政部门,最大的作为空间是在赋予学校办学自主权的同时,帮助基层学校确立主动依法办学意识和提升自主发展能力。学校办学自主,对政府而言,就必须简政放权、政事分开,把属于学校自主发展的权利还给学校,改变"全能政府"的职能,实现放、管、服的一体化改革与发展,改变政府对学校的命令式管理,积极探索运用立法、执法、规划、政策、督导等手段,来引导、支持学校建立可持续发展的新模式,为学校依法自主办学创设良好环境。③ 这种依法办学的自主性,为学校创新发展提供了支持和依据。

第三,民主治理是现代学校治理体系优化的关键要素。民主是现代社会的基本价值诉求,在推进学校制度建设过程中,尤其是在建立学校治理体系过程中,必须始终坚持民主的原则,体现学校利益相关者的共同参与。以机器大工业生产为标志的现代社会,使人从繁重的劳动中解放出来,人人都有追求平等、获得充分发展的权利。社会也更尊重人的理性及个人需求,提供每个人充分发展的机会和渠道。在坚持人民为中心

---

① 许杰. 现代学校制度建设的实践逻辑[J]. 教育研究,2016,37(09):32-39.
② 习近平. 关于《依法治国重大问题决定》的说明[EB/OL]. (2014-10-28)[2015-11-01]. http://news.china.com/fo cus/szqh/11166929/20141028/18905298.html.
③ 许杰. 现代学校制度建设的实践逻辑[J]. 教育研究,2016,37(09):32-39.

发展理念的指导下,现代学校制度更应以这一基本社会价值诉求为其价值导向,在学校建设与发展中,采取民主参与的方式,建设好学校,为建设民主社会培养作出贡献。在民主制度设计中,更要注重"人"的存在,保护不同主体的民主权利。现实中一些学校的某些制度之所以流于形式而不能解决实际问题,之所以结构不合理尤其是发展性制度偏少,往往与制度制定的程序缺乏民主性有关。任何学校制度的出台都不能只是校长或少数校领导的意见或结果,更不能是少数人的文本撰写,必须要广泛征求师生的意见与建议,还要征求上级教育部门、社会与家长的意见,甚至还需要与兄弟学校等进行交流和沟通,在制度制定的决策中体现民情民意民智,体现民主参与。所以,现代学校制度建设与现代学校发展实践,不仅需要程序上的民主,更需要民主集中下的科学决策与制度实施的各方认同与支持。

最后,开放治理是现代学校系统建设的需要。在一个多元的世界中,开放是社会发展的一个特点,也是一种需要。作为具有公共性的学校,办学是面向开放社会的一个开放性系统。学校系统的开放,意味着学校除了要在内在运营机制上充分调动学校内部各利益主体的积极性与创造性,还要在学校—社会关系上,充分挖掘、激发、调动一切有利于学校变革与发展的社会力量,共同参与到学校发展进程当中。[①] 现代学校制度的开放性首先应按照开放系统的组织结构来设计。学校开放系统涉及校内关系和校外关系两个方面。就内部关系而言,现代学校制度要充分考虑学校组织内部各种关系的交流、沟通与合作,如校长与教师的关系、教师与学生的关系、教师与教师的关系、教学人员与行政教辅人员的关系等。外部关系层面,现代学校制度要着重处理好学校与政府、社区、家庭之间的关系。这些都需要在学校章程和有关规章制度中作出明确规定。其次,现代学校制度的开放性还体现在教育资源的获取和共享方面。各种教育资源是达成学校目标和完成学校管理的基础。对学校而言,除了人作为最重要的资源外,具体的物资、办学经费、管理信息等都非常重要。目前,从总量上看,我国学校的优质资源(如优秀师资、优质课例等)普遍处于紧缺状态,加强区域内优质资源的合理配置、交流共享是很有必要的。再次,现代学校制度的开放性还应体现在学校评估机制上。有研究者提到,我们要把制定新的学校评估体系作为现代学校制度的重要内容,可以尝试引入各种因素来评价学校。我们比较赞同将社区、家长作为学校评估的主体,来改变只由教育行政部门评估的单一性。江苏省南京市教育局最近提出要建立

---

① 范国睿.学校治理现代化的任务与路径[J].上海教育科研,2022(12):5-11.

和公开学校综合质量"排行榜",让家长知晓学校升学率、就业率、教学质量、学生发展等反映学校综合质量的信息,推动学校之间的竞争,这是非常有益的探索。[①]

综上所述,现代学校制度与现代学校治理展现出了与以往不一样的教育特征,其中,最突出的是,当今的教育与学校更加具有开放性,教育系统与社会系统之间有着更多的相通性,学校治理与社会治理之间有着更多的共同点。在推进教育实践发展尤其是办好人民满意的教育实践中,更需要让教育与学校置于现代治理体系框架中,更多体现广泛参与的特点。

(三) 原则要求

"治理"是指通过一定的社会制度安排,国家机关、社会组织、利益群体和公民个体等多元主体合作互动、共同管理公共事务的过程。治理的本质是多元参与公共事务管理。学校治理,即以学校为主体的教育治理。学校作为教育系统的基层组织,其治理的成功与否,直接决定了教育治理的成败得失。从政策层面来讲,依法治校、多元共治、专业治理是学校治理建设的基本要求。

(1) 遵守国家政策法规

在全面依法治国的背景下,教育领域强调依法办学尤为重要。"自由、平等、公正、法治"是社会主义核心价值观的内容之一,教育改革与发展,包括教育治理与学校治理,都必须遵循国家教育改革发展战略要求,遵循国家教育法律法规的要求。各级政府、学校、校长、教师、学生、家长、社区人士等利益相关机构、群体或个人,在参与学校治理的过程中都没有超越法律的权力。在推进县域内学校治理体系建设的实践中,必须重申并强调教育的国家政策与法律规定。

2012年11月,教育部颁布《全面推进依法治校实施纲要》(简称《纲要》),这是我国第一份专门规范依法治校和现代学校制度建设的政策,标志着党和国家对现代学校制度建设的重视提升到全新的高度,突出了依法治校与现代学校制度建设之间的关系。《纲要》提出了全面推进依法治校的指导思想和总体要求,指出要以建设现代学校制度为目标,落实和规范学校办学自主权,形成政府依法管理学校、学校依法办学、自主管理,教师依法执教,社会依法支持和参与学校管理的格局。[②]《纲要》还提出了推进依法治校和建设现代学校制度的具体要求,特别是中小学要"以提高学校章程及制

---

① 陈如平. 现代学校制度的基本特性[J]. 人民教育,2004(21):11-13.
② 孙绵涛,王刚. 我国现代学校制度建设的成就、问题与对策[J]. 教育研究,2013,34(11):27-34.

度建设质量、规范和制约管理权力运行、推动基层民主建设、健全权利保障和救济机制为着力点,增强运用法治思维和法律手段解决学校改革发展中突出矛盾和问题的能力",提升依法治校能力和水平。[①]

2017年10月,习近平总书记在党的十九大报告中指出,中国特色社会主义进入了新时代,这是我国发展新的历史方位。在这一具有划时代意义的历史变革背景下,2018年11月,新时代教育系统第一次全国性教育法治工作会议召开了。教育部原部长陈宝生在会议讲话中明确指出,要把"依法治校"作为全面提高各级各类学校治理水平的必由途径和重要环节,要"进一步聚焦依法治校的重点","提高制度建设质量,推动形成以章程为核心,规范统一、分类科学、层次清晰、运行高效的学校制度体系"[②]。这次会议把学校治理建设的重要性提升到全面推进依法治校的核心性、基础性、关键性高度,同时也为如何提高学校治理建设质量提出了指导性、方向性的意见,是新时代加快推进学校治理建设、实现学校治理高质量发展的重要遵循。

2019年,中共中央、国务院印发《中国教育现代化2035》,其中也进一步提到,要"提高教育法治化水平,构建完备的教育法律法规体系,健全学校办学法律支持体系。健全教育法律实施和监管机制。提升政府管理服务水平,提升政府综合运用法律、标准、信息服务等现代治理手段的能力和水平"[③]。可见,依法治校不仅是现代学校治理建设一以贯之的重要原则,也是实现中国式教育现代化、建设教育强国的坚实保障。

(2) 引入多主体的共治

多元共治即利益相关主体共同治理,其主体向度由单一的自上而下转变为多方参与、互动生成。具体到学校情境中,主要是指社会以市场方式参与,家长有序参与,政府适度参与,以校长为首的学校管理团队、教师、学生主体普遍参与,合作形式是协商谈判,达成多赢。

现代学校治理建设涉及多方面事务,也涉及教师、家长、学生等多个主体,所以治理过程中必须要协调多种要素之间的关系,还需要确保体系的治理功能发挥,推动学校治理实践。多元主体参与的学校治理的根本特征是民主化,作为一种共同参与的集

[①] 赵德成,曹宗清,张颖怡.现代学校治理新思考:一个五维度综合分析框架[J].中小学管理,2021(04):9-13.
[②] 陈宝生.全面推进依法治教,为加快教育现代化、建设教育强国提供坚实保障——在全国教育法治工作会议上的讲话[J].国家教育行政学院学报,2019(01):3-9.
[③] 教育部.中共中央、国务院印发《中国教育现代化2035》[EB/OL].(2019-02-23)[2023-03-14].http://www.moe.gov.cn/jyb_xwfb/s6052/moe_838/201902/t20190223_370857.html.

体行动,学校治理,尤其是在学校重大公共事务的决策过程中,要让不同利益主体获知学校发展的相关信息,在决策过程中,使不同主体的利益诉求能够得到充分表达,并使相关决策尽可能体现共同利益和多数利益主体的群体利益。①

教育部于2015年5月4日印发的《关于深入推进教育管办评分离 促进政府职能转变的若干意见》明确提出,"要进一步健全中国特色教育管理制度、现代学校制度和教育评价制度,加快推进教育治理体系和治理能力现代化,激发教育活力"。从管理转向治理,这不只是学校管理策略的变化,而且是学校管理哲学从"传统的自上而下的官僚式管理"转向"多主体参与的民主化管理",从单纯地把管理当作一种效率提升的手段,转向看成是多方教育主体在就教育目的达成共识的基础上,愿意积极参与并为之贡献独特教育资源的过程,这个过程就有了丰富的治理内涵和明确的治理特征。②

学校治理区别于学校管理的本质特征之一是,它冲击了学校科层制的结构与机制,主张建构一种扁平化的学校治理网络,具体包括转变政府教育职能,将办学权让渡给学校,明确学校依法自主办学的"主办方"身份,建立分权和制衡的治理结构,实现学校权力中心下移;建立学校领导、学校决策、学校沟通的网络化渠道,通过平等地参与协商,构建以服务为导向的学校治理多中心格局。③《中国教育现代化2035》就明确提出,要"提升政府管理服务水平","提高学校自主管理能力,完善学校治理结构",并"推动社会参与教育治理常态化,建立健全社会参与学校管理和教育评价监管机制"。

学校治理也是一种联动共进式改革,具有整体性、开放性和生态性的特征,它与我国经济社会发展和各领域治理改革是同步的,这种联动性使得学校治理改革能够与周围环境进行动态互动,一方面学校可以从社会各领域获得教育资源,另一方面也要回应社会的需求,这就使得学校治理改革具备了社会基础。为此,《中华人民共和国国民经济和社会发展第十四个五年规划和2035年远景目标纲要》也强调,要进一步深化改革,"落实和扩大学校办学自主权,完善学校内部治理结构,有序引导社会参与学校治理"④。

(3) 推进专业化的治理

专业治理即指学校专业化的自主治理。2012年11月,《教育部关于印发〈全面推

---

① 范国睿. 学校治理的逻辑[J]. 教育发展研究,2022,42(12):3.
② 周彬. 学校治理现代化:变革历程与建设路径[J]. 教育发展研究,2020,40(06):51-58.
③ 杜明峰,范勇,史自词. 学校治理的理论意图与实践进路[J]. 教育研究,2021,42(08):132-141.
④ 新华社. 中华人民共和国国民经济和社会发展第十四个五年规划和2035年远景目标纲要[EB/OL]. (2021-03-13)[2023-03-14]. http://www.gov.cn/xinwen/2021-03/13/content_5592681.htm.

进依法治校实施纲要〉的通知》中明确指出"要以建设现代学校制度为目标,落实和规范学校办学自主权,形成政府依法管理学校,学校依法办学、自主管理,教师依法执教,社会依法支持和参与学校管理的格局"作为全面依法治校的总体要求之一。文件把法治、共治、专业化治理关系梳理清楚了,法治、共治,最终都要落到学校专业化治理上,因为只有当学校能够专业化治理时,学校的活力才能被充分激发出来,学校才能主动响应社会信号,培养社会适用人才,学校也才能实现多样化办学,真正实施素质教育;学校拥有专业化治理的权利,才能对民间办学产生巨大的吸引力,从而吸引更多的社会资本投入教育领域。因此,在解决我国教育发展面临的诸多问题中,抓住了学校专业化治理、自主办学的权利,也就抓住了解决问题的关键环节。①

为了更好地践行学校专业化治理,激发学校的办学活力。2020年,《教育部等八部门关于进一步激发中小学办学活力的若干意见》中明确阐述了学校治理的指导思想和发展愿景,要"深化教育'放管服'改革,落实中小学办学主体地位,增强学校发展动力,提升办学支撑保障能力,充分激发广大校长教师教书育人的积极性创造性,形成师生才智充分涌流、学校活力竞相迸发的良好局面,推动基础教育公平发展和质量提升,加快现代学校制度建设,为推进教育现代化、建设教育强国奠定坚实基础"②。

由上述可知,依法治校是学校治理建设的政策基础。所有的教育主体都必须遵守国家的相关法律法规,诸如《教师法》《未成年人保护法》《义务教育法》;在教育实践中,一切的教育行为也必须合法,合乎国家的相关法律法规。多元共治是学校治理的政策条件。学校治理建设不仅涉及多方面事务,也涉及教师、家长、学生等多个主体,为了"办好人民满意的教育",需要多方主体共同参与学校治理建设,同时协调好多种要素之间的关系,确保各主体的治理功能科学而有效地发挥,稳步推进学校治理实践。专业治理是学校治理的政策目标。教育作为一项培养人的教育事业,有其自身独特的发展规律,只有遵循教育的基本规律,基于专业引领、围绕专业活动、为了专业发展的专业治理才有助于实现学校的高质量发展,因此实现学校教育的专业治理是学校法治、共治的目标所在。故在学校治理过程中,一定要体现教育的专业性和科学性,基于其内在的教育规律和外在的教育实践,实现科学而高效的学校治理。

---

① 程红兵.教育治理现代化进程中学校治理体系变革研究——以深圳明德实验学校为例[J].全球教育展望,2017,46(11):90-103.
② 教育部等八部门.教育部等八部门关于进一步激发中小学办学活力的若干意见[EB/OL].(2020-09-22)[2023-03-14]. http://www.moe.gov.cn/srcsite/A06/s3321/202009/t20200923_490107.html.

第三章　县域教育治理创新的现实图景

2019年10月31日,中国共产党第十九届中央委员会第四次全体会议通过的《中共中央关于坚持和完善中国特色社会主义制度 推进国家治理体系和治理能力现代化若干重大问题的决定》(简称《决定》)指出:"我国国家治理一切工作和活动都依照中国特色社会主义制度展开,我国国家治理体系和治理能力是中国特色社会主义制度及其执行能力的集中体现。"[①]国家教育治理体系是在中国特色社会主义制度统领下、国家治理体系指引下兴起的教育治理结构。它扎根中国大地,从国情出发,既有顶层布局,又有区域推进,上下联动建成具有中国特色的全域性教育治理体系图景。

一、教育治理的不同类别

纵观我国县域教育治理发展及其研究,这里试图归纳近年来我国县域教育治理行动的实践进展,介绍几种主要的发展方式,为深入实施县域教育治理创新提供经验参照和方向引领。

(一)问题导向

现当代社会转型是社会发展进程中社会结构系统的整体变革,社会转型期的教育问题的形成、发展和影响都已经远远超越了教育系统自身的范畴,教育是全社会的共同事业,教育问题的解决当然需要全社会的共同努力,有赖于社会整体系统的变革。

---

① 新华社. 中共中央关于坚持和完善中国特色社会主义制度 推进国家治理体系和治理能力现代化若干重大问题的决定[EB/OL]. (2019-11-05)[2023-02-15]. http://www.gov.cn/zhengce/2019-11/05/content_5449023.htm?ivk_sa=1024320u.

教育问题的综合治理需要在以下几方面形成共识。教育问题的解决首先依赖于观念变革,依赖于教育资源的有效整合要走系统变革的道路。其中,仅仅是教育系统的局部改革解决不了问题,仅仅是教育系统内部的改革仍然解决不了所有教育问题,教育问题的解决有赖于社会各方面的协调变革。对于我国社会转型期特有的教育问题,尤其需要依据"法治、德治兼顾"的原则,采取"法治为形、德治为本"的技术策略,实施对教育问题的系统整治。① 其次,社会转型中教育系统的潜规则问题治理也亟待关注。教育系统的潜规则行为,对教育事业的危害巨大,治理潜规则行为比治理商业贿赂的难度要大得多,因为商业贿赂是法律明令禁止的,而潜规则是游离于合法与非法之间且具有更大社会危害性的隐性规则,所以对发生在教育系统中的各种潜规则行为的治理,必须采用标本兼治的综合治理手段,既要采取注重制度建设的硬手段,又要采取社会心理、廉政文化建设的软手段,还要重视治理的方式、方法。为此,应采取建章立制,使潜规则失效;加强社会心理建设、廉政文化建设,铲除潜规则生存的土壤;强化市场诚信建设等方法综合治理。②

在推进教育问题的综合治理上,最为典型的问题由校外教育培训机构监管。2021年7月,中共中央办公厅、国务院办公厅印发的《关于进一步减轻义务教育阶段学生作业负担和校外培训负担的意见》,一定程度上影响我国校外教育培训机构的走向。这项政策出台以后,一些地方教育局随即启动以"双减"为主题的一系列学校制度设计与活动安排,虽说学校变革实践的选择并非完全与《关于进一步减轻义务教育阶段学生作业负担和校外培训负担的意见》主体内容完全等同,可是学校自身有自己的"实践办法",在不触及政策底线的前提下,学校能够以自身的"学校对策"来回应"教育政策"的规范性指导,让以往学生课后"三点半"即去"校外培训机构"的现象转化为"课后服务"。"双减"政策是"史上最高等级的'减负令'"③,直接导致校外培训机构的"纷纷关停"。要意识到的是,当前城市中小学生校外教育服务市场十分火爆,但其中诸多乱象也给正规学校教育和中小学生健康成长带来严重冲击和影响,亟需综合治理。比如,加快制订与《民办教育促进法》等现有法规相配套的中小学生校外学习与教育服务管理法规,把中小学生校外教育服务归口教育部门统一管理,严禁其他部门审批的非学

---

① 马和民. 论社会转型期的教育问题与综合治理[J]. 杭州师范学院学报(社会科学版),2003(01):86-91.
② 罗任权,索光举. 试论教育系统潜规则行为的综合治理[J]. 探索,2010(03):119-122.
③ 龙宝新. 中小学学业负担的增生机理与根治之道——兼论"双减"政策的限度与增能[J]. 南京社会科学,2021(10):146-155.

历教育培训机构从事中小学生校外文化教育服务,严格依法规范面向中小学生的有偿家教服务行为,建立切实有效的管理制度与监督机制,确保中小学生校外学习与教育服务活动健康有序进行①。

  针对学生学业负担问题的教育治理也表现突出。"为学生减负"是一直被教育界热议的话题,"减负政策"是关于学生减负相关政策的统称,它首先指涉的场域即中小学校,中小学校一般会按照中小学生减负政策要求开展学生减负变革实践。回顾过去,从1955年7月教育部颁发《关于减轻中小学学生过重负担的指示》开始,"中小学生减负"便成为中小学校变革的重要工作之一,直到2018年12月,教育部等九部门联合印发《关于印发中小学生减负措施的通知》,其间国务院、教育部(包括原国家教委)等部门对于学生减负的关注热度持续不减。至今,为学生减负之难已经几近成为学界共识,受此影响它或许将成为一个"一直在路上"的不断演变的教育论题,尤其是2021年7月"双减"政策的出台,预示着"学生学业负担综合治理"与学校长期相伴共存。为此,在学校建设上,强化政府行为,把办好每一所基础教育学校建设作为各级政策基础领域的重点工作,坚持分级办学、分级管理的原则,使基础教育学校建设真正成为一项"基础工作"和"民心工程",不断提高基础学校的办学质量和效益。其中包括学校布局、办学体制、教育管理体制、招生评价制度的改革,以及学校内部的教育、教学和管理制度的改革。由此,形成了教育系统因素之间相结合、硬件与软件建设相结合的良性运行机制。② 学业负担过重问题与"减负"需要综合治理。当前,基础教育领域治理"减负"、规范校外补习、强化标准办学、限制中外合作、分类管理以至"摇号入学"等一系列政策举措,使得民办教育站在了教育治理的风口浪尖。面对"综合失灵"问题,民办教育究竟能否走出当前的"综合失灵"窘境和困境,就需要以"综合治理"来纠正"综合失灵"的难解问题。只有"管办评""放管服"等政策的真正落实;只有在职能意义上对政府、市场、学校、第三方机构功能的重新界定;只有政府归位,市场到位,社会中介组织复位,学校作为专业组织的地位得到尊重等,才能最终形成多中心共同治理的理想格局。③

  改革考试招生制度同样是一种问题导向的教育综合治理,即根治长期以来的"应

---

① 崔国富.中小学生校外教育服务乱象的综合治理探究[J].内蒙古师范大学学报(教育科学版),2015,28(08):11-14.
② 熊梅,陈纲.标本兼治 综合治理——关于我国部分大中城市义务教育阶段加强薄弱学校建设情况的调研报告[J].教育研究,1998(04):39-45.
③ 徐冬青.以综合治理破解民办教育难题[N].社会科学报,2019-09-05(004).

试教育"体系和实践存在的问题。2014年9月,《国务院关于深化考试招生制度改革的实施意见》发布,正式开启新一轮高考改革,着重把促进学生健康成长成才作为改革的出发点和落脚点,重点以考试与评价方式改革倒逼普通高中育人方式改革。其中,新高教改革方案明确提出既要"增加学生选择权",又要"引导学生认真学习每门课程,避免严重偏科",还要"建立规范的学生综合素质档案,客观记录学生成长过程中的突出表现,注重社会责任感、创新精神和实践能力"[1],等等。新高考改革作为我国人才培养与选拔最主要的战略布局,当下已经在我国全面展开,并对整个基础教育育人生态产生了显著影响,尤其是让中学教育不能再停留在过去一味地追求"升学率"的应试思维和实践,转而要以实现人的全面发展为目标,建立更加适合学生身心发展规律的教育体系,使其成长、成才。在此背景下,国家招生考试体系治理是一项涉及招生考试全方位、多部门的工作,需要聚合多方面力量,采取多种措施,完善考试安全长效机制,防止考试泄密、徇私舞弊、组考违规、媒体炒作等事件发生。考试综合治理是国家教育考试改革的重要内容,是确保考试安全稳定、保证考试成绩真实可信的重要举措。我国教育考试安全形势严峻,舞弊与防舞弊斗争复杂,加强考试规范管理的任务艰巨,深化国家教育考试综合治理势在必行。[2]

(二) 技术赋能

信息技术的发展,尤其是教育数字化建设要求,促使并带动了教育治理方式的变革。在信息技术背景下,进行全方位数据采集和个性化数据分析,开展基于大数据应用的教育决策,推动教育决策科学化是教育数字化转型时代教育改革的构成主体。现如今数据驱动的教育决策表现在建立教育数据库系统,借助大数据智能技术在教育教学管理、课程实施、教育评价等方面的运用,收集、储存、分析相关教育数据为教育管理提供科学决策依据,实现更加精准、及时和科学的决策。

同时,大数据技术也被引入学校治理,用于收集学校内各种数据,包括教育教学管理、教师工作与发展、学生学习与成长、学校资产与资源等方面的数据,推进学校决策的科学化。这预示着教育数字化转型时代的大数据技术成为教育决策科学化的重要手段,数据分析支撑保障教育管理、决策以及公共服务能力的施展。教育信息化经过

---

[1] 国务院.国务院关于深化考试招生制度改革的实施意见[EB/OL].(2014-09-04)[2023-01-24]. http://www.gov.cn/zhengce/content/2014-09/04/content_9065.htm.
[2] 王中学.深化国家教育考试综合治理改革探讨[J].中国考试,2018(02):48-53.

多年的发展,很多学校积累了大量的教学、科研和管理数据,虽然实现了数据共享,但是数据质量不高、数据冗余、数据孤岛及脏数据大量存在,因此数据实际的使用价值不高,很多数据还需要通过人工筛查来处理,数据处理效率不高,浪费人力和时间,不能满足广大师生对数据服务的需求,更无法实现基于数据分析的决策信息化。

为此,进行教育大数据综合治理就成为必须系统推进的重点工作①,尤其是教育数字化转型大背景下,智能技术能够通过网络学习空间服务系统建构,面向教育实践进行大数据采集和分析,推动技术为本转向技术辅助的智能化教育实践环境的营建。在这种环境中,教育资源将根据教育者的个性特征进行配置,推动教育实践朝着智能化方向转变,从而提供更为真实、有效且富含体验性及交互性的智能型教育。

(三) 目标引领

"建设教育强国"是党的二十大报告提到的我国教育改革的战略目标。长期以来,成为"教育强国"一直是我国教育改革的战略目标。2010年7月,国务院印发的《国家中长期教育改革和发展规划纲要(2010—2020年)》强调:"强国必先强教","加快从教育大国向教育强国、从人力资源大国向人力资源强国迈进,为中华民族伟大复兴和人类文明进步作出更大贡献"②。

2017年10月,习近平总书记在党的十九大报告中指出:"建设教育强国是中华民族伟大复兴的基础工程,必须把教育事业放在优先位置,深化教育改革,加快教育现代化,办好人民满意的教育。"③2018年9月,习近平总书记在全国教育大会上对于"加快推进教育现代化""办好人民满意的教育"等作出了重要指示,又一次对"建设教育强国"提出了期待和要求,这也让"建设教育强国"成为我国教育改革必须要实现的重大战略目标。

2022年10月,习近平总书记在党的二十大报告中明确指出,要"加快建设教育强国"。整体来讲,从"向教育强国迈进"到"建设教育强国"再到"加快建设教育强国",前后二十余年间对于"建设教育强国"的话语转变,其背后反映出的是国家教育发展战略的调整,而探索建设教育强国的可能与路径是持续存在的重要话题,也成为教育治理

---

① 樊建永.教育大数据综合治理技术框架研究[J].国际公关,2019(08):140-142.
② 国务院.国家中长期教育改革和发展规划纲要(2010—2020年)[EB/OL].(2010-07-29)[2023-01-24].http://www.gov.cn/jrzg/2010-07/29/content_1667143.htm.
③ 习近平.决胜全面建成小康社会 夺取新时代中国特色社会主义伟大胜利——在中国共产党第十九次全国代表大会上的报告[N].人民日报,2017-10-28(001).

创新发展的目标指引。

二、教育治理的县域模式

2023年3月13日,李强总理在新一届政府首次记者会上直言:"我长期在地方工作,有一个很深的感受,坐在办公室碰到的都是问题,下去调研看到的全是办法,高手在民间。""县"作为我国最重要的行政单位自秦推行郡县制以来一直延续至今,是具有"承上"(中央、省、市)、"启下"(乡镇、村)功能的行政区,"一个县就是一个基本完整的社会"①,而教育是激活县域经济、社会、文化发展潜力的"动力源",在国家教育治理体系建设整体布局下,不同地区的县域内产生了具有县域特色的治理探索并形成治理模式。下文以相关报道为基础,呈现县域教育治理的"德化模式""大新模式"和"祁阳模式"。

(一)"德化模式"

福建省德化县依托教育信息化手段创新完善县域教育治理体系,构建集管理、资源和服务于一体的县域"互联网+教育"平台,有效缓解教育城乡和校际差距、资源分布不均等问题,助力县域教育高质量发展。这种模式的具体措施有以下几个方面。

第一,完善规划设计,实现管理与资源一体化。以统一采购服务、逐年分摊的模式推进大平台建设,同步建设Web端和App端,实现教育管理部门、学校、教师、家长各端应用,贯通"局、校、班、家"垂直管理。围绕教育管理服务、教学管理、家校沟通等开发数十个应用,为学校的数字化建设提供基础支撑。购买、引入优质数字教学资源服务,建设县域教育教学资源库,实现与省市资源平台的交互。将管理与资源融为一体,实现局、校、家、师、生一体化服务,让信息化成果惠及全县所有学校、师生、家长。

第二,定制平台模块,推动管理更加精准高效。建立基建工程、物资采购等专项在线审批系统,推动基建工程、物资采购等在线审批;打通公众信访、投诉渠道,实现师德师风定期在线通报、舆情在线监控与应对处置,不断完善依靠制度管人管事的制度体系。依托平台数据,为合理规划和调控全县学校建设、教师招聘、设备添置等工作提供决策支持。建立督导评估,实施预警督办、"亮灯"管理,即时反馈、以督促改,及时纠正

---

① 习近平.习近平著作选读(第一卷)[M].北京:人民出版社,2023:335.

学校办学及管理偏差,有效解决整改不及时、评估不合理、导向不鲜明等问题,推动学校办学质量和水平提升。

第三,开发特色应用,提升政务服务保障水平。依托平台开展微党课、微展播、微论坛、微巡课、微学习"五个微"活动,开发局校协同办公、教师发展研修及家校服务等个性化应用,接入走班排课、综合素质评价等内容。打通与公众号的连接,建立及时的信息公开推送服务和顺畅的诉求反馈通道,逐步实现与各级信息共享平台的对接与数据汇聚。精准聚焦入学升学等社会热点,及时回应师生家长诉求,为广大群众提供便捷服务。[①]

(二)"大新模式"

广西壮族自治区大新县是以壮族为主体的少数民族聚居县份,居住着壮、汉、瑶、苗等23个民族。截至2021年年末,有壮、瑶、苗等少数民族375 113人,占全县总人口的97.4%,其中主体民族壮族占97.04%。在大新县西南地区的少数民族聚集区,大新注重教育治理结构优化,通过出台《大新县教育系统推进县域社会治理现代化工作实施方案》,建构贴合县域教育治理的治理体系框架,主要内容如下。

第一,推进教育系统治理体制现代化,完善教育系统县域社会治理体制。健全完善局党组领导体制,将推进教育系统县域社会治理现代化试点工作列入局党组重要日程,明确主要领导、分管领导、班子成员在推进教育系统县域社会治理现代化试点工作中的第一责任、直接责任和分管工作范围内的责任,构建区域统筹、上下联动、共建共享的党建工作格局。不断推动城乡教育资源均衡配置,建立起城乡一体的教育公共服务体系制度。创新社会力量组织和发动方式,健全教育系统志愿服务激励保障机制。依托大新县平安建设领导小组协调机制,建立健全教育系统矛盾风险综合治理机制。进一步明确县教育局、学校在社会治理中的权责关系,构建县教育局统筹主导、各乡(镇)学校组织实施的工作格局。

第二,积极创新教育系统县域社会治理方式手段。坚持不懈用习近平新时代中国特色社会主义思想武装头脑,把政治引领贯穿于教育系统治理全过程和各方面,教育引导广大师生增强"四个意识"、坚定"四个自信"、做到"两个维护"。完善教育系统法

---

① 教育部.福建省德化县构建县域"互联网+教育"平台 创新推动山区县教育治理[EB/OL].(2020-12-23)[2023-02-20].http://www.moe.gov.cn/jyb_xwfb/s6192/s222/moe_1745/202012/t20201223_507165.html.

治宣传教育机制,配备并发挥好法律顾问作用,引导家长群众依法表达诉求、解决纠纷、维护权益。健全常态化开展社会主义核心价值观宣传教育机制,用好用活大新西门岛"革命烈士纪念碑红色革命教育基地"等红色文化资源,推动理想信念教育常态化、制度化。完善学生法治教育,以法治精神熏陶人、感染人,培养建设社会主义法治国家的合格人才。把智能化建设上升为重要的现代化治理方式——智治。

第三,推进教育系统治理方式现代化,创新教育系统社会治理方式手段。加强中小学生国家安全教育,加强和改进学校思想政治工作,形成维护国家政治安全的合力。持续深化"放管服"改革,全力推进政务"简易办"改革,畅通群众对教育系统公共服务办理情况的评议评价渠道。促进城乡教育服务均衡发展。通过完善教育制度和机制,不断推动城乡教育资源均衡配置,建立起城乡一体的教育公共服务体系制度。逐步建立突发事件风险管理体系,形成分级统筹、分类实施的风险管理工作格局;对重大工程项目实施风险评估制度;对重要时期和敏感时段,及时开展风险隐患排查,逐项划分防控治理责任。建立教育系统综合治理体系,有效抵御意识形态网络渗透,坚决防范遏制各类网络违法犯罪,提高预测预警预防风险能力。[①]

(三)"祁阳模式"

湖南省祁阳县是一个古老的邑县,始建于三国时期,至今有1800多年历史,位于"湖广熟,天下足"鱼米之乡的腹地,湘江中上游,永州的北大门。南通粤桂,北抵衡岳,东连浙赣,西接川黔。祁阳市总面积2 538平方公里,辖19个镇、3个街道,总人口105.62万。2020年,《中国教育报》曾专访湖南省祁阳县人民政府副县长,其全景式地描述了有序开展县域教育改革与发展的县域教育治理"祁阳模式"。

第一,反思县域教育的改革与发展。首先,反思学校教育的人才培养目标。县域内的学校教育影响每一个学生人生观、价值观的塑造,无论在什么样的背景下,立德树人都要成为学校教育的根本任务和目标。其次,在学生学习方法的教育上反思。对于学生的学习方法授受,要有"授之以鱼,不如授之以渔"的方法传授意识,不仅要教授学生知识,更要在知识传授过程中给予学生与时代同步的学习方法。最后,在教育的内容上反思。现已进入加速发展的不确定时代,学校教育要冲破题海壁垒,培养学生树

---

① 大新县教育局. 大新县教育局关于印发《大新县教育系统推进县域社会治理现代化工作实施方案》(2020-2022)的通知[EB/OL]. (2021-05-18)[2023-02-20]. http://www.daxin.gov.cn/xxgk/bmlqfw/jyfw/t10740243.shtml.

立远大理想,且拥有独立的思想,养成自律的习惯,拥有丰富的精神世界。

第二,以教育信息化助推县域教育管理。首先,建好平台。祁阳县投资1.37亿元,推进实施"智慧教育"建设,为205所学校增配电脑3700余台,150所学校实现了"校校通""班班通"及"智慧课堂""智慧安防",全县基本建成新一代"互联网+教育"大平台。其次,管好平台。祁阳县教育云平台由优质企业提供技术支撑和服务。再次,用好平台。开展教师信息技术能力全员培训,帮助教师掌握多种高效的在线教学工具,充分利用现有网络资源加强教学内容重构与设计,与在线教学新形势接轨,在提升自身教学素养的同时提高课堂教学效率。最后,在平台建设基础上,把"停课不停学"转化为推动教育事业改革发展的契机,倡导教育理念提升、推动育人方式变革、提升学校治理能力、促进在线教育发展。

第三,保障县域教育投入。依法落实各项教育专项经费投入,预算安排倾斜教育、资金拨付优先教育。积极开展爱心助教助学活动。除县级的祁阳县教育基金会外,县内的22个镇街道均成立了专项教育基金,另有部分学校、行政村单独或联合设立了奖学金,服务教育发展,实现了教育基金县、镇、校全覆盖。强化教育经费使用管理,全面提高使用绩效,把有限的教育资金用在刀刃上。

第四,增强风险意识。祁阳县建立了教育风险防范与化解联席会议制度,加强教育改革发展稳定的风险评估,建立健全教育风险防控保障体系,县委教育工作领导小组定期研究部署教育工作特别是校园安全、重大突发事件等涉教问题,卫健、公安、交通、消防、安监、纪委监委等成员单位与教育部门一天一联络、一周一调度、一月一例会、一季一考评,并常态化进行突发事件应急演练。[①]

以上三个县域教育治理的实践探索,充分显示了县域教育治理创新的可能,在一定程度上为其他区域推进教育治理发展提供了启示。

[①] 阳锡叶.县域教育治理要有长远眼光——访湖南省祁阳县人民政府副县长周贞霖[N].中国教育报,2020-06-02(005).

第四章 政社协同县域教育治理的要求

前文阐述了县域教育治理创新的国家战略要求、实践形势及学校要求,为研制和制定县域教育治理创新的实践行动提供了支持。太仓市是"政社互动"理念的发源地,也是社会治理体制创新的实践地。近年来,太仓市民政部门与教育部门通过机制体制创新,积极探索政社协同视域下县域教育治理创新的行动路径,为我国社会治理新模式、新机制提供太仓经验。在教育领域,太仓市提出了"政社协同"教育治理创新性的思想,并提出了太仓县域的教育治理创新行动架构。首先,明确县域教育治理创新的思想理念,即坚持育人旨向的社会生态观、树立政社协同的共商共建观、追求系统变革的实践创新观。其次,在这些思想理念的指导下,县域教育治理创新实践需要有清晰的行动策略。坚持政府主导,全面履行县域教育治理中的政府教育职责;坚持依法治教,让县域教育治理行为在法律法规体系内运行;坚持共同治理,广泛动员和组织多方面力量参与教育治理,优先解决人民普遍关注的教育问题;推进技术赋能,实现县域教育治理公开和透明,确保教育治理的效率和效果。最后,在县域教育治理行动过程中,必须有效处理好三种关系,包括顶层设计与实践创新之关系、创新发展与遵循规律之关系、政府主导与学校自主之关系。

一、政社协同教育治理的基本原则

大量研究证明,不同种类的组织都承受着非常强大的惰性压力,这种压力主要缘于内部结构(如内部制度)和外部环境。如果要避开这些问题不谈,就相当于忽视组织生存与发展的最明显特征。教育治理创新涉及不同教育治理主体在不断变化的教育生态过程中的适应与调整、稳定与发展,需要树立一种健康的生态观,关注治理主体之间的、协同与变革要素之间的系统性。

(一) 社会生态

教育是一个社会系统,天然地具有复杂性、流变性等特征。教育改革与发展不只是教育内部的事情,也是整个社会需要关注、关心和参与的焦点领域;在国家教育治理体系与治理能力现代化的建设实践中,必须建设以立德树人为中心的社会生态系统。因此,实施县域教育治理创新行动,必须树立并坚持以立德树人为指向的社会生态观。

对社会系统的研究与实践经历了从理性系统观,到自然系统观,再到开放系统观的发展过程。最初,以泰罗(Frederick Winslow Taylor)等为代表的理性系统观将组织看成是实现具体目标的正式工具,关注目标的达成和制度化、程序化水平。然而,梅奥(Mayo)等人发现,影响组织绩效的还有组织成员的动机、满意度以及群体士气。沃伦·本尼斯(Warren G. Bennis)进而总结为理性系统关注的是"无人之结构",自然系统关注的是"无组织之人"。开放系统理论整合了理性系统理论和自然系统理论,认为在所有组织中,理性要素和自然要素共存于一个向环境开放的系统之中,强调组织与其周边的和渗透于其中的各种要素相互制约、相互关联的互惠关系。在对教育组织展开的研究中,韦恩·K·霍伊(Wayne K. Hoy)等人认为教育组织是一个受理性因素和自然因素制约的开放系统,这些理性因素和自然因素随着环境力量的变化而变化。迈克尔·富兰(Michael Fullan)认为教育系统是一个开放、不稳定和无序的系统。[1]

在信息与资源高度流动的今天,教育与经济、文化、社会、科技等紧密贯通相连。在我国,人们日益深刻地认识到,教育问题不仅是教育自身的问题,也是社会问题。解决教育问题必须从教育与社会的互动中寻找改革发展的方法和策略,必须把教育放在整个社会系统中,从教育生态学的视角进行系统谋划。[2] 区域教育就是一个教育生态系统,只有系统内各因素之间建立起自然、健康、符合规律、相互支持和互相促进的和谐关系,才能最大限度地保持系统的活力和张力,确保学校教育工作处于积极高效的状态。[3] 教育生态理论把教育的发展与人类、自然和社会联系起来,教育发展取决于教育系统内外部生态的健康程度,而健康的教育生态又取决于健康的教育价值观。

---

[1] 迈克尔·富兰.变革的力量——深度变革[M].加拿大多伦国际学院,译.北京:教育科学出版社:2004:53.
[2] 张志勇.学校教育现代化的生态学思考[J].人民教育,2017(01):30-34.
[3] 马海燕,李强,张丰.结构型质量:区域教育生态水平的评价创新[J].教育发展研究,2021,41(10):18-23.

当前,我国面临复杂多变的国际形势,需要我们坚持教育优先发展、科技自立自强、人才引领驱动,加快建设教育强国、科技强国、人才强国。在此时代背景之下,教育治理创新必须坚持育人旨向的社会生态观,一方面需要发挥教育服务社会经济的功能,坚持为党育人、为国育才,全面提高人才自主培养质量,着力造就拔尖创新人才,聚天下英才而用之。① 另一方面需要尊重人民群众日益多样化、个性化和优质化的教育需求,不断增强教育受众的获得感、幸福感与安全感,办好让人民满意的教育。

教育治理创新应放在地方治理的广阔背景下去思考。地方治理的概念告诉人们,地方政府治理变革不仅仅是地方政府自身的事情,它还取决于政府间的横向和纵向关系,取决于政府和各种社会组织、私人、企业的关系。"只有把地方政府放到与其相关的复杂关系网中,教育治理创新才会有广阔的视野和多样性的选择,才能最终得到实现。"② 2021年我国共有2 843个县级行政单位,其中包括1 301个县、977个市辖区、394个县级市、117个自治县、49个旗、3个自治旗,此外还有1个特区和1个林区。受地理环境、传统经济与社会发展的影响,县际发展差异较大。即便是长期在全国经济发展中处于引领地位、地区生产总值占据"半壁江山"、已经成为了亚太乃至全球最具发展活力的地区之一的东部沿海地区,也同样存在着区域发展不平衡的严重问题,导致这一不平衡的主要原因是县域经济发展的不平衡。

2022年5月,中共中央办公厅、国务院办公厅印发《关于推进以县城为重要载体的城镇化建设的意见》,提出五类县城的功能定位,包括大城市周边县城、专业功能县城、农产品主产区县城、重点生态功能区县城、人口流失县城,要求各县科学把握功能定位,分类发展。县域教育治理创新要在坚持育人旨向的同时,尊重县城发展规律,尊重县域生态特征,加强与县域经济、社会等方面发展的融合与互促。

总之,不论区域发展差异情况如何,坚持立德树人,坚持党的教育方针,始终是全国每个区域包括县域的教育发展、教育改革、教育治理与教育创新的根本原则和坚定立场。

---

① 习近平.高举中国特色社会主义伟大旗帜 为全面建设社会主义现代化国家而团结奋斗——在中国共产党第二十次全国代表大会上的报告[EB/OL].(2022-10-16)[2023-03-22]. https://www.12371.cn/2022/10/25/ARTI1666705047474465.shtml.
② 赫尔穆特·沃尔曼,埃克哈特·施罗德.比较英德公共部门改革——主要传统与现代化的趋势[M].王锋,林震,方琳,译.北京:北京大学出版社,2004:4.

（二）共商共建

随着社会发展加快，越来越多的人接受了较好的教育，具备了自我规划与管理的能力，更有了参与管理与决策的需求；同时，市场经济体系的不断完善与壮大，市场化的社会组织不断萌芽与发展，市场之中出现了诸多服务类的专业化机构，试图为政府、社会与个体提供各种需要的服务，成为政府体系之外的社会力量。

在改革开放的进程中，我国政府之外的各种社会力量得到了培育与发展。党的十八大以来，各级政府采取积极措施发展和壮大各种社会力量，并鼓励这些社会力量参与社会治理。2013年11月《中共中央关于全面深化改革若干重大问题的决定》中明确提出"激发社会组织活力"的要求，从机构治理、资源链接、项目支持等方面加大培育扶持力度，推动社会组织由高速增长阶段转向高质量发展阶段。高质量发展的最终目标是更好地服务国计民生，越来越多的社会组织有能力提供多种多样的教育服务。因此，政府职能需要与时俱进，吐故纳新，根据人民的需要选择更加适宜的治理方式。

在治理理论发展之前，新公共管理理论曾经在提高政府效率、重塑政府形象方面发挥了积极作用。该理论关注政府效率，主张创建"效率更高花钱更少"的政府。然而，正确地做事，并不意味着做了正确的事。在实践中，这种取向容易导致政府片面追求"多快好省"，却忽略了政府工作是否符合最广大人民的根本利益，是否偏离对公共利益和公平性的价值追求。在此背景下，公共治理理论应运而生，主张多元主体协同共治，更加关注组织间的关系，强调公共服务组织与环境的交互影响，以确保公共价值的达成。在这一合作网络中，"治理的目的是实现与增进公共利益，促进政府部门和非政府部门等组织间建立相互合作的关系，使其在互相依赖的环境中分享公共权力，共同管理公共事务。对政府部门而言，治理就是从统治到掌舵的变化。对非政府部门而言，治理就是从游离与排斥向积极参与的转变"。[①] 联合国开发计划署（UNDP）将这种状态界定为"善治"，即政府、公民社会组织和私人部门在公共事务中相互作用，以及公民可以表达利益、协调分歧和行使政治、经济、社会权利[②]。不难看出，治理理论和传统的公共管理理论在诸多方面存在不同。

[①] 胡伶．公共治理范式下的地方教育行政职能转变研究[D]．上海：华东师范大学，2010：33．
[②] G．沙布尔·吉玛，丹尼斯·A．荣迪内利．分权化治理：新概念与新实践[M]．唐贤兴，张进军，等译．上海：格致出版社，上海人民出版社，2013：5．

表 4-1 两种治理范式的特征①

传统公共管理理论	治理理论
项目/机构	工具
等级制度	网络
公共与私人对立	公共与私人合作
指挥、控制	协商、说服
管理技能	赋权技能

教育治理是指多元主体共同管理教育公共事务,充分发挥社会力量的作用,坚持政社协同的共商共建观。《中共中央关于全面深化改革若干重大问题的决定》明确提出:"改进社会治理方式,坚持系统治理,加强党委领导,发挥政府主导作用,鼓励和支持社会各方面参与,实现政府治理和社会自我调节、居民自治良性互动。"此后,党的十九届四中全会提出了国家治理体系和治理能力现代化的总体目标,并在《中华人民共和国国民经济和社会发展第十四个五年规划和 2035 年远景目标纲要》中进一步阐述"国家治理效能得到新提升"的内涵:"社会主义民主法治更加健全,社会公平正义进一步彰显,国家行政体系更加完善,政府作用更好发挥,行政效率和公信力显著提升,社会治理特别是基层治理水平明显提高。"②

在现代化进程中,县域发展承受着众多因素的影响。在国家和省级党政加强县域建设的战略措施实施之际,迫切需要吸纳更多社会力量参与教育治理。公共行政实践与研究表明,吸纳本身就是为了避免威胁到组织稳定和生存的情况出现而把新成员吸收到组织的政策制定机构中的过程。就县域教育治理而言,人口的流动、城乡格局的变化、社会文化的地域特征等,都是影响城乡教育一体化推进、县域义务教育优质均衡发展、学前教育普及普惠等重大教育工程实施的重要因素。积极培育社会组织,广泛吸纳和引导社会组织深度参与教育治理,提升政策制定与执行者对环境的敏感性,提高对民众需要的回应,才能实现县域教育善治,促进县域教育可持续发展。

---

① 莱斯特·M. 萨拉蒙. 政府工具:新治理指南[M]. 肖娜,等译. 北京:北京大学出版社,2016:8.
② 新华社. 中华人民共和国国民经济和社会发展第十四个五年规划和 2035 年远景目标纲要[EB/OL]. (2021-03-13)[2023-03-14]. http://www.gov.cn/xinwen/2021-03/13/content_5592681.htm.

为此,在县域教育治理实践中,必须引入政社协同的思想理念,并与学校结合,共同建立政社校协同治理体系,推进共商共建观的实践生成。

(三) 系统变革

从 20 世纪 90 年代开始,创新系统范式及其相关的概念工具在欧美各国已经成为经济政策分析的显学。然而,有学者通过分析发现,创新系统范式进入发展中国家后,人们更多地将创新系统看作机械性的系统构建,强调创新系统的模板或者"最佳实践"中各主体的静态关系,尝试通过简单的制度复制来解决后发展过程中的问题。封凯栋教授认为:"这种'头痛医头,脚痛医脚'的对策思路其实是站在了创新系统理论的对立面","相应的政策不仅无用,甚至往往有害,更容易损害创新政策的社会认同度","世界上并不存在一劳永逸的'奇思妙想'式的对策,任何囿于一时一地一事的盘算都是无效甚至有害的。"① 事实上,较早以前,帕森斯便在《社会系统》中一再强调,社会结构以及各个部分之间是一种动态的平衡,社会系统与其他行动系统(尤其是文化系统和人格系统)相互发生作用。它们都受到凝聚力、共识和秩序的限定。换句话说,各种社会结构彼此履行一系列积极的功能。任何一个系统发生了变化,都会影响到其他系统的运行。美国麦肯锡管理咨询公司基于组织生命发展的研究基础上,构建了系统变革的 7S 模型,提炼出影响组织变革的 7 个关键要素:战略(strategy)、结构(structure)、体制(system)、人员(staff)、风格(style)、技术(skill)和共同的价值观念(shared value)。在组织变革或创新过程中,上述要素往往呈现出牵一发而动全身的状态,只有产生了共振,才能促进组织变革的发生和推进。

《中共中央关于全面深化改革若干重大问题的决定》提出:"全面深化改革的总目标是完善和发展中国特色社会主义制度,推进国家治理体系和治理能力现代化。必须更加注重改革的系统性、整体性、协同性,加快发展社会主义市场经济、民主政治、先进文化、和谐社会、生态文明,让一切劳动、知识、技术、管理、资本的活力竞相迸发,让一切创造社会财富的源泉充分涌流,让发展成果更多更公平惠及全体人民。"党的二十大报告再次强调"必须坚持系统观念",强调万事万物是相互联系、相互依存的。只有用普遍联系的、全面系统的、发展变化的观点观察事物,才能把握事物发展规律。习近平总书记一再强调:"唯物辩证法认为,事物是普遍联系的,事物及事物各要素相互影响、

---

① 封凯栋.国家的双重角色——发展与转型的国家创新系统理论[M].北京:北京大学出版社,2022:4.

相互制约,整个世界是相互联系的整体,也是相互作用的系统。坚持唯物辩证法,就要从客观事物的内在联系去把握事物,去认识问题、处理问题。"①

教育是一个由众多要素组成的系统,每一个环节的变革都涉及相关要素的联动与关系重组,必须把不同领域、不同环节、不同层次的政策举措进行整体谋划和系统思考,任何一个单方面或者单一环节的变革都无法将变革进行到底。叶澜教授指出,教育变革主体可以分为利益主体、决策主体和行为主体三大类。三大类中的每一类,还可以分为政府、社会和教育内部三个层面,每个层面上又会有层级的区别。由此可见,教育变革主体的结构是多层面和多元的。它们之间的关系则更为复杂,既有合作又有差异,既有互补又有冲突,还有重叠、交叉和互换。认识不同类型主体的构成、分析各主体在教育变革中的作用和相互关系,是合理处理不同主体间的关系,使教育变革有效进行和健康发展的重要保证。②

很显然,教育治理创新需要坚持系统变革的理念,尊重并关注各个治理主体、各个利益相关者之间的相互关系、结构和相互依赖情况。县域教育治理直接面对广大人民群众,与民众的利益紧密相关,因此更加需要本着系统变革的实践创新观,透过现象看本质,从复杂的问题线索中梳理出相对清晰可操作的变革思路。

二、县域教育治理创新的行动策略

实施县域教育治理创新不仅需要有正确的立场原则,还需要有清晰且可操作的行动策略,指导实施有效的教育治理,促进教育改革发展与加快教育现代化建设,办好人民满意的教育。综合前文论述,提出以下县域教育治理创新行动策略。

(一) 政府履职

沃尔多(Dwight Waldo)曾言,"我们所有人的福利、幸福以及我们实实在在的生活,在很大程度上取决于影响和维持我们生活的行政机构的表现。现代生活中,行政管理的质量影响着我们的日常生活,从食宿问题到思维活动"。③ 尤其是在我国,在以

---

① 赵勇富.必须坚持系统观念[EB/OL].(2022-11-26)[2023-03-14]. http://www.qstheory.cn/dukan/hqwg/2022-11/26/c_1129162138.htm.
② 叶澜.当代教育变革的主体及其相互关系[J].教育研究,2006,27(08):5-11.
③ 德怀特·沃尔多.行政国家:美国公共行政的政治理论研究[M].颜昌武,译.北京:中央编译出版社,2017:3.

儒家文化为主体的中国传统政治文化的影响下,国家是"一国之家",而政府就是"一国之家长",是权威的代表,民众对政府存在着较强的依赖心理。霍夫海恩兹(R. Hofheinz, Jr.)和卡尔德(Kent E. Calder)通过研究发现,东亚的优势主要不是文化和心理的,而是结构的因素,即职业官僚在政治结构中的特殊作用、政府的积极干预、高度的政治稳定等。罗荣渠教授对东亚现代化过程进行了分析,他认为世界不同地区的现代化发展道路和模式日益多样化,"西方先行的现代化是自发的社会过程,而东亚和第三世界其他地区后进的现代化则是带着自主性的国家行为"①。

历史显示,我国教育改革发展取得的巨大成就,主要得益于党和政府的高度重视;在加快教育现代化发展的进程中,坚持优先发展教育事业,是一项重要的国家战略。因此,政府能否在教育治理格局中发挥主导地位,是推动教育治理创新、提升县域教育发展质量的关键。

县城是我国城镇体系的重要组成部分,是城乡融合发展的关键支撑,对促进新型城镇化建设、构建新型工农城乡关系具有重要意义。《中华人民共和国国民经济和社会发展第十四个五年规划和2035年远景目标纲要》提出了"推进以县城为重要载体的城镇化建设";2022年,《关于推进以县城为重要载体的城镇化建设的意见》进一步明确提出了县城发展目标,即到2025年,以县城为重要载体的城镇化建设取得重要进展,县城短板弱项进一步补齐补强,一批具有良好区位优势和产业基础、资源环境承载能力较强、集聚人口经济条件较好的县城建设取得明显成效,公共资源配置与常住人口规模基本匹配,特色优势产业发展壮大,市政设施基本完备,公共服务全面提升,人居环境有效改善,综合承载能力明显增强,农民到县城就业安家规模不断扩大,县城居民生活品质明显改善。再经过一个时期的努力,在全国范围内基本建成各具特色、富有活力、宜居宜业的现代化县城,与邻近大中城市的发展差距显著缩小,促进城镇体系完善、支撑城乡融合发展作用进一步彰显。相应地,对县城教育的发展也提出了具体要求:"扩大教育资源供给。推进义务教育学校扩容增位,按照办学标准改善教学和生活设施。鼓励高中阶段学校多样化发展,全面改善县域普通高中办学条件,基本消除普通高中'大班额'现象。鼓励发展职业学校,深入推进产教融合。完善幼儿园布局,大力发展公办幼儿园,引导扶持民办幼儿园提供普惠性服务。落实农民工随迁子女入学和转学政策,保障学龄前儿童和义务教育阶段学生入学。"同时,"发展城乡教育联合

---

① 罗荣渠.现代化新论[M].上海:华东师范大学出版社,2013:186-187.

体,深化义务教育教师'县管校聘'管理改革,推进县域内校长教师交流轮岗"。

当前,一些县域教育普遍存在着教育经费紧张、学校内涵发展经费支持不足、校际教育教学质量差距明显、学校课程开发能力普遍不足、农村教育发展总体滞后、学前教育资源供给能力有待提升等问题,在人口变化较大(包括流出与流进)的县市,还面临着教育资源有效配置的严峻问题。在这些问题面前,政府无疑应该承担起治理核心主体的角色,切实落实优先发展教育战略,根据县域社会经济的发展和国家对教育的总体要求,科学做好教育规划,强有力地执行有利于育人水平提升、有利于民生福祉的各项政策,切实办好人民满意的教育。同时,结合地方实际,发挥教育对社会经济发展的能动作用,实现教育强县。

从县域教育发展情况来看,县域教育治理中政府的主要职责在于:(1)科学做好教育规划与部署。动态把握县域内人口尤其是适龄儿童和青少年的数量变动情况,紧跟国家在振兴县镇发展过程中的战略任务推进的步伐,紧跟国家、省、地市级教育行政部门推进教育改革的需要,优化教育资源配备。(2)在财政收入有限的前提下,县级政府难免会权衡如何使用财政收入,比如是优先投资能够促进当地经济发展的项目还是投资长期公共品如教育、医疗等?教育是重要的民生工程,关系到千家万户的切身利益,关系到社会主义接班人的培养和我国"科技强国""人才强国""教育强国"战略的实施,因此和每一级政府一样,县级政府需要转变考虑到教育公共服务可能存在溢出效应而引起的对教育经费投入积极性不高的狭隘心理,确保教育经费投入到位。(3)整合力量,提高政策的执行力。面对来自各条各线的政策要求,县级政府需要在立足本土经济社会发展、民众受教育需求和县域资源供给能力等县情的基础上,将碎片化的政策目标和内容进行有机整合,提高政策执行的效率和效果。(4)加强对区域教育发展的监测与评估。县级政府是教育信息采集的最基层机构,最有可能搜集到最真实的教育数据,最有能力把握学校发展的状况、师生发展的状况以及民众对教育的满意度。因此,县级政府需要加强动态监测与评估,及时发现问题,及时把握教育需求,及时掌握民意,以便能够及时有效解决问题、满足需求和化解冲突。(5)用好用活各项经费,促进学校内涵发展。受条块管理体制的影响,教育、发改、民政、妇联等部门均面向儿童与青少年发展出台相关政策,并匹配了相关的政策资源。县级政府需要以儿童与青少年发展的需求和学校办学的需求为重要考虑的方面,用活用好经费,提高经费使用的性价比。(6)加强自身能力建设。面对来自上级各条各线上的工作要求、来自学校的教师与学生发展的需求、来自社会和家长的期望,县级政府面临较高的能力要求,这就需要县级政府不断加强自身能力建设,提高规划能力、经费管理与使用能力、学校规范与指导能力、冲突化解能力、信息采集与分析能力等。

总之,在县域教育治理中,首先需要强化政府办教育的责任和意识,需要强调政府在推进教育治理中的主导地位,全面履行政府的教育责任,促进县域教育治理体系的现代化。

(二) 依法治理

全面推进依法治教是加快教育现代化、建设教育强国的迫切要求。县级政府处于我国政府管理体制中的最基层位置,政府组织中的领导和工作人员同时担任"国家代理人"和"公民代理人"的双重角色,他们一方面需要执行自上而下的政策并对上负责,另一方面又需要回应自下而上的公民需求并对下负责。受有限理性等因素的影响,政策制定者和政策作用者对政策问题的认识难免存在分歧甚至冲突。在这种时候,基层工作人员会根据政策目标达成的轻重缓急、可用资源的充足或短缺程度、承受的工作负荷、来自上级和群众施予的压力程度、公众的需求程度等进行综合考量,进行一定程度的自由裁量。研究指出,"许多时候,当政府采取行动时,实际上是政府雇员采取了行动"①。所以,戴维斯(Davis)定义自由裁量权为:"一个公共官员拥有自由裁量权,意味着无论对他的权力有怎样有效的限制,他依然具有在作为和不作为的可能系列中作出选择的自由。"他同时指出:"我们的政府和立法系统中充斥着过度的自由裁量权,需要加以限制、规范和制约。"②改革开放总设计师邓小平同志就明确指出,"一个国家的命运建立在一两个人的声望上面,是很不健康的,是很危险的。不出事没问题,一出事就不可收拾","还是要靠法制,搞法制靠得住些"③。要维护公民的程序正义权利,就必须要预先制定系统周全的行政规则,更好地规范和制约自由裁量权。

在政府主导的县域教育治理体系建设中,更需要法律法规保障科学治理。县域政府直接面向群众利益,稍有不慎就容易激发冲突和矛盾,造成不可估量的不良后果。培根因此警告:"一次不公正的司法判决造成的恶果要超过十次犯罪,因为犯罪只是弄脏了水流,不公正的判决则直接弄脏了水源。"④这意味着依法治教必须成为县域教育

---

① 莱斯特·M.萨拉蒙.政府工具[M].肖娜,等译.北京:北京大学出版社,2016:6.
② Davis K C. Discretionary Justice[M]. Baton Rouge, La: Louisana State University Press, 1969: 4.
③ 邓小平.邓小平文选(第三卷)[M].北京:人民出版社,1993:311.
④ Aldis W A. Bacon's Essays and Colours of Good and Evil with Notes and Glossarial Index[M]. New York: the Macmillan Company, 1899: 222.

治理创新的行动策略。二十大报告和《依法治教实施纲要（2016—2020年）》为县域依法治教提供了明确方向。

为此，结合国家总体要求和县域教育治理生态，县域教育治理创新可从下述方面加快法治化步伐：(1) 扎实推进依法行政。优化政府职责体系和组织结构，深化教育行政执法体制改革，推进严格规范公正文明执法，加大关系群众切身利益的重点领域执法力度，完善行政执法程序。强化行政执法监督机制和能力建设，严格落实行政执法责任制和责任追究制度。完善基层综合执法体制机制。(2) 推进决策科学化、民主化、法治化。健全依法决策机制，在重大决策中，全面落实公众参与、专家论证、风险评估、合法性审查和集体讨论决定的程序要求，确保决策制度科学、程序正当、过程公开、责任明确。建立重大教育决策事项的民意调查制度，事关教育发展全局和涉及群众切身利益的重大决策事项，应当广泛听取意见。提高专家论证和风险评估质量，建立教育决策咨询论证专家库，委托相关领域的专家、专业机构长期跟踪研究县域重大教育问题。(3) 着力解决教育领域执法不力问题，尤其针对学校违规办学、违规招生、不执行国家课程标准、侵犯学生权益以及违背师德规范、违规有偿补课等行为开展综合执法。教育、财政、公安、工商、民政等部门，针对教育经费法定增长不到位、非法办学办班、义务教育学生辍学、教育辅导（服务）市场混乱等现象，开展联合执法。对校园欺凌、性侵犯学生等违法犯罪行为建立"零容忍"机制，加强部门合作，会同政法部门依法严肃查处。(4) 积极探索建立在法治框架内的多元化矛盾纠纷解决机制，引导公民、法人和其他社会组织通过法治途径，合法合理表达诉求，妥善处理各类教育纠纷。建立健全教育系统的法律顾问制度，依法积极应对诉讼纠纷，尊重司法监督。

（三）社会参与

美国学者基·弗瑞曼(J. Freeman)认为协同治理是以解决问题为导向，由利益相关者参与并共同承担责任的公共行政实践。① 柯克·爱默生(Kirk Emerson)等认为协同治理是指跨越公共机构、政府登记以及公共、私人与市政领域的边界，以实现其他方式无法达到的公共目标的公共政策决策与管理的过程。② 克里斯·安塞尔(Chris

---

① Freeman J. Collaborative Governance in the Adiminstrative State [J]. UCLA Law Review, 1997, 45(01).
② Emerson K, Tina Nabatchi and Stephen Balogh. An Inegrative Framework for Collaborative Governance [J]. Journal of Public Administration Research and Theory, 2012, 22(01): 1-29.

Ansell)、艾莉森·加什（Alison Gash）等认为协同治理是指公共机构和非政府利益攸关方协商决策，以制定并实施公共政策，管理公共项目或资产的过程。① 我国学者在梳理和分析西方语境中协同治理的发展历程后，认为协同治理是指政府与利益相关者，为解决社会问题进行互动和决策，并对结果承担相应责任的过程。② 张贤明和田玉麒认为协同治理是全球化时代，由跨越组织、部门和空间边界的公共部门、市场组织、社会组织或个人相互协调合作，共同解决棘手公共问题的整个过程。③ 可见，协同是基于问题导向的、各治理主体平等参与和贡献智慧的过程。

问题导向就意味着教育治理创新要善于发现问题、分析问题和解决问题。十八大以来，解决人民群众关心的问题成为治理的强烈动机，教育热点难点问题一个个步入破冰之旅。公共管理实践告诉我们：最接近问题的人，才最懂得如何解决问题。包括公民在内的社会组织需要在公共服务过程中帮助识别问题、为解决问题筹谋划策以及评价解决方案的可行性和有效性。公众面对的最重要的问题是，需要发现自己和识别自身的真正利益。

显然，县域教育治理创新就是需要健全吸纳民意、汇集民智工作机制，在民主决策过程中允许更多的参与及创新，让公民更加清晰地认识到自己的利益，并开始以集体的身份自由舒畅地表达对公正、繁荣、社会关系与生态可持续的愿望。也正因如此，二十大报告中再次重申要"坚持人民至上"，强调"人民的创造性实践是理论创新的不竭源泉。一切脱离人民的理论都是苍白无力的，一切不为人民造福的理论都是没有生命力的。我们要站稳人民立场、把握人民愿望、尊重人民创造、集中人民智慧，形成为人民所喜爱、所认同、所拥有的理论，使之成为指导人民认识世界和改造世界的强大思想武器"。

社会平等参与意味着每个公民拥有的社会责任对于一个国家的可持续发展至关重要。如果各个社会阶层中开始传播一种为了自保而主动或被动放弃社会责任的思潮，这无异于在集体削弱国家向前发展的动力。然而，这种人人皆是主人翁的意识是建立在国家对人人权利的尊重和人人有义务参与国家治理的约束之上的。同时，当社会呈现人口多样化的趋势，精英文化在多样化浪潮中较难凝聚起具有不同文化基础和价值观、人生观的人群的力量时，国家或城市就需要倡导更加包容和多样的文化，让生

---

① 治理理论与实践：经典议题研究新解[M]. 王浦讯，臧雷振，编译. 北京：中央编译出版社，2017：332.
② 田培杰. 协同治理概念考辨[J]. 上海大学学报（社科版），2014,31(01)：124-140.
③ 张贤明，田玉麒. 论协同治理的内涵、价值及发展趋向[J]. 湖北社会科学，2016(01)：30-37.

活在其中的人都没有感到被忽视、被边缘甚至被遗弃。

社会贡献智慧意味着要提高社会组织和广大民众参与教育治理的意愿与能力。实践表明,社会问题的解决重点取决于政治根植于社会的程度和行政对社会的回应性,以及政治与行政之间的有效互动。但是这些相关主体必须是相对独立的,否则难以形成互动。从我国的情况来看,要形成这种独立、平等的良性互动,一方面取决于公民参政议政的意愿与能力,另一方面更多取决于政府在培养公民参政议政意愿与能力上的主动作为。正如托马斯·杰斐逊(Thomas Jefferson)所言的那样:"不论在哪里,当人们拥有充分的知情权时,他们就会信任自己的政府","如果我们认为他们没有获得足够的启蒙,从而无法用有益的自由裁量来实施他们的控制,那么补救的方法不是将决定权拿走,而是要通过教育来使他们获得自由裁量的能力"。①

由此可见,县域教育治理创新需要社会参与。一是政府和学校加强与社会的信息沟通。县级政府一方面广泛采集民意,了解县域民众对教育的需求,另一方面公开教育信息,让广大民众知晓教育发展的优势与不足、机遇与挑战。进而在知情的情况下,逐步培育出主人翁责任感。二是政府要激发公民参与,承担起动员、激发的角色,鼓励潜在的参与者进入到教育现场中,进入学校发展内,成为促进教育发展与学校发展的重要力量之一。在实践中,政府可以将部分教育事务或者学校事务进行"服务外包",找到能够胜任的委托方,鼓励他们参与基本教育公共服务,让社会及其个体不再只是被动的公共教育服务接受者,而应该成为公共教育服务的共同提供者、所有者和评价者。

(四) 技术赋能

进入21世纪以来,信息技术迅猛发展,日新月异。研究认为,大数据使治理者发现、识别各种问题的能力得到加强;人工智能在大数据基础上借助算法进行分类,并生成治理对象的"用户画像",进而使治理决策更契合对象的特征和需求;互联网则不仅逆转了原有信息收集模式,而且拓展了交流渠道和沟通对象,提高了治理的广泛性与互动性;云计算使人拥有了超越个人或小团体的计算能力,并由此推动了治理主体的协同化、治理手段的界面化以及治理过程的智慧化。② 很显然,在互联网、人工智能、大数据技术等新技术发展的背景下,教育治理也进入了新技术时代,技术成为了改变、

---

① 理查德·C.博克斯.公共行政中的批判社会理论[M].戴黍,译.北京:中央编译出版社,2015:113.
② 杨欣.教育治理数字化转型的利弊及其调适[J].中国电化教育,2022(11):45-52.

改进与创新教育治理的重要手段,技术赋能的教育治理具有了更大的创新空间。

从大数据中获取信息,已经成为教育治理的一个方面。充分挖掘与发挥数据功能,几乎成为各国教育治理创新的必由之路。以英国为例,其教育标准监督机构(Ofsted)制作了 RAISEonline(通过学校自我评估进行改进的报告和分析)和"学校数据仪表板",以提供对学校和学生表现数据的交互式分析,教育数据实验室的建立则是为了对大型行政和调查数据集进行定量分析,并进行独立研究,以支持那些领先的教育政策和实践。英国的早期教育现在要接受基线评估,该评估必须通过 Early Excellence 等私营公司在线完成,自动生成教育部所需的数据,以衡量学校的责任进展。各国际组织也纷纷采集、挖掘数据推动全球教育治理创新,比如经合组织(OECD)推出了教育全球定位系统,这是一个开放访问的数据门户网站,用户可以操作其国际测试和调查中的大规模数据集,世界上最大的教育出版商培生集团现在通过其学习曲线数据库提供了对 60 多个全球教育数据集的访问路径,以帮助支持决策者的"循证决策"。全球主要的学习分析公司 Knewton 声称,超过 900 万学生使用了其基于熟练程度的自适应学习平台,该平台自动分析个人学习者数据,为学习任务生成"个性化"建议。培生甚至开始支持教育中人工智能的研发,利用来自大量学习者的"大数据"来深入了解学习过程,这些学习过程可能会被编码为"更智能的数字工具",从而用于管理课堂。①

近十多年来,我国相继出台一系列政策,促进教育信息化事业发展。2012 年明确建设"三通两平台"的规划开启了教育信息化 1.0 时代,逐步实现校校通、班班通、人人通并建成教育资源和教育管理公共服务平台;2018 年出台的《教育信息化 2.0 行动计划》开启了教育信息化 2.0 时代,计划到 2022 年基本实现教学应用覆盖全体教师、学习应用覆盖全体适龄学生、数字校园建设覆盖全体学校,信息化应用水平和师生信息素养普遍提高,建成"互联网+教育"大平台。2020 年 3 月,中共中央政治局常务委员会召开会议提出,加快 5G 网络、数据中心等新型基础设施建设进度。新基建强调的融合基础设施包括智慧教育基础设施,其中教育信息化覆盖的领域已经从过去的硬件为主拓展到软硬件及服务齐备。《中华人民共和国国民经济和社会发展第十四个五年规划和 2035 年远景目标纲要》明确提出"加快数字化发展,建设数字中国""国家治理效能得到新提升"等目标。《教育部 2022 年工作要点》提出了实施教育数字化战略行

---

① Williamson B. Digital Education Governance:An Introduction European Educational [J]. Research Journal,2016,15(01):3-13.

动,要求发挥网络化、数字化和人工智能优势,创新教育和学习方式,提高教育数字化治理水平,加快实现教育的均衡化、个性化、终身化。提高教育治理水平既是推进教育数字化进程,也是提高教育数字化水平的需要。①

就县域而言,对于如何通过技术赋能、推动教育治理创新这一问题,研究与实践界均进行了探索。有学者提出,数字化转型与教育治理的关系可以从三个方面来把握:一是运用数字化技术提高教育治理水平,二是营造有利于教育数字化发展的环境,为教育数字化转型创造条件,促进数字化与教育的深度融合;三是把握教育数字化的本质特征,以育人为导向,发展有温度的数字化教育。② 从大规模纵向数据集到学校级行政数据,再到实时大数据系统,数字技术在教育数据管理、课堂和在线课程组织中发挥着越来越大的作用。政策制定者、教育领导者和教育工作者的工作,家长的选择,以及学习者的行为和进步,在理论上都可以由技术来呈现,这为政策制定者和政府机构工作提供了支持,为领导者、教师、学习者以及其他用户和利益相关者提供了教育反馈信息与结果。

结合我国县域教育治理生态及其特征,优先采取的具体行为可以包括:(1)在硬件层面,展开教育机构信息化建设现状、国家和地方教育数据库建设与使用现状等方面的摸底调查,建立需求导向的教育信息化硬件设施优化。(2)在组织层面,强化教育领域内不同行动者、团体、组织和机构的数据治理转型,重塑教育系统和机构中的各个行动者的行为范式,以及重塑各个行动者互动的方式。比如梳理各条各线教育数据,统一相关统计口径并整合成相互兼容、用户友好的数据系统,使教育政策制定与分析者能充分利用数据展开相关研究,提供基于证据的教育决策咨询方案,使教育监测与评估者能通过对数据的动态跟踪与适时评价,推动教育问责与绩效提升,使公众能便利获取与自己相关的数据信息,对自身受教育机会、资源等进行理性权衡和选择。(3)在资源共享层面,需要提高信息公开程度。系统论的相关研究表明,和机械系统各部门之间的相互关系依赖于能量转换不同,社会系统各部分的相互关系更多地依赖于信息交换。技术赋能的作用是否得以发挥,发挥程度如何,取决于县域政府及其各个职能部门打破封闭僵化的门户之见、狭隘的部门保护主义思想的程度,以及是否培养了更加包容与开放的治理理念。

---

① 教育部. 教育部 2022 年工作要点[EB/OL]. (2022-02-11)[2023-03-14]. http://www.moe.gov.cn/jyb_sjzl/moe_164/202202/t20220208_597666.html.
② 袁振国. 数字化转型视野下的教育治理[J]. 中国教育学刊,2022(08):1-16+18.

三、县域教育治理创新的关系把握

推进县域教育治理创新意味着要对以往的教育行政与管理方式进行改革,其中势必涉及以下三种主要关系问题。一是,实践中的教育治理创新究竟是按照预设的政策设计进行,还是超越既有的政策规定进行实践探索?二是,创新是更新思想观念的行动,是超越常态的行为,旨在促进教育的新发展,这与一贯强调的遵循教育发展规律之间是不是有矛盾与冲突?三是,在政社协同参与教育治理的格局下,强调政府主导地位与注重发挥学校办学自主权之间,是不是也存在矛盾与冲突?如何处置和调适这些关系,是推进县域教育治理创新不可回避的关键问题,也考量着县域教育治理的能力。基于前述各部分的分析与讨论,这里进一步分析和探究在实践中如何合理调适这些关系。

(一) 政策与实践互动

《中共中央关于全面深化改革的若干重大问题决定》中提出我国全面深化改革的目标是:"完善和发展中国特色社会主义制度,推进国家治理体系和治理能力现代化。"国家治理体系就是规范权力运行和维护公共秩序的一系列制度和程序所构成的体系,国家治理能力就是这个制度体系的执行能力和发展能力。党的十九届四中全会指出,"我国国家治理一切工作和活动都依照中国特色社会主义制度展开,我国国家治理体系和治理能力是中国特色社会主义制度及其执行能力的集中体现"。可见,"中国之治"中的"治理",是治国理政之治,它是在一般公共事务管理的意义上使用治理的含义,具有两个方面的特点:一是优化体系和提升能力并重,把制度优势转化为治理效能是全面深化改革的重要驱力。二是重视"治"与"制"的辩证关系。其基本的逻辑可以理解为,中国之制的优势造就中国之治的效能与进步,中国之治的实践推动中国之制的成熟与不断完善。

近年来,党中央和国务院密集出台重大教育政策,面向更加公平和更高质量启动大量重要的教育工程,为全国教育发展制定了"指南针"和"路线图"。但是,由于我国幅员辽阔,地区发展差别较大,顶层设计不可能面面俱到、细致入微。习近平总书记2019年10月31日提出:"要鼓励基层大胆创新、大胆探索,及时对基层创造的行之有效的治理理念、治理方式、治理手段进行总结和提炼,不断推动各方面制度完善和发展。需要强调的是,各地区各部门各单位进行制度创新和治理能力建设既要积极主动,又要遵循党中央统一部署和国家法律制度规定,不能不讲规制,不能不守章法,更不能草率行事,关键是把全会确定的目标任务落到实处。"[①]因此,地方政府需要"坚持摸着石头过河和加强顶层设计相结合","推动顶层设计和基层探索良性互动、有机结合"。

显然,县级政府需要平衡国家主导与地方自主的关系,面对执行上级政策、反映社会诉求、化解冲突矛盾的角色与任务要求,一方面需要认真研究国家和所属省、地市政策,"搞清哪些是原则性要求,哪些是刚性要求,哪些是指导性要求,哪些契合本地区本部门本单位实际,哪些是特定条件下的特殊举措"[②]。另一方面需要深入调查研究、准确掌握真实情况,围绕国家的教育目标和政策要求因地制宜制定切实可行的举措,将上级精神转变为具体的实践活动,切实提高广大人民群众的获得感、幸福感和安全感。

当前,我国教育发展存在显著的不充分与不平衡性,尤其是东西部地区之间教育发展的条件差异与水平差异。显然,不同区域包括县域的教育发展之间存在各自特点及其需求,面临的问题也各不相同。为此,在推进县域教育治理创新实践的过程中,要在遵守国家和省级各项政策文件要求基础上,立足本地社会经济发展的实际情况,将这些政策文件内容及其精神,融入到本地化改革与发展的治理实践中,建立适合本地社会经济和教育发展的教育治理体系,展现出县域教育政策执行创新,这就是县域教育治理的实践创新。

可以认为,在政策设计与实践创新之间并不存在必然的冲突或者矛盾。其原因在于,政策设计是一种指导实践发展的纲领性、原则性与方向性的要求,基于实践但又区别于实践;实践创新其实就是政策设计指导下的实践行动,缘起于政策设计的实施,但又是政策指导下的实践改革与发展。显然,两者之间关系密切,是一种互动生成与持续迭代的过程与结果。

(二) 创新与规律统一

教育是社会系统中的一个组成部分,教育发展需要和社会系统中其他组成部分协

[①] 新华社. 激发基层改革创新活力——学习贯彻习近平总书记在中央深改委第十四次会议重要讲话[EB/OL]. (2020-07-04)[2023-03-14]. https://www.gov.cn/xinwen/2020-07/04/content_5524171.htm.
[②] 穆克瑞. 把握好顶层设计与基层创新的关系[EB/OL]. (2019-03-18)[2023-03-14]. http://theory.people.com.cn/n1/2019/0318/c40531-30980455.html.

同发展。但是，教育作为培养人的事业，又具有自身的特点。在坚持以人民为中心的发展思想指导下，教育治理首先需要明确促进人的发展才是教育的根本任务，任何治理方式只是服务于这一根本任务的工具，切不可本末倒置，将工具异化为目的。尤其教育是一项周期性很长的事业，注定了发展教育的效果不会像生产投入那样立竿见影。在教育发展领域，任何急功近利、追求多快好省的思想都是危险的。这就需要各个县域教育治理主体首先必须尊重人才成长的规律和教育自身发展的规律。

为此，确保县域教育治理创新的前提，就是遵循教育规律，尤其是人才成长规律。例如，在当前教育发展的诸多实践问题中，教育评价问题尤为突出，教育治理创新就是要让教育评价发挥正确功能。通常，教育评价事关教育发展方向，有什么样的评价指挥棒，就有什么样的办学导向。就县域教育治理而言，当前迫切需要纠正的是急功近利的教育评价观。与环境治理、产业发展等其他领域不同，教育评价不能只是聚焦于考试分数与升学率等数量化结果，而应该更加关注每个学生的全面发展，关注教育发展的内外生态系统是否积极健康，关注教育在多大程度上促进了社会和谐与社会进步，等等。为此，教育治理创新必须从教育发展规律出发，探索建立更为科学的教育评价制度与评价方法，使合理的教育评价成为教育治理创新的重要表现之一。

当然，教育发展始终处于不断变化之中，教育规律也不是一成不变的，而是需要与时俱进。当前我国进入高等教育普及化的新时代，包括教育评价在内的教育治理体系必须发生相应的变化和改进，这呼唤教育治理创新。例如，尽管国家三令五申要深化教育评价改革，但是在现实中，对教育的评价依然普遍存在着短视情况。长期以来，国家一直努力消除应试教育现象，但问题仍然很严重，其原因就在于以往的教育管理或者教育治理缺乏创新性，缺少对教育发展实践的全面认识和深刻理解，在治理方式方法上还是较多停留在传统的行政干预和计划命令式的境地。为此，2020年10月中共中央、国务院印发《深化新时代教育评价总体方案》，这为教育治理创新提供了政策支持与引领。

在新发展观的指导下，教育需要创新发展，教育治理同样需要创新跟进。就县域教育治理创新而言，即要重新审视县域教育发展的基础、特点与需求，以新思路、新方法引领县域治理体系建设与治理能力提升。

（三）政府与学校共生

坚持政府主导，是中国特色社会主义教育制度与体系的核心要求之一；只有在政府主导下,才能回答好"培养什么人、怎样培养人、为谁培养人"的教育根本问题。坚持优先发展教育事业,是对各级政府的要求。为此,在县域教育发展与教育治理过程中,县级政府需要履行好科学制定教育规划、合理配置教育资源、有序开展教育督导与评估、充分提供教育信息服务、执行国家教育政策、创建和谐教育生态等政府职能。但是,履行好这些政府职能并不是县域教育治理的目的,县域教育治理的目的在于提高育人质量和办好人民满意的教育。县域教育治理及其创新要体现出政府的参与及其责任担当。

同时,必须明确,办学自主是现代学校制度的特性之一,学校要做强育人的主阵地,办好家门口的好学校是办好人民满意的教育的直接体现。在县域教育治理实践中,必须体现对每个学校的关注与支持,体现出因校制宜"一校一策"的治理思想。只有这样,才能使每所学校具备内生发展的动力,充分释放办学的活力与创造力。学校活力是"对积极、自主和创造性的学校办学氛围的一种直观描述","一个充满活力的学校,一定有着积极向上的精神面貌和不断进取、勇于创新的工作作风。反过来说,一个缺少活力的学校,则是死气沉沉、不思进取的样子,无论是校长、教师还是学生都是当一天和尚撞一天钟,教师的职业倦怠和学生的厌学现象比较严重"[①]。为了激发学校办学活力,2020年,教育部等八部门发布《关于进一步激发中小学办学活力的若干意见》,将"深化教育'放管服'改革,落实中小学办学主体地位,增强学校发展动力,提升办学支撑保障能力,充分激发广大校长教师教书育人的积极性、创造性,形成师生才智充分涌流、学校活力竞相迸发的良好局面,推动基础教育公平发展和质量提升"列为释放中小学办学活力的指导思想;从保障学校办学自主权、增强学校办学内生动力、提升办学支撑保障能力、健全办学管理机制等方面提出了要求。

其实,最为重要的是政府需要建立一种"包容性秩序",也就是尊重学校办学的自主性。建立这样一种秩序,政府一方面需要克服对学校干扰过多、管得过多的弊端;另一方面,更重要的是要通过激发校长的办学活力、教师的教育教学活力和学生自主学习的活力,保护和提升学校自主发展的能力。

四、家校社协同下的学校治理体系

多主体共同治理是学校治理现代化的关键标志。学校共治要求从传统的集权管

---

① 石中英.学校活力的内涵和源泉[J].河北师范大学学报(教育科学版),2017,19(02):5-7.

理模式向去中心化的信任文化模式转变，充分发挥学校各主体如校长、教师、家长、社区代表在教育改革和学校治理中的作用，为各种社会力量和团体进行参与和沟通提供合法化渠道。① 可见，高质量的教育离不开家庭、学校、社区各主体共同分担教育责任。因此，构建家校社协同的学校治理体系，确立家校社协同的治理理念是内在动力，明晰家校社三者间的职责和关系是必要前提，建立具体明确的教育制度是根本保障，探索协同治理的主要路径是核心任务。

（一）目标共识

理念是上升到理性高度的观念，是推动和指导人们行为的内生力量。在实践中之所以存在家校社三方各自为政、沟通与合作不畅等问题，其中一个重要原因就是还没有确立家校社协同治理的理念。首先，家校社三方要确立共同的教育价值观。换句话说，家校社之间应统一育人共识，立足立德树人教育根本任务，旨在将学生培养成为德智体美劳全面发展的社会主义建设者和接班人。其次，应明确家校社协同治理的必要性。协同治理是多个利益相关者参与正式的、民主协商的、以达成共识为目的的集体决策过程，②这种发展共同愿景与共同规范的整体性思维能够跳出传统的非政府即市场、非公域即私域的二维思考方式，满足学生发展需求和家长教育需要。家校社各方都要深刻认识到协同治理是完善学校各项工作、培养全面发展的人的必然要求。只有联合学校、家庭和社会的力量，集合人类的智慧、知识与各种教育资源，建立大教育体系，取长补短，才能有效地整合教育资源，实现五育并举，才能扩大教育面，促进所有人的发展。

具体来讲，学校应保障家长的知情权、话语权和参与权，从知情、理解和共识入手，赢得学校与家庭之间的互信。学校应欢迎社区工作人员参与学校的管理和运作；邀请社区组织到学校举办活动，开阔学生的视野；从社区里为学生寻找学习榜样，帮助学生树立远大理想；利用社会资源建立校外研学基地；利用社区公告栏宣传学校教育信息。家庭应引导孩子积极参加社区活动，深入社区，服务社区；鼓励孩子参观各类社区企事

---

① 范勇，何少芬. 欧美发达国家学校治理：运行机制、内在逻辑及经验启示[J]. 比较教育学报，2023(01)：49-61.
② Ansell C, Gash A. Collaborative Governance in Theory and Practice[J]. Journal of Public Administration Research and Theory, 2008, 18(4): 543-571.

业单位,体验社会职业角色。① 例如,广东省深圳市福永中学将家庭教育和社会教育纳入协同育人行动中,打造家庭、学校、社会三位一体的全方位治理系统。一是家长参与。学校成立家长学校、组建"福源家长志愿者队"。家长学校是学校教育的重要途径。通过家校合作,切实帮助家长了解孩子学情和成长特点,引导孩子健康快乐成长。家长学校每年开展数期讲座,一期一主题,为家长提供可操作的教育方法。二是社会参与。学校开展"少年议事厅""阳光下奔跑""送教进社区""心灵关爱社区行"等活动,助推学生发展。三是教育同行参与。学校挖掘校外教育教学资源,凝聚教育合力。学校拓宽教育渠道,先后开展了"情暖山区"助学线、"科技实践"智学线、北京中科院研学线、海外游学线等实践活动。学校充分挖掘校内外教育教学资源,凝聚教育合力。② 只有多元主体共同合作,才能逐步建立学校治理的新秩序。

(二) 职责分担

创新现代学校制度的治理机制,其首要任务是进一步明晰学校各利益相关者的责、权、利,即要落实"政校分开、管办分离"的政策,吸引更多的学校利益相关主体参与学校治理,形成家校社协同治理学校的机制与模式。在原始社会,家校社三种教育作为一体存在;随着生产力的发展,学校教育从家庭教育中分化出来,开始形成家庭教育、学校教育和社会教育并存的局面。近代工业革命后,学校教育成为了重心。近百年来,家庭教育和社会教育开始受到重视且家、校、社三种教育走向了协同,但这种协同不是简单回归到原始社会状态,而是在新的历史时期对社会和人的发展新要求的回应,是家校社通过协同创造出更好的育人效果的过程。家校社协同育人联动机制的必要前提是厘清教育系统内各主体的权责分工,从而统筹各方动力要素和运作方式,并产生协同效应。③ 我国一直存在学校教育、家庭教育、社会教育之间边界不清、职责不明的问题,突出表现为学校教育对家庭教育和社区教育的僭越,本应属于学校教育的各项职能,如学生课程知识的学习、作业的完成等越来越多地被转移到家庭教育与社会教育中。要改变这一现状,就必须明晰家校社三者之间的关系。家校社三者职责最

---

① 齐彦磊,周洪宇."双减"背景下家校社协同育人遭遇的困境及其应对[J].中国电化教育,2022(11):32-36+37.
② 平怀林.重构多元共治的学校治理体系[J].人民教育,2022(Z1):124-126.
③ 徐晶晶,黄荣怀,杨澜,等.智慧学习环境下学校、家庭、场馆协同教育联动机制研究[J].电化教育研究,2018,39(08):27-33.

大的区分在于"学校教育主要承担的是知识传递和集体环境中的公德教化;家庭教育主要承担的是生活习惯、健康保健、生活规范等道德教化中的私德成分"①;社会教育除具有知识传递、公德教化等职责外,还主要负有终身教育之责。三者虽有区分,但又紧密联系,相互影响,不可分割。"家庭教育是基础,学校教育为主导,社会教育是依托,彼此既独立又相互联系,从而构成一个完整、统一的现代教育体系。"②当下,终身学习体系和学习型社会的新形势,彻底结束了学校作为教育唯一权威主体,家庭教育和社会教育作为学校教育附庸而存在的时代,家、校、社成为平等的教育主体,各自承担相应的教育责任。

(三)制度保障

制度是规范人们行为的规章与准则,其中法律和政策是最具有权威性的正式制度。因此,保障家校社协同治理的顺利进行,首先就要加强教育政策和相关法律制度的建设。我国在一些文件中,如《中国教育改革和发展纲要》《国务院关于基础教育改革与发展的决定》《中共中央关于制定国民经济和社会发展第十四个五年规划和二〇三五年远景目标的建议》等,都不同程度地涉及了家校社合作的问题。但总体来看,这些规定多为实体规范,如"健全学校家庭社会协同育人机制"之类,但具体如何操作,缺少程序上的规范。而规范人的行为既要有实体规范予以明确,又要有程序规范保障操作,并且明确细致的程序规定,有助于实现制度的目的。③ 家庭教育、学校教育和社会教育是三个不同的系统,要进行协同,势必涉及人员、资金、设施等多方面的问题。如果没有明确、具体的程序规定,那么所谓的协同就会流于随意,而且还会因为各方在合作中出现的种种矛盾和冲突使协同无法进行。因此,我国应进一步细化现有的政策和法律规定。

在家校社协同育人的具体实践中,应制定三方共同遵守的明确而具体的制度,明确家庭、学校和社会各自的具体责任,以及协同的具体方式等,使家校社协同治理能落到实处。④ 例如,2007 年英格兰政府发布了学校治理章程,该章程明确学校治理委员会的规模和成员角色,并对教师、家长、社区和地方当局等利益相关者的责任与权利进

---

① 缪建东.家庭教育学[M].北京:高等教育出版社,2009:252.
② 李燕,吴维屏.家庭教育学[M].杭州:浙江教育出版社,2009:37.
③ 江必新,王红霞.国家治理现代化与制度构建[M].北京:中国法制出版社,2016:32.
④ 邵晓枫,郑少飞.新形势下的家校社协同育人:特点、价值与机制[J].代远程教育研究,2022,34(05):82-90.

行了规定,有效保障了多主体共同治理。① 同时,要推动学校治理现代化,建设现代学校制度,必须要改善学校权力结构,即在校长之外,扩大与落实教师等治理主体在学校治理决策中的参与,在多元主体之间建立共同协商、相互制衡的民主决策机制十分必要。教师是教育教学实施的主体,是学校最重要的治理主体之一。只有教师真正参与到学校治理决策中,一个权责清晰、民主协商、多元共治、相辅相成的现代学校治理结构才有可能形成。要真正落实教师参与,学校需要着力建立让教师敢于和愿意参与的制度与氛围。在制度上,学校要严格遵守《中华人民共和国教师法》《学校教职工代表大会规定》等法律规章的规定,通过学校章程及各项管理制度将教师参与渠道、机制和方式具体化,畅通参与渠道,理顺参与机制,创新参与方式。同时,学校还要建立预防与纠正打击报复的程序,打消教师担心因建言而给自身带来不利影响的顾虑,让教师大胆表达情绪、诉求与主张。比如:北京市十一学校的章程中规定,学校要建立民主决策机制,学校事务决策不是由校长一个人说了算,而是哪个层级掌握的信息最充分,就由哪个层级的人员参与决策。该校还落实教师的民主监督权,要求各级干部每年要面向教代会代表述职,接受教师代表的评议,谁如果没有得到足够的信任票,就必须对工作进行检讨甚至自行辞职。有制度撑腰,教师就敢于建言,能通过多种方式对学校工作提出意见和建议,充分发挥教师参与民主监督的作用。②

(四) 协同机制

学校治理的核心是权力配置问题,实现学校治理,必然需要转变政府职能,即从单一政府管理走向多元主体共同治理,向学校、家庭、社会进行授权。但是,如何让家校社三者在交互叠加影响中形成合力,协同发挥作用,这是家校社协同治理的核心任务。

首先,建立有关家校社协同育人的管理机构。我国大部分中小学都建立了家长委员会,一些地方成立了由当地教育局、关工委、妇联等部门组成的家庭教育指导服务中心。不过,这些机构要么是从服务学校教育出发,要么是从服务家庭教育出发而建立的,还应建立起真正能统筹家庭教育、学校教育和社区教育的管理机构。可考虑在地方教育局下设立家校社协同育人的管理部门,配备专门人员,统筹现有的家庭教育指导服务中心等机构,使家校社三方能统筹资源,协同行动。完善家长委员会制度,设立

---

① Balarin M, Brammer S, James C et al. The School Governance Study[R]. London: Business in the Community, 2008: 18 - 19.
② 赵德成. 共绘善治有为图景:为什么教师参与如此重要[J]. 中小学管理, 2022, 385(12): 22 - 25.

学校开放日,邀请家长参与学校治理,形成育人合力。引入社会和利益相关者的监督,密切学校与社区联系,促进社区代表参与学校治理,主动争取社会资源和社会力量支持学校改革发展,服务于学生,因为家长、同学都生活在社区,而"同伴、父母和老师影响着学生设立的学习标准,以及对学习的价值的看法。孩子们通常倾向于选择那些与他们志同道合的人作为朋友,换句话说,伙伴影响着孩子的成就动机"[①]。

其次,搭建家校社协同育人的线上平台。数字化时代,技术为家校社协同治理带来了便利。形成协同治理的线上平台,可以破解家庭、学校、社会等主体的时间精力障碍与阶层限制。对于参与学校管理、引入校外资源等治理事务,线上治理平台可以直接打破时间和空间上的制约,使得治理过程更为扁平化与灵活化,减轻参与主体的工作负担。线上平台还为更多普通人的参与提供了可能,去除了家庭背景等标签的多元主体可以及时发声、了解他人需求、参与互动甚至进行集体决策,进而形成当前以"共商共建共享"为内核的数字协商治理机制,[②]真正推动教育中的科学、民主走向更远更深。例如,搭建囊括学校、社会和家长的教育资源库,通过纳入政府购买服务指导性目录、完善购买流程和规范、建立公开公示制度等进一步明确资源流动的规范与路径,为学校与社会教育的协同提供切实载体。此外,还可以学校为单位,通过信息平台整合学校信息公开、家长需求调查、家长参与管理等业务,并通过微信、微博、邮箱、短信、腾讯会议等多种方式为家长提供参与端口,既保障学校与家庭协作的常态化与规范化,又打破时空界限鼓励更为多元的家长更为广泛地参与到学校教育教学之中。[③]

最后,还需要进一步确立现代学校制度的信任机制。达斯古普塔(Dasgupta)认为,所有的信任都是建立在信誉之上的。这种基于信誉的信任机制是一种重要的治理结构安排。现代学校是一个典型的利益相关者组织,它的基本运行机制就是信任。协同治理的核心特征表现为多主体间的信任与合作。一些国家在推进教育分权改革过程中,逐渐意识到分权治理中的集权问题。为确保学校内部各利益相关者的有效参与,避免学校内部权力集中,扩大学校委员会的职责,明确学校委员会各成员的角色与义务,部分国家在学校治理中采取了协同治理举措。如英国中小学中设立的学校管理团队(school management team)就是旨在学校里构建团队合作文化,引导学校从个人

[①] 曾建发. 中学校长决策研究——基于湖北省武汉市J区的研究[D]. 武汉:华中师范大学,2015.
[②] 杜晓燕,宋希斌. 数字中国视野下的国家治理信息化及其实现:精准、动态与协同[J]. 西安交通大学学报(社会科学版),2019,39(02):117-124.
[③] 顾理澜,李刚,张生,等. "双减"背景下数字化赋能家校社协同育人研究[J]. 中国远程教育,2022,567(04):10-17.

领导走向团体管理,培育共享合作的管理团队。① 信任机制在一定程度上能够降低学校、政府、社会之间沟通互动的管理成本,增强各个组织之间的凝聚力和向心力,促使学校教育资源能够更合理地配置,从而提高学校治理的效能。②

---

① Wallace M. Sharing Leadership of Schools through Teamwork: A Justifiable Risk? [J]. Educational Management & Administration,2001(02):153-167.
② 黄志兵.现代学校制度建设的"治理"取向与路径——基于宁波教育议事会的思考[J].教育探索,2016(02):137-141.

第五章　政社协同县域教育治理的策略

太仓市政社协同教育治理创新实践探索,源自太仓市民政领域的先期探索,太仓市"政社互动"创新实践项目曾被遴选为"2015年度中国社区治理十大创新成果"之首。"十三五"期间,太仓市聚力改革创新,在社会治理上取得更大成效。具体表现为:"政社互动"品牌持续提升,建立创新城乡社区"五事"协商机制;社区服务体系加速形成,完善"协商能动"机制;社会组织量质齐升,激发社会组织发展活力,全市登记社会组织多达589家;社会工作发展环境日益优化,持证社工由2015年的450人增加到2020年的1 118人。太仓市先后获评全国农村幸福社区建设示范单位和全省现代社区治理创新实验区,连续获得两届江苏基层社会治理创新成果奖。基于此,太仓市将"政社互动"社区治理的实践经验移植到全市教育治理创新实践中,由此产生了"政社协同教育治理"思想及其实践,本章将就太仓市政社协同教育治理创新实践的主要特点进行阐述和解读。

一、实施系统性规划引领

太仓市政社协同教育治理创新实践的开展,学习和借鉴了该市开展基层社会治理的实践经验,结合了太仓市教育现代化建设与教育高质量发展的新要求。纵观过去几年间太仓市政社协同教育治理创新实践行动,太仓市政府制订了推进政社协同教育治理的系统性规划,该规划引领了太仓市政社协同教育治理实践的推进与深化。

(一) 社会治理

太仓市政府认为,当前社会治理重心下移、治理问题增多、群众诉求多样,对加强基层社会治理提出了更新更高的要求，同时也为进一步发挥社会组织在社会治理中的积极作用，进一步畅通规范社会工作者和志愿者等参与社会治理途径带来了新机遇。太仓市全力打造市（县）域社会治理现代化示范城市，实现基层社会治理现代化，积极培育壮大参与主体，增进全民共建共享，促进政府与各主体间互联互动互促，让广大群众拥有更多的参与权和获得感。

为此，2022年1月，太仓市政府发布了《太仓市"十四五"民政事业发展规划》。规划就太仓市社会治理进行了系统阐述，这对教育领域推进政社协同教育治理创新同样起到了引领性作用。该规划认为，太仓市基层社会治理进入了融合发展的机遇期，规划的"基本原则"中包括了以下相关内容：

——坚持多元主体共治。积极发挥市场在资源配置中的决定性作用，充分调动广大社会组织、社会工作者、志愿者和慈善组织等社会力量，依法有效参与基本民生保障、基本社会服务和基层社会治理等领域，更好发挥政府作用，统筹利用各类资源，提升民政服务品质，提高基层社会治理效能，促进多元社会主体广泛参与、各负其责、互为补充、同频共振，努力打造新时代共建共治共享新格局。

——坚持深化改革创新。全面贯彻新发展理念，用改革的办法和开放的视野补短板、强弱项、破壁垒，聚焦重点领域和关键环节，全面深化社会救助、基层治理、养老服务、社会事务等改革，全面推进民政政策理论、制度机制、服务方式、工作手段、资源整合及服务能力创新，不断为民政事业发展探索新方式、注入新动能，用改革创新的新业绩，引领和推动民政事业高质量发展。

——坚持协同高效发展。以全局站位和长远眼光推动民政工作融入区域协调发展、创新驱动发展、乡村振兴、新型城镇化、可持续发展等重大战略，坚持民政事业城乡统筹、区域协调、整体推进，加强跨业务、全系统、多部门协同，更加注重防范化解民政领域重大风险，推动民政事业行稳致远。

该规划提出的"总体目标"中包括"深化改革创新、全面提质增效、夯实基层基础、激发内生活力，努力打造新时代基层治理创新引领区"，其中的具体目标之一是：

聚焦"融合共治"，打造社会治理创新的引领区

"政社互动"内涵得到进一步丰富，基层群众自治制度不断完善，城乡社区服

务体系更加健全,社会组织、社会工作者、志愿者联动机制和参与社会治理的途径进一步畅通和规范,党组织领导为核心、多方力量共同参与为主线的聚合型治理新格局加速形成,打造全国城乡社区治理样本。

为此,该规划在"重点任务"中包括了现代化治理体系建设的相关具体内容,提出构建"融合共治、一核五园"的现代化社区治理体系,其中包括"四大机制"。这对于教育治理包括学校治理而言,同样适用。

完善"四大机制",增强社区治理内动力。

推进"政社互动"社区治理4.0版,建立"融合共治"新机制,构建党建引领、主体多元、权责清晰、协同配合、系统有序、运转高效的城乡社区治理新模式。

完善"党领共治"动员机制。创新"社区—网格(小区)—楼栋(小组)"三级党组织设置,组织机关企事业单位党员、干部下沉参与社区治理,构建社区"大党委"制度,开展多样态的区域化党建活动,将辖区内各类社会组织、群团组织、企事业单位团结凝聚在一起,共商社区发展、共同服务群众、共创美好家园。

完善"清单管理"运行机制。厘清"三份权责清单"(社区党组织领导社区治理责任清单、基层群众自治组织依法履职事项清单、基层群众自治组织协助政府工作事项清单),签订"一份合作协议"(社区共建共治协议书),梳理"三份治理目录"(社区治理需求目录、社区共治资源目录、社会组织服务供给目录),开展"多方履约评价"。

完善"能动善治"协商机制。优化党建引领下的"五事"协商流程,完善社区居民(代表)会议议事、听证和决策规程,创新社区党群议事会、小区议事会、小组和楼栋议事会等协商制度,充分发挥社区议事厅、邻里生活馆、民情热线等协商载体作用,支持和帮助社区居民养成协商意识、掌握协商方法、提高协商能力。探索开展乡镇(街道)议事协商。

完善"五社联动"服务机制。坚持"需求导向、优势互补、项目驱动",建立以社区为平台、社会工作者为支撑、社区社会组织为载体、社区志愿者为辅助、社区公益慈善资源为补充的"五社联动"服务机制,实现社区服务的精准化、贴心化和专业化。

规划提出的社会治理"6大行动"中的"实施社会工作融合治理行动",明确了包括教育在内的多领域融合和多部门合作的要求:

实施社会工作融合治理行动

　　健全政府购买社会工作服务体制机制和社会工作服务项目资金管理、绩效评估等制度。加强标准化建设,研究制定一批专业标准,提升社工服务水平。加强社会工作基层服务载体建设,促进社会工作与慈善、志愿服务深度联动,推动社会工作与民政各项业务深度融合,与信访、教育、公安、司法、卫健、工会、团委、妇联、残联等部门相关业务有机结合,丰富和拓展社会工作服务内容。

　　上述社会治理的规划内容不仅是太仓市民政领域的规划,事实上也对太仓市政社协同教育治理实践及其创新产生了重要的指引。

(二)教育发展

　　太仓市在总结教育事业"十三五"规划实施情况基础上,根据《江苏教育现代化2035》《苏州市教育事业发展"十四五"规划》《太仓市国民经济和社会发展第十四个五年规划和二〇三五年远景目标纲要》等文件精神,结合太仓市教育实际,制定并发布了《太仓市教育事业发展"十四五"规划》。这对推进太仓市政社协同教育治理创新实践的发展产生了直接影响,极大地促进了政社协同教育治理实践的发展。基于"十四五"期间加快推动教育高质量发展的需要,太仓市政府提出了"坚持党建引领""坚持教育为民""坚持服务大局""坚持系统观念"和"坚持改革创新"五项原则。

　　规划中提出"打造家校政社协同育人新模式"与"推进教育治理体系和治理能力现代化",总体目标中包括"打造县域政社协同教育治理的先行城市,打造全国基础教育优质均衡多元特色的示范城市,打造全国大中小幼教育体系完备的典范城市,率先建成教育活力与城市发展相互促进的教育强市"。为此,规划的"重点任务"中就"政社协同教育治理"提出了具体要求,相关内容如下:

健全家校政社协同育人机制

　　加快推进教育部重点课题"政社协同视域下县域教育治理创新的行动研究"和"清单式管理"规范进校园活动,持续推进"社工进校园"项目,实现区域学校全覆盖。强化市级家长学校建设，构建学校、家庭、社区相衔接的家庭教育服务网络，拓宽"互联网＋"背景下的家校社沟通渠道，形成区域特色的家庭教育指导体系。推进校内外教育教学、学生素质拓展有机融合，加快实施未成年人综合实践基地和社会实践活动体验站建设项目。健全"作业管理""手机管理""睡眠管理"监管机制，关心关注学生身心健康，有效强化校园心理危机预警机制，建立心理健康工作联盟，壮大心理健康教师队伍。

推进教育治理体系和治理能力现代化

全面落实主要领导法治建设工作第一责任人制度，健全完善法治建设运行机制。严格依法行政和行政执法，深化依法办学和依学校章程办学，形成法治、共治、善治相统一的教育治理格局。坚持总体国家安全观，全面落实"党政同责、一岗双责"的校园安全责任体系，系统化、科学化推进安全教育、安全整治和应急管理工作，探索行之有效的校园校车安全整体解决方案和长效管理机制。健全科学民主决策制度，完善教育信息公开制度，保障公众知情权、参与权和监督权。加强信访工作，完善校园矛盾纠纷调解机制建设，依法维护教师和学生权益。

全面深化办学体制改革创新

深化教育"放管服"改革，构建政府依法行政、学校依法办学、教师依法执教、社会依法支持和参与教育治理的新格局。强化多部门联动合作机制，加大教育供给侧改革，加大教育办学体制创新。全面推进依法治教、依法治校，健全现代学校制度，充分发挥学校办学的主体作用。探索推广"名校＋"办学模式，通过"名校＋名校""名校＋分校""名校＋新校""名校＋弱校"联合办学，建立"一校多区"运作模式，打造集团化办学新样态，建立区域和学校集团品牌集群。

上述这些关于社会治理与教育治理的规划内容，有效地引领了太仓市政协协同教育治理创新的实践探索，并有效地促进了教育治理体系建设和教育事业发展。

（三）活力教育

2015年10月29日，习近平总书记在党的十八届五中全会第二次全体会议上的讲话中，提出"以新的发展理念引领发展"。他说："理念是行动的先导，一定的发展实践都是由一定的发展理念来引领的。发展理念是否对头,从根本上决定着发展成效乃至成败。实践告诉我们,发展是一个不断变化的进程,发展环境不会一成不变,发展条件不会一成不变,发展理念自然也不会一成不变。"面对新形势新要求,近年来太仓市提出了"活力教育"的思想理念,旨在以观念变革和理念创新引导太仓教育高质量发展。这种新理念也促进了太仓教育领域的全方位改革,对推进太仓市政社协同教育治理创新的探索产生了积极作用。

"活力教育"是太仓提出的教育现代化发展理念,也是太仓区域教育改革发展的指向。它赓续了太仓社会发展与教育发展的历史传统,也顺应了新时代变革、面向未来发展、实现自我超越的区域教育新主张。这是太仓教育坚持以人民为中心,以人民满意为尺度,适应教育高质量发展要求,回应人民美好教育期待的高度概括,是太仓教育人积极践行太仓城市精神,以追求卓越、勇于创新的气魄,探索"三全"育人新路、涵养教育臻美境界的集中呈现。

"活力",通常指旺盛的生命力,行动上、思想上或表达上的生动性。太仓"活力教育"区域主张的硬核就是"活教活学,力行力臻",通过聚焦立德树人、坚持五育并举、聚力改革创新、优化教育治理,让太仓教育更显活性、更具内涵、更有力量,为每一位师生的幸福人生奠基。"活教活学"就是要探寻育人方式改革新思路,回归育人原点,坚守育人之本,拓展育人路径,激活学生个性和禀赋,构建"挖潜赋能"新机制;就是要探寻课堂教学改革新视角,尊重教学规律,坚持面向人人,拓展互动式、启发式、探究式、体验式教学路径,强化课标、课程、课题、课堂"四位一体"研究,构建"适教优学""以学定教"新范式;就是要探寻未来教育改革新形态,激活教与学未来潜能,拓宽开放融合视野,培植创新发展思维、培植核心素养和把握未来的关键能力,构建未来"跨学科教学""项目式学习"新样态。"力行力臻"就是要追寻历史渊源,承续太仓教育文化基因,以"崇文尚教、通江达海"的娄东文化,"敢为天下先""矢志天下行"的郑和精神,以及"活泼灵动"的江南情怀,弘扬"明德崇实 竞先致远"的太仓教育精神,孕育教育品质"动力源";就是要挖掘学校内涵特质,激励教师肩负"四有好老师、四个引路人"使命,激发学生践行"新时代新思想"热情,内生教育品位"活力泵";就是要构筑教育梦想,点燃教育激情,最大化凝聚人心、最优化形成合力,营造最舒心的教育生态,生发教育品牌"磁力场"。

"活力"是生命的精彩呈现,是教育的应有之义。"活力教育"彰显教育理想大格局、教育发展大情怀、教育改革大志向,使太仓教育更加充满生命的活力、成长的活力、创新的活力。

为此,太仓市制订了《太仓市建设"活力教育"三年行动计划(2020—2022年)》,旨在全面落实教育优先发展战略和太仓教育"三聚三争"目标任务,加快推进教育治理体系和治理能力现代化,共建共享优质教育,满足人民对美好生活的向往。相关内容如下:

工 作 目 标

到2022年,形成社会支持、公众认可、家长满意的良好教育生态,形成更加公平、更加优质、更加美好的现代基础教育服务体系。整体构建创新引领、个性发展、充满温暖、充满活力的人才培养环境,更好地顺应人民群众对教育的多样化、个性化需求。打造太仓教育优质品牌,成为各类教育协调发展、教育现代化全面推进的区域样板。

打造活力教育之基——活力校园

对标"人民满意""办好老百姓家门口的好学校",必须全面深化"放管服"改革,落实"管办评"分离,推进教育治理,给学校"减负松绑",凝聚自主办学活力,发挥"引力圈"作用,让校园成为师生心之向往的地方。

政社协同治理创新计划

组织开展"政社协同视域下县域教育治理创新的行动研究"课题研究,以县域为地域单位,以政社协同教育治理理念为引领,以县域教育管理存在的问题为行动导向,以"体制转型、机制优化、政策配位"的制度建设为中心,以社会"能治"、学校"共治"、政府"善治"等治理创新实践项目为载体,探索政府与社会多元教育主体协同共治的县域教育治理新路径,形成政府宏观治理、学校自主办学、社会广泛参与的教育治理新格局。探索校企协作新型共同体、校社共建新型家长校、校社协同新型委员会、校社合作服务新机制,建立政社协同育人新范式、政社合作评价新样态、政社共建数据新平台。

营造良好氛围

完善家庭、学校、政府、社会四位一体的协同育人机制,更好地凝聚促进学生健康成长和全面发展的强大合力。加大媒体宣传力度,进一步统一认识,形成全社会共同关心、支持和参与教育改革发展的良好局面。鼓励社会组织、人民团体和公民个人广泛参与建设"活力教育",积极为办好人民满意的教育贡献力量。

显然,活力教育行动计划对政社协同教育治理作了更多的阐述和要求,有效地助力实践中教育治理与学校治理的创新探索。

二、推进普法与依法治理

在推进政社协同教育治理创新的探索中,太仓市教育局注重在教育系统内开展法治宣传和依法治理的专题活动,以普法教育推进教育治理的依法实施,推进政社协同教育治理中的法律意识和法治行为。

(一) 常态化法治教育

在全面依法治国的背景下,太仓市教育领域一直高度重视法治宣传教育活动,始终注重依法治教,这为政社协同教育治理创新提供了良好的社会基础。根据太仓市、苏州市教育局"八五"普法规划,太仓市结合教育系统法治宣传教育实际,由市教育局制定了《太仓市教育系统开展法治宣传教育的第八个五年规划(2021—2025年)》,在全市教育系统中实施。

该规划坚持以习近平新时代中国特色社会主义思想为指导,认真落实习近平法治思想、坚持以培育和践行社会主义核心价值观为主线,以宪法教育为核心,以民法典教育为重点,结合"四史"教育,加强青少年爱党爱国爱社会主义教育和法治教育,增强爱国意识、公民意识、法治意识,提高守法用法能力,为培养德智体美劳全面发展的社会主义建设者和接班人提供有力的法治保障,旨在为加速实现建设社会主义现代化教育强市目标提供坚实的法治基础。

就推进政社协同教育治理创新行动而言,该规划中值得关注的相关内容如下:

主 要 目 标

到2025年,全市教育系统学习贯彻习近平法治思想成效显著,体现时代特征、具有太仓教育系统特色的"法润成长·放飞梦想"普法工作体系更加健全,普法工作的针对性和实效性明显增强,全市教育系统法治素养和依法治理水平显著提升,广大干部师生尊法学法守法用法的自觉性和主动性不断提高。法治课教师教学能力明显提升,法治实践教育成效显著,"互联网＋"法治教育深入推进,政府、司法机关、学校、社会、家庭共同参与的法治教育体系更加完善,全市教育系统法治宣传教育的质量和水平迈上新台阶。

提升教育部门领导干部法治素养

落实领导干部日常学法用法制度,把法治教育纳入干部教育体系,纳入教育部门领导班子的年度学习规划,把法治素养和依法履职情况作为干部考核评价的重要内容。充分发挥领导干部的示范带头作用,建立健全领导干部应知应会法律清单制度,加大干部法治培训力度,完善任前考法制度,加强结果运用,促进知行合一。组织教育行政人员参加教育行政执法能力培训和旁听法庭庭审培训。

加强学校管理干部法治能力培养

研究制订各级各类学校主要负责同志应知应会的法律法规、规章制度等知识要点,探索建立学校主要负责同志法治能力评测制度,健全学校主要负责同志依法治校能力培训机制,将法治素养和依法治校能力作为学校主要负责同志任职和工作考核的重要内容。鼓励学校通过定期培训、挂职锻炼、委托培养等多种方式,不断提升学校管理人员的法治素养。

推进教育系统精准普法

分类设计普法的目标、内容、方法和途径,探索开展菜单式普法;分析不同岗位、年龄等师生的法治需求,提高普法内容的适用性和实效性;细化完善普法的工作标准和操作规范,试点开展普法成效测评。加强案例普法,推进教育系统行政执法人员、法律顾问等以案释法活动。

推动普法与依法治教紧密结合

把普法贯穿执法、学校治理和教育教学全过程,进一步提升运用法治思维和法治方式推动教育改革发展的能力。将普法融入行政执法过程，认真落实"谁执法谁普法""谁管理谁普法"，健全责任机制，明确普法内容，实现执法办案的全员普法、全程普法。将普法融入学校治理过程，推动各级各类学校健全依法治理制度体系，加强现代学校制度建设，完善学校法人治理结构，健全学校内部权益保护和救济机制，支持各校试点探索同辈调解机制，不断提升依法治校能力。

实践显示，这种持久的法治宣传教育，不仅提高了太仓市教育领域广大师生的法律意识和知识，也切实提升了太仓教育管理、教育行政及其教育治理相关人员的法治能力，使政社协同教育治理创新得到了法律保障。

(二) 年度性工作要求

太仓市在推进政社协同教育治理创新探索中，不仅注重常态化的普法宣传教育，而且重视教育领域依法治理工作的开展。自2021年起，太仓市教育局每年度制订"教育系统普法依法治理工作要点"，切实推进全市教育领域普法依法教育治理的实施。

2021年，太仓市教育局根据太仓市委、市委宣传部、市司法局《2021年全市普法依法治理工作要点》，紧扣"让更高水平法治成为太仓教育核心竞争力重要标志"的目标任务，突出"校社协同·依法治理"，旨在进一步推动教育治理体系和治理能力现代化建设。为此，太仓市教育局印发了《2021年教育系统普法依法治理工作要点》，提出四方面十三条要点，其中涉及教育人员尤其是教育干部依法履职的相关内容有3条，分别是："着力培育领导干部法治思维"；"大力强化行政执法人员依法办事意识"；"全力培养干部、教师依法治校能力"。该文件对每条要点都进行了比较系统的阐述和说明，为在实践中落实这些工作要点提供了依据和支持。

2022年，太仓市教育局以党的二十大召开为契机，在《2022年教育系统普法依法治理工作要点》中就"推动习近平法治思想学习宣传贯彻走深走实""着力为党的二十大胜利召开营造良好法治环境"和"深化社会主义法治文化建设"等三个方面提出了10条工作要点，其中一条专门强调"校社协同·依法治理"工作。

突出"校社协同·依法治理"主题，健全合力育人的普法工作体系

一是深化法治副校长制度，各校要学习落实新出台的《中小学法治副校长聘任与管理方法》,将法治副校长纳入学校治理体系,充分发挥法治副校长协助开展学校法治教育、保护学生权益、预防未成年人犯罪、参与安全管理、实施或者指导实施教育惩戒、指导学校依法治理等职责工作,充分发挥法治副校长工作专业优势。二是有效发挥学校法律顾问作用。全市中小学要主动加强与服务律所的沟通联系,充分发挥法律顾问在法律咨询、培训和知识普及等方面的作用,不断加强法治建设和学校治理体系、治理能力的现代化,切实维护学校和师生员工的合法权益,有效防范风险,不断提高学校依法依规决策管理的能力水平。

2023年,太仓市教育局全面落实党的二十大精神,以"敢为、敢闯、敢干、敢首创"的担当作为,深入推进依法治教,在《2023年教育系统普法依法治理工作要点》中,提出了"坚持法治思维,持续提升依法治教水平""坚持精准普法,提升普法针对性和实效性"和"坚持统筹推进,全面提升法治教育内涵"等三方面的11条工作要点,其中包括"积极参与依法治校示范校创建工作"与"加强部门协同,健全家庭学校社会合力育人的普法工作体系"。这些工作有效地促进了政社协同教育治理创新的发展。

加强部门协同,健全家庭学校社会合力育人的普法工作体系

各校要发挥道德与法治、思政课课堂主阵地的作用,同时加强学科间渗透,引导青少年养成健全人格,树立正确的人生观、世界观、价值观,树立规则意识。加强与法院、检察院、公安、司法局等部门协同,加强公安法治副校长聘任与管理,有效发挥警校联动的优势作用。充分发挥法律顾问在法律咨询、培训和知识普及等方面的作用,通过法治教育向学生传递正确的行为准则,教育学生知法守法,建立健全家、校、社区共育机制,探索政府购买、社会投入、公益赞助等相结合的普法方式。

(三) 年度性汇报制度

进入"十四五"以后,太仓市全面推进治理体系和治理能力现代化建设,在各领域实施"谁执法谁普法"履职自评与"党政主要负责人法治建设第一责任履责"情况记录等措施,使普法依法治理切实有效,在实践中促进了教育治理体系与治理能力的建设,体现了政府在"政社协同教育治理创新"中的主动担责与积极作为,也是整个太仓市普法依法治理在教育领域中的体现。

2021年成立了由市委教育工委书记、市教育局局长任组长的太仓市教育局普法执法工作领导小组,作为太仓市教育系统法治建设(依法治教)领导小组下属的专项工作小组,把"谁执法谁普法"作为法治建设(依法治教)工作的组成部分,列入局领导班子重要议事日程和重点工作任务中。2021年初制定了《2021太仓市教育局法治政府建设工作要点》,印发了《2021年教育系统普法依法治理工作要点》和《中小学、幼儿园"法治建设(普法)"年度考核细则》,与各学校签订了《法治建设(普法)目标责任书》,教育局听取法治建设工作汇报2次,组织党委中心组学法4次。确保"谁执法谁普法"工作顺利实施和强力推进。

2021年底太仓市委教育党工委书记、市教育局局长提交了《党政主要负责人法治建设第一责任履责情况记录表》,从"提高政治站位,践行习近平法治思想""严格依法行政,强化行政管理效能"和"全面建设现代学校制度,提升教育治理能力"三方面介绍了普法依法治理履责情况。2021年底太仓市教育局就普法依法治理年度进行了系统总结,按照市委市政府要求,撰写了《太仓市教育局"谁执法谁普法"履职自评报告》。这些记录和自评报告全面而客观地评价了该年度依法治理工作的进展及其成效。

2021年太仓市政社协同教育治理创新方面的相关工作及其效果表现在:修订了《太仓市教育局行政执法"三项制度"》并严格遵守和实施。持续深化行政执法案卷评查制度,建立健全评查机制并定期实施。扎实推进"一张网"工程,25项教育行政权力皆实现了"不见面"审批。积极参加第六届全国学生"学宪法讲宪法"活动,参与人数逾7.7万人,我局及58所学校获得优秀组织奖,参与人数比例及平均分在苏州大市排名第一。组织参加了"法治让生活更美好"苏州市青少年画信文化活动,39位学生获奖。54所学校成为"苏州市级依法治校示范校",教育局获评为"2019—2020年度法治太仓先进集体"。

此外,与司法部门联合推行法治副校长聘任制度,依托9支宣讲队伍22类课程设置,结合各校情况各学段的学生特点进行定制服务,真正让普法起到实效;与政法委、司法局联合印发了《关于选聘2021—2023年度中小学、幼教中心法治副校长的决定》,各学校法治副校长和法律顾问100%聘用;积极推动学校自治先行性实验,"'五会一体',校社协同新型委员会实践探索"入选2021年度太仓市社会治理重点项目;《关于印发太仓市学校学法目录的通知》是省内首份中小学校学法目录,先后被"法治强市光辉太仓"公众号、苏州市教育局官网、江苏省省司法厅省政府法制网报道;承担了"构建政社协同育人新范式"市级重点项目,把学校法治宣传教育需求同相关部门"谁执法谁普法"和"小手牵大手"的法治宣传教育工作需求相对接,推进"特色法治学校联系共建"。

同样,2022年底太仓市教育局第一责任人和太仓市教育局继续履行情况记录和自评报告,集中呈现和阐述了太仓教育依法治理和创新发展的各项举措与主要成绩。

在推进政社协同教育治理上,2022年初教育局制定并印发了《2022太仓市教育局法治政府建设工作要点》,与各学校签订了《法治建设目标责任书》,修订了《中小学、幼儿园"法治建设"年度考核细则》,落实年终工作述法制度和法治建设年度报告制度。听取法治建设工作汇报2次,组织党委中心组学法5次。同时,教育局与政法委、司法局联合印发了《关于选聘2021—2023年度中小学、幼教中心法治副校长的决定》,各学校法治副校长和法律顾问100%聘用,学习落实新出台的《中小学法治副校长聘任与管理办法》,加强与政法、司法部门的协同,进一步规范法治副校长的推荐、聘任、培训、考核、评价、奖励等工作。

三、注重管理者能力建设

太仓市在探索政社协同教育治理创新实践中,不仅重视以政社协同、家社校协同等为支撑的教育治理体系建设,同时也十分关注以教育干部为抓手的教育治理能力建设。太仓市认为,新时代教育改革的背景下,教师和教育干部的培训已成为教育领域中的重要一环,并在实践中予以高度重视。为此,太仓市教师发展中心作为全市教育系统教育干部与教师培训的组织者,以推动学校改革发展和区域教育高质量发展为目标,遵循干部成长规律,依据教育干部专业标准要求与太仓教育治理创新的要求,不断改进和优化教育干部培养与培训的理念和方式,建立健全分层分类且具太仓特色的教育干部教育体系。这为太仓教育治理体系和治理能力现代化提供了有力支撑,也使本区域政社协同教育治理创新更具智力支持与能力基础。

(一)前瞻设计

近几年,太仓市委教育工委创新改革,传承制度优势,根据不断变化的学校办学规模、班级数、学段和工作实际需要，对学校管理机构和职数逐年进行动态设置与配备，通过实施学校干部选拔任用工作，不断强化竞争激励机制，拓宽选人用人渠道。因此教育干部的人才培养面临新时代的新挑战，如何建设一支推动区域教育高质量发展的干部队伍是中心干训所面临的首要问题。

为此，太仓市深入贯彻习近平总书记关于教育的重要论述和全国教育大会精神，聚焦贯彻落实立德树人根本任务，积极回应太仓教育"十四五"高质量发展要求及新时代对干部队伍的新要求。开展教育领域干部教育与培训需求调研，深入分析教育干部队伍建设中出现的新情况、新问题，将教育干部培养与培训作为区域教育高质量发展的"先手棋"，作为提升教育治理能力的抓手，深入思考改进和创新区域教育干部培训方式，前瞻性地设计教育干部培训体系，创设了太仓市"融通四级培训体系"。

这种"融通四级培训体系"是太仓市教师发展中心依据国培计划的统一部署，以政策解读为指导，结合省师干训中心和苏州大市对教师与校长培训工作的要求，努力融通从国、省、大市到县市四级教育干部培训体系，优化教育干部培训制度，构建开放畅通的"立交桥"式干部培养"快速路"，主要特点表现如下：

一是发挥中心机构优势。太仓市教师发展中心作为县级培训机构，在全市教育干部和教师培训中担当主体责任。为此，在实施教育干部培训过程中，充分发挥中心机构定位的优势，在明确各个层级干部教育培训目标、任务、职责和要求的基础上，遵循国培计划所提出的省市县与培训机构协同实施的工作原则，做到分层分类、连续培养、层层递进、中心统筹安排各级教育干部培训活动，发挥中心作为"杠杆"的力量，撬动全市教育干部培训的科学安排和积极参与。

二是建构"四位一体"机制。中心在县市级层面做好各级各类培训纵向衔接和横向沟通，借助中心"四位一体"工作机制，发挥小实体、多功能、大服务的县级教师发展中心优势，从系统的角度对全市教育干部培训工作进行统筹性管理，进行相关资源的调拨分配，建立教育干部培养专家资源库。

三是融通"学分"制度。打通国、省、大市培训与县级教育干部培训的界限，探索建立教育干部培训学习账户制度，促进不同级别、不同类型培训间的学习成果认证和互认，融通融合各级培训成果及实绩。

在具体举措上，太仓市在干部培训初期遴选一批参与各级各类干部教育培训的优秀学员，让其成为参与县级教育干部培训的骨干中坚力量，担任太仓市卓越校长班、初任校长班、小学管理干部班等一系列教育干部培训班的培训师和主要班委，协助干部培训管理。同时,在干部培训过程中,实现组织需求、岗位需求、个人需求相统一,要求教育干部实现从受训者(学员)到施训者(导师、班委等)的转变。经过这几年的实践探索,太仓市教育干部队伍结构得到明显优化。

由此,太仓市构建了教育干部培训新发展格局,着重提升干部队伍的战略思维能力、教育创新能力和引领学校可持续发展能力。近几年从国培至苏州大市开展的中小学党组织书记高级研修培训、高中教育评价改革与校长领导力提升、校园长任职资格质量提升培训等一系列干部教育培训,为太仓市教育队伍培养了一大批干部人才。

(二) 靶向施训

太仓市在教育干部培训上,坚持贯彻落实新时代干部队伍建设"革命化、年轻化、知识化、专业化"方针,聚焦年轻干部求发展、骨干干部重提升、成熟干部强辐射的培养目标,对教育干部进行分层、分类、分段、分岗培训,加强培训需求调研,精准培训设计,不断优化课程内容,探索靶向实训新模式。

一是,构建一体化县域体系。太仓市教育局和教师发展中心共同成立教育干部培训工作领导小组,开发干部培养资源库,与教育部中学校长培训中心、江苏省师干训中心、华东师范大学、江南大学等培训单位合作成立教育干部培养基地,形成以太仓市教师发展中心为主体、市教育局、高校和培训单位"四轮驱动"的干部培训支持服务体系,构建稳定畅通、效能突出的协作机制,为提升全市教育干部培养质量提供坚实保障。例如,与江南大学合作职初教师培养,与江苏省师干训中心合作青年后备干部培养,邀请华东师范大学专家指导初任校长培养,与教育部中学校长培训中心合作实施卓越校长培养等。

二是,规范分类遴选机制。太仓市按照"公平、公正、公开"原则,不断完善教育干部素质考核积分档案,通过德、能、勤、绩四个方面进行干部分类"积分测评"、实行动态实效管理。通过个人"述"、正反双向"测"、个别谈话"评"、走访调研"核"等相结合的方式,分"近、中、远"期进行957人的干部队伍梯队培养,其中校级干部228人、中层干部729人。三年间组建后备中层干部培训班4个,中层干部培训班5个,校级干部培训班包括预备班9个,培训人数占教育干部人数的87.6%,实现干部培训重实际、分阶段、高覆盖。

三是,实施精准培训。太仓市的精准培训包括对象精准、主题精准、目标精准、内容精准、方式精准和成果精准等。对象精准是"精准培训"的先决条件,首先做好培训对象的精准遴选,依据工作岗位、工作年限、工作经历、职级、业绩荣誉、干部素质考核积分等层级类别岗位进行干训学员的遴选。主题精准是培训针对性的重要体现,主要聚焦到学员工作和学习要解决的核心问题上、聚焦到学员培训需求上。例如,在义务教育段教务主任(初任)培训班方案中聚焦了"明确新时期教务主任的角色和使命,重点研究教务主任在新课程背景下应具有的教研素养和课程领导力"这一核心问题,围绕政策理解与把握、教务主任的工作规范、教研组备课组建设、校本课程的开发与实施、课堂教学改革与展示、教学质量的提升与评价、"双减"政策下学校的应对策略等专题开设培训课程,从而使得培训主题更具精准性。目标精准、内容精准、方式精准和成果精准是综合体现和衡量培训有效性的关键指标,例如,初任校长研训班的培养目标之一是"强化对校长专业标准的认识,帮助初任校长迅速胜任岗位职责",培训内容则设计了胜任岗位职责的学校管理基础课程,后期又设计了专家入校进行诊断式考察等实践课程,确保学员学有所获、学有所用、学有所成,培训成果可视化、可操作、有价值。

四是,建构阶梯式培养模式。太仓教育干部培训采取"分层进阶,递进培养,逐段跟进"的策略,立足培养需求导向,聚焦课程设计,以及学校发展焦点、难点和热点。针对培训课程开展专题专项调研,采取"基地点训+部门荐训+中心选训"的方式,采用线下集中培训和在线培训融合的混合式培训模式,推进教育干部常态化学习,满足干部岗位和个性化发展需要。根据教育干部专业发展水平、学校发展水平、学校教育教学改革需求等因素,依据干部岗位职责,对教育干部进行分期、分类、分层培训。在培训中设置了初任校长培训、卓越校长培训、不同学段的校级后备干部培训和中层储备干部培训,并且根据专业岗位分别进行专题培训,如教务主任研训、教科室主任研训、德育干部研训、融合教育干部研训、学前教育干部研训等。太仓市认为,教育干部培训中,后备干部班是了解岗位、初任班是适应岗位、卓越班是胜任岗位,从预备期到适应期再到成熟期进行递进培养;课程设置要分层分岗,如教育管理课程中的"学校规划"系列,后备干部班学习的内容是理解并解读学校规划,初任校长班是制订并实施规划,卓越校长班是诊断并调整学校战略;在课程内容目标上,根据教育干部的任职年限与不同经验水平,精准培训设计,优化培训内容,每一个课程板块对培养教育干部的核心能力和关键经验达到了层层递进、螺旋上升的进阶目标。由此建构了太仓市教育干部培训课程设置体系。

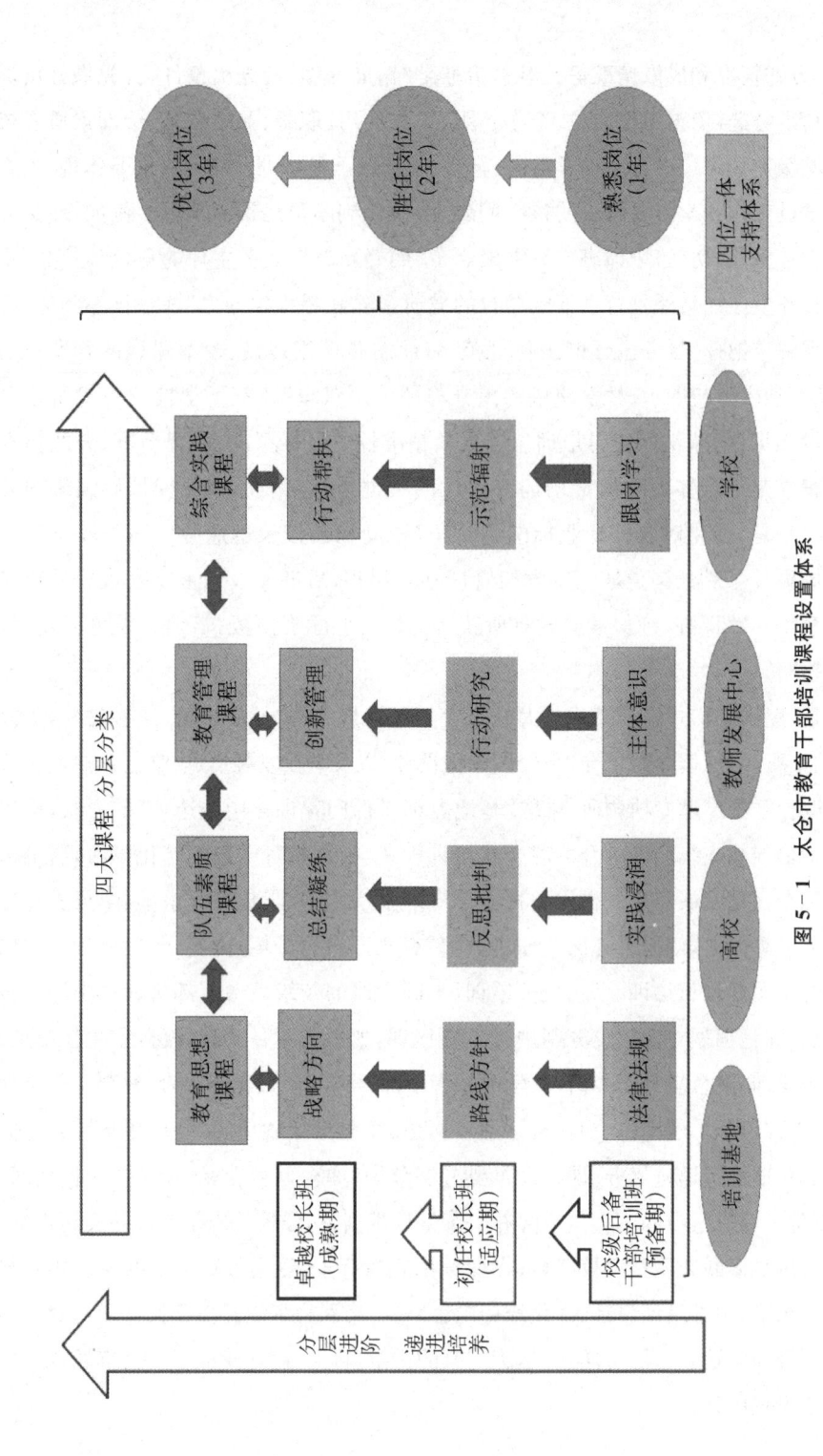

图 5-1 太仓市教育干部培训课程设置体系

基于上图,太仓市提出了如表 5-1 所示的校级干部培训课程设计表,并开展培训活动。

表 5-1　太仓市校级干部培训课程设计表

培训班类别	培训目标	太仓市校级干部培训课程(四大课程设置内容)			
		教育思想课程	队伍素质课程	教育管理课程	综合实践课程
校级后备干部培训班(岗前)预备期	熟悉岗位明确职责	1. 学习习近平新时代中国特色社会主义思想 2. 学习习近平总书记教育重要论述 3. 学习党的二十大重要会议精神 4. 现代教育的新理念、新工具、新路径 5. 专业引领:青年干部应知的教育法律法规 6. 专题研讨:青年干部的使命、责任与担当 7. 家校共育能力提升	1. 理解标准:校(园)长专业标准 2. 实践分享:校级后备干部如何做好专业发展 3. 集中研讨:专业标准与我的成长	1. 学校发展规划与现代学校的文化建设 2. 学校的课程建设与课堂转型 3. 青年干部如何引领教师发展 4. 信息化条件下的学校发展 5. 学校管理者的领导力与执行力	1. 行动学习:学校管理中常见问题与解决策略 2. 情境体验:学校突发事件的应对与处理 3. 经验分享:我在学校管理中最成功的一件事 4. 专题研讨:青年干部实践管理能力发展阻碍与困境突破 5. 跟岗实践:所在学校跟岗,考察诊断
初任校长班第 1 年适应期	胜任岗位磨炼技能	1. 解读习近平新时代中国特色社会主义思想 2. 解读习近平总书记教育重要论述 3. 解读党的二十大重要会议精神	1. 解读:《义务教育学校校长专业标准》《幼儿园园长专业标准》 2. 学校发展规划的理论与实践 3. 学校文化建设的理论与	1. 依法治校的思考与实践 2. 学校管理体制建设优化 3. 学生管理与德育管理 4. 课程与教学管理 5. 教育科研的组织与管理	1. 学校管理案例分析 2. 学校观摩与研讨 3. 学校发展规划制定与实施 4. 校本实践与反思 5. 学校管理经验总结与公文撰

续 表

培训班类别	培训目标	太仓市校级干部培训课程（四大课程设置内容）			
		教育思想课程	队伍素质课程	教育管理课程	综合实践课程
		4. 现代教育科学知识与运用 5. 素养时代的学校课程教学改革 7. 家校协同教育机制与家长教育	策略 4. 校长的角色定位与素质要求 5. 教师队伍建设与教师专业发展	6. 人事、财务与资源管理 7. 校园安全管理与危机管理 8. 数字素养与教育教学融合及多样化评价	写 6. 专家入校诊断 7. 名企参观
卓越校长班 5年以上 成熟期	优化经验 凝练主张	1. 解读、精学习近平新时代中国特色社会主义思想 2. 解读、精学习近平总书记教育重要论述 3. 解读、精学党的二十大重要会议精神 4. 新时代学校特色发展理论 5. 教育学与心理学前沿理论 6. 课程研发与整合 7. 政社校协同教育提升县域教育治理水平	1. 凝练标准：《义务教育学校校长专业标准》《幼儿园园长专业标准》 2. 学校价值观建立与学校特色发展 3. 学校发展规划 4. 社会发展趋势与教育政策分析 5. 系统思想与创新能力 6. 卓越校长办学主张与实践	1. 管理学前沿理论 2. 学校战略管理与制订 3. 学校诊断与评价 4. 学校特色建设的理论与实践	1. 教育思想的凝练与表达 2. 教育改革创新与实验研究 3. 个人教育思想分享交流 4. 教育教学实验成果展示与研讨 5. 辐射与帮扶实践

此外，在实施靶向实训的过程中，太仓市高度重视问题导向的培训。太仓市教师发展中心针对区域教育管理中出现的不同问题，依据问题导向，靶向施策，探索特色化

区域培养模式,实行"平台应用、基地学习、导师引领、任务驱动"四位一体研修模式,将训与用相结合,力求学以致用。如初任校长培训中,设有市委党校《实用公文写作》、市教育局发财科《全面认识学校财务管理现状 切实提高学校财务管理水平》、安法科《平安校园建设实务》、人事科《人事师资工作交流》等专题报告及应对突发危机舆情的话题沙龙和实战演练,学员通过解读政策、案例分析、实践剖析等形式,从学校管理实务出发,找到、分析和解决学校财务、安全、人事等管理重难点问题,破解阻碍学校运转的症结,动静结合的高效运用全方位提高了初任校长处理问题的实践水平。

(三)模式创新

实践显示,依据不同发展阶段干部的发展水平和成长需求进行系统化、进阶式的培训设计,形成了分层阶梯式培养体系,满足和引领不同发展阶段教育干部的成长需求,提升教育干部各阶段的必备品格和专业能力。一是帮助处于预备期的教育干部修身立德,熟悉岗位,了解学校管理的框架流程,为规范上岗作好知识能力储备;二是帮助适应期的教育干部完善知识结构,磨炼管理技能,规范管理学校,成为合格的教育干部;三是帮助成熟型教育干部拓展教育视野,优化办学经验,提炼和形成个性化的办学主张和鲜明的办学特色,成为教育教学改革和科学管理的带头人,最后蝶变为区域名校长和教育家型校长。太仓市教师发展中心2021年度、2022年度连续两年被评为江苏省中小学教师和校长培训工作先进单位等,相关培训工作经验在全国推广宣传。

1. 培训"新转变"

干部教育培训是提高干部综合素质和管理能力的重要途径,需要结合时代背景和发展趋势,实践与时俱进、创新培训,满足干部的组织需求、岗位需求和个人需求,关注内容创新、方法创新和制度创新,注重实践和反馈。在上述改革思考和实践探索的基础上,太仓教育干部培训呈现了三个"新转变"。

第一,从受训者成长为施训者。在初任校长班和义务教育段教务主任班等培训班中,太仓市教师发展中心选拔优秀学员参加国家及省级专题培训,要求学员带着任务外出学习。学员学成回来后,成为中心组织的教育干部培训施训者,给太仓教育干部展示省培获得的学习成果,如参加省培的学员回来后做《作业变革,新时期教学工作转变的第一步》等专题报告,向全市教育干部汇报学习成果,其实也是"培训"区域内其他干部。

第二,培训中让学员造就"学园"。太仓市教师发展中心在组织项目化学习项目培训中,遴选学员优先考虑学校管理人员,并且在培训方案中专题开设针对学员所在学校校级领导的培训,重视校长和管理层在项目化学习项目实践开展中的关键作用。培训中将上一期学员结业成果展示活动与下一期开班典礼活动联合举办,实现反思总结展示和开展学习动员相结合,使终点与起点联动,使整个项目式学习培训、实践、展示、再培训形成持续化闭环管理,让学员造就"学园"。

第三,丰富培训方式。如在初任校长研训班的培训方式中,设有专家讲座、跟岗实践等培训方式,开发了现场模拟新闻发布会等实操课程,提出了高科技名企参观等"跳出教育看教育"的新方式;还组织专家入校现场指导,进行针对性诊断考察,使专家资源与学校发展建设直接对接,带动学校干部提升。

2. 考核"新评价"

在推进教育干部培训改革发展的实践中,太仓市注重采用定性评价与定量评价、即时评价与后续评价、阶段性评价与整体性评价、自评与他评相结合的多元评价方式,对培训效果进行全面评价。在考核细则方面,要求各个培训项目都建立相应的培训考核细则,培训结束后完成《太仓市教师培训项目绩效自评报告》,组织培训满意度调查与结业展示,相关成效计入教育干部研修档案。在培训实效方面,各类培训项目定期形成系列性微推宣传报道,报道中有学员的学习感言和实践体会,体现学员"以学促用",扩大培训影响力。

太仓市在教育培训上研发了管理平台,使培训项目管理过程实现信息化管理,实行过程性跟踪记录,实施培训精准评价。在太仓市校本培训管理平台(2022年获国家专利)基础上,从系统需求、数据库设计、功能模块设计三个方面入手,搭建县域培训管理平台,实现了区县级培训活动发布、数据填报、活动审核、学时查询与应用等一站式管理服务流程,应用大数据技术,从数据中挖掘干部成长规律、优化互联网支撑下的培训评价及其效能。

3. 培养"新机制"

改革开放40多年来,我国教育管理现代化在校长队伍的专业化发展方面取得了突出的进步,实现了从外行领导向专业化领导的转变。成长为教育家型校长,是每一位校长的专业追求,更是新时代对优质教育的需求,需要提高学校自主管理能力。太仓市教育干部队伍逐步年轻化,但教育干部的学科专业发展不够理想。例如,在校级干部的培养方面面临教育家型校长培养的困境。近几年由于各种因素,中层管理干部队伍不稳定,一些中层岗位调整频繁,年轻教师甚至是职初教师开始走向中层管理岗位,但个人的专业发展有限。

为解决这一问题,太仓市教师发展中心谋划新形势新情况下教育干部管理能力和专业发展培训"齐头并进",双向互补、双向发展。《教育部财政部关于实施中小学幼儿园教师国家级培训计划(2021—2025年)的通知》中指出,推进以教师自主学习、系统提升、持续发展为导向的"国培计划"改革是重要目标任务,要求完善过程管理,健全全方位的监管评价机制。为此,太仓将对干部培训的自主选学、自主发展与评价激励机制进行改革探索,以此促进区域教育干部的培养。在教育干部培训的课程设计中关注高阶思维认知培养;在教育干部培训的课程方案中引入教育之外的知识体系和思维模型,如在干部培训中引入聚焦专题的思想类、哲学思考类书籍阅读课程,通过对人文经典、哲学、文学、史学、科技、数字化转型等专题的学习去提高认知和培养高阶思维。进而,让教育干部能够真正跳出教育的视野,立足全局看教育、着眼长远看教育,深入理解教育改革发展所处的新时代和环境的新变化,清醒看到科技革命和产业变革带来的新变化新趋势,清醒看到建设现代化强国对教育提出的新要求新使命。

综上可见,在新时代背景下,太仓教育干部的能力建设顺应了时代发展的新要求新思路,太仓以高质量的教育干部培训培养推动了教育事业健康发展与高质量发展。干部教育培训成为了太仓教育领域干部队伍建设与培养的先导性、基础性、战略性工程,落实习近平总书记提出的"让干部敢为、地方敢闯、企业敢干、群众敢首创"的"四敢"要求,为高质量培训教育干部、高水平服务教育事业创新创优发展承担区域应有的作用和责任。

第六章　政社协同教育治理创新的措施

现代治理强调和突出多元主体参与,即在社会、政治、经济等领域中,不同的个体、群体、组织等各利益相关方共同协商、合作、决策和控制的过程;目的在于建立目标与任务的共识,提升决策质量和透明度,增强政策制定及政策实施的公正性与民主化,促进可持续发展。这在教育领域也不例外,教育是一个公共的社会事业,教育治理体系需要多方面主体的参与,在政社协同教育治理的实践中,"社"即"社会"其实是一个比较泛的概念,其中包括政府之外的、与教育发展有关联的各个方面,包括有志于参与教育的社会组织及其人员、有助于支持教育发展的企事业单位、有利于教育发展的社区居民等各个方面,当然,学生家长也是教育治理中的重要主体。太仓在实施政社协同教育治理创新实践中,不仅明晰政府在教育治理中的角色定位和责任担当,还注重调动和发挥社会上的各种力量支持并参与教育发展,注重实施家、校、社协同的学校治理。在上述架构与策略的指引下,太仓市在教育治理创新行政中,按照太仓市社会治理总体要求,围绕政社协同关键词,在教育治理创新行动实践中,主要采用了"清单式管理""集团化办学""社工进校园"等方法,推进教育治理体系建设和促进教育改革发展。

一、规范政府行为：清单式管理

清单式管理是现代管理与社会治理中的一种重要方法,其关键在于确立政府在治理体系中的角色,在实践中约束政府的行为。正如2022年《国务院办公厅关于全面实行行政许可事项清单管理的通知》中所说：

行政许可是政府依法管理经济社会事务的重要手段。全面实行行政许可事项清单管理,是深化"放管服"改革、优化营商环境的重要举措,有利于明晰行政许可权力边界、规范行政许可运行,为企业和群众打造更加公平高效的审批环境,对于推进政府治理体系和治理能力现代化意义重大。

(一) 主要内容

2020年7月,太仓市委办公室和市政府办公室印发《关于实施清单式管理规范进校园活动的办法(试行)》(简称《办法》),在全市教育领域实施清单式管理,推进教育治理创新行动实践。

显然,《办法》遵循了国家治理体系与治理能力建设现代化的要求,又注重从太仓市社会与教育实践出发,具有非常明确的指导思想,旨在以教育治理方式的创新来建设良好的教育生态。《办法》中提出的四项"基本原则",符合教育治理创新的要求,合理确立了政府在教育行政工作方面的定位,有助于激发学校办学活力,有助于推进现代学校制度建设。《办法》中的"主要措施"具体、清楚和可操作,"三份清单"的内容具体,认定标准明确、备案程序清楚。这充分显示了太仓市政府推进政社协同教育治理的操作路径和方法。《办法》提出了组织领导、工作机制和监督管理等三方面的保障措施。

关于实施清单式管理规范进校园活动的办法(试行)

为深入贯彻中共中央办公厅、国务院办公厅《关于减轻中小学教师负担进一步营造教育教学良好环境的若干意见》文件精神,完善教育综合治理体系,践行"活力教育"主张,打造活力校园、培养活力学生,切实减轻中小学校、师生非教育负担,提高"进校园"活动的成效。现就实施清单式管理规范进校园活动制定以下办法。

一、指导思想

以习近平总书记关于推进国家治理体系和治理能力现代化的重要论述为指导,全面贯彻党的十九届四中全会精神,以县域教育治理体系和治理能力现代化为目标,以"科学、民主、法治、活力、公平、高效"为价值追求,有序对接资源,遵循教育规律,精选活动内容,制订各级党政机关、群团组织、社会组织参与教育治理的"需求清单、供给清单、服务清单"三份清单,全面规范各类"进校园"活动,引导社会各界有序参与教育治理,维护学校正常的教育教学秩序,促进学生的全面发展和健康成长,形成良好教育生态。

二、基本原则

本办法中的"进校园"活动特指各级党政机关、群团组织、社会组织面向中小学生开展,非列入课程标准纲要的各类走进校园或组织学生走出校园的主题教育活动。"进校园"活动的开展要秉持以下原则。

(一)坚持以生为本。各级党政机关、群团组织、社会组织要统一思想,提高政治站位,充分认识学校的基本功能是教育,核心任务是培养人。杜绝一切不利于学生身心健康、全面发展的活动;杜绝一切干扰正常教育教学秩序的活动;杜绝一切其他相关形式主义活动。

(二)坚持从严认定。各类"进校园"活动统一归口到市教育行政部门管理,对各类拟开展的"进校园"活动的主题、形式、内容等进行严格把关,形成"进校园"活动清单。除时政教育、安全健康教育等即时性、事先无法计划的活动外,凡未经市教育行政部门备案认定的活动,一律禁止进入校园或组织中小学生参加。

(三)坚持规范管理。市教育行政部门对各类"进校园"活动按照"精简数量、规范有序、减轻负担、从严从紧"原则进行合理整合精简、科学筛选分解,严格控制"进校园"活动的总量和时间,提升"进校园"活动的质量,回归"进校园"活动的本质。

(四)尊重学校自主权。学校根据自身的师资力量、教育设施、生源状况、学校特色和学生兴趣等现状,自主选择有利于学校发展、有利于素质教育开展的活动进校园。各级党政机关、群团组织、社会组织要充分尊重学校的自主权,学校依据《中华人民共和国教育法》和教育部国家课程要求,有权拒绝未经市教育行政部门备案认定、干扰学校正常教学秩序的"进校园"活动。

三、主要措施

(一)建立"进校园"活动的三份清单

为进一步有效链接资源,加强了"进校园"活动管理,提升了"进校园"活动的教育实效,建立了"进校园"活动的"需求清单""供给清单""服务清单"。

"需求清单"是指学校根据内涵建设、特色打造、学生发展等需要,向各级党政机关、群团组织、社会组织征集特定活动和资源的清单。此清单于每年6月由市教育行政部门向全市各中小学征集。

"供给清单"是指各级党政机关、群团组织、社会组织以学校需求为出发点,结合本部门资源供给能力,为学校提供的实践场所、公益讲座、技术支持、服务项目等的清单。此清单于每年7月由市教育行政部门向各级党政机关、群团组织、社会组织征集。

"服务清单"是指各级党政机关、群团组织、社会组织根据学校工作需求和各部门资源供给及工作实际,经市教育行政部门备案拟开展的"进校园"活动清单。

各中小学校要结合"进校园"活动的三份清单,遴选确定学校的"进校园"活动项目,精心组织已确定的"进校园"活动,形成学校教育教学特色课程,将活动内容有机融入学校教育教学中,以灵动的方式和丰富的内容给学生提供更多主动参与、思考和实践的机会,使学生真正从活动中受益。各党政机关、群团组织和社会组织要配合学校认真实施好"进校园"活动,确保有序有效。

学校每学期在"服务清单"中选择不超过5项"进校园"活动进行组织开展。

(二)规范"进校园"活动的认定标准

1.属于中央和江苏省委、苏州市委、太仓市委有明确要求的,上级教育行政部门安排的重点项目应予以保留。属于创建考核活动,有法规政策依据或者上级文件明确规定的,应给予纳入。属于符合学校发展需求的特色课程项目的,应给予纳入。

2.属于主题教育活动的,按"是否能让学生真正受益,是否会加重学校学生负担,是否遵循教育教学规律,是否经过精心设计"的标准把握。

3.凡是已纳入日常教学的相关专题活动或者对象相同、内容相近、标准相似的,一律合并;凡是增加学校学生负担的,一律减少或取消。

4.凡主体不是学生的各类"小手拉大手"活动,一律禁止;凡属于商业广告、商业活动的,一律禁止;凡是没有依据擅自开展,或对学生没有实际意义,或借机收费、变相收费的,一律取消。

(三)规范"进校园"活动的备案程序

1.备案流程。各级党政机关、群团组织、社会组织结合上级要求、政策导向,以及即时性、突发性特定需求,提前梳理"进校园"活动,于每年7月和12月向市教育行政部门备案下学期的"进校园"项目,市教育行政部门汇总申报材料后,上报市委教育工作领导小组审议,形成"进校园"活动"服务清单",同时按照有关程序公布备案的"进校园"活动"服务清单"。各级党政机关、群团组织、社会组织因特殊情况需临时增加"进校园"活动项目的,其活动主办方必须向市教育行政部门备案,经市委教育工作领导小组办公室批准后,方可进校开展活动。

对于时政教育、安全健康教育等即时性、突发性的活动进校园,根据工作需要可简化流程并临时备案后实施。

2. 备案内容。主要包括活动意义、活动时间、参与对象及内容方式四个方面。活动意义是指"进校园"活动必须符合教育规律、契合学校教育教学工作实际。活动时间是指"进校园"活动要统筹安排、提前规划,严格控制"进校园"活动的持续时间。参与对象是指在"进校园"活动前根据学生的生理、心理、年龄特点明确具体的参与对象,确保活动与学生的年龄阶段、知识层次、接受能力相适应。内容方式是指"进校园"活动的内容和方式要精心设计,尽可能与学校的日常教育活动融为一体。

鼓励各级党政机关、群团组织、社会组织探索开展优质特色活动,开拓学生视野,提高学习兴趣,培养实践能力,使"进校园"活动成为学校教育活动的有效补充。

四、实施保障

(一)加强组织领导。市委教育工作领导小组将审议"进校园"活动清单纳入工作议程,对学校需求和各级党政机关、群团组织、社会组织资源供给进行统筹与协调。各级党政机关、群团组织、社会组织要积极对接市教育行政部门,规范备案"进校园"活动项目。市教育行政部门要引导学校和各级党政机关、群团组织、社会组织强化合作对接,共同推动"进校园"活动规范实施。

(二)完善工作机制。市委教育工作领导小组要把规范各类"进校园"活动作为维护正常教育教学秩序、推进现代学校制度建设的有效抓手,要进一步完善工作方案,形成"进校园"活动备案的长效工作机制,确保清单式管理工作全覆盖,坚决防止走过场、搞形式主义。

(三)加强监督管理。市委教育工作领导小组要按照"谁选用谁负责、谁主管谁负责"的原则,加强日常管理和监督指导,建立"进校园"活动常态化评价跟踪机制,确保"进校园"活动取得实效。凡发现"进校园"活动与备案方案不符,要立即予以纠正;对学校反应比较强烈、造成恶劣社会影响的,要责令及时撤销;对有关部门违规开展"进校园"活动的应及时制止,情节严重的要及时向当地党委、政府和上级教育行政部门报告。

（二）实施进展

自《办法》颁布后，太仓市教育局每半年一次向太仓市委各部委办局、市各人民团体、各直属单位等提交关于征求《"清单式管理规范进校园活动"三份清单》意见的函，征集这些机构有关"清单式管理规范进校园活动"的供给清单和服务清单，并向各乡镇及其学校征集需求清单。市教育局在收到各单位申报的服务清单和供给清单项目以及需求清单项目之后，按照"精简数量、规范有序、减轻负担、从严从紧"的原则进行整合和分解，再转发给有关部门，最终形成每学期"清单式管理规范进校园活动"的服务清单与供给清单。

表6-1 "进校园"活动项目备案表

活动主办部门（盖章）			
联系处室		联系人	
联系电话			
活动名称			
活动时间			
活动参与对象			
开展活动文件依据			
活动意义和主要内容（具体活动方案附后）			
活动组织部门意见	负责人：	月	日
教育部门意见	负责人：	月	日

注：每学期7月/12月上报备案表，一式两份，教育部门和活动组织部门各一份。

实践显示，太仓市在全省首创的"三份清单"规范"进校园"活动产生了积极效果，更加精准地满足师生对于社会教育资源的需求，尤其是大幅减轻全市学校负担，推动"进校园"活动实现"少而精""严而准"。在实践中，对于各机关企事业单位计划开展的"进校园"活动，经市教育行政部门备案后形成"进校园"活动项目清单，未经备案的活动一律禁止进入校园或组织学生参加。在此过程中，一方面加强整合清理，大幅减少清单项目数量。如将公安局的反诈宣传、司法局的法治宣传和法院的法治宣讲等合并为"法治专题教育周"活动。2021年下半年列入服务清单的项目仅18项,相比上半年下降60%。同时,大批"进校园"活动项目从"广撒网"式的全市铺开转变为"精聚焦"式的选取少量代表学校、学段和年级开展,如对于气象局的"气象知识进校园活动",仅选取不同学段的3所代表学校开展,其他学校采用纸质和视频材料在碎片化时间开展学习;对于科协的"科普进校园讲座",仅选取经贸小学三年级开展,其他学校自行收看录播录像课等。此外,精准匹配"需求清单"与"供给清单"。基于学校提出的"进校园"活动需求,如"作家进校园""江南丝竹表演"等,推动各机关企事业单位根据自身特色资源,为学校提供精选优选的实践场所、公益讲座等供给清单,由学校自主决定是否"点菜"、点哪一道"菜"。如城管局提供"小小环卫工人体验"项目、供销总社提供"'太仓大米'生产加工参观实践"项目等。教育局全力协调市内外相关资源,尽可能予以满足,满足率可达90%(仅定向满足具体提出需求的学校,不予扩大范围),使"进校园"活动更具精准性、针对性,大幅减少了以往机关企事业单位因不了解学校需求主动谋划"进校园"活动,致使"部门好心"变为"学校负担"的情况。

太仓市建立了"进校园"活动常态化评价跟踪机制,市教育督导与质量监测中心专职与兼职督学挂钩每一所学校,每月常态化跟踪评价"进校园"活动开展情况。经严格管控,尚未发生清单外"进校园"活动情况。

二、创新办学模式:集团化办学

太仓市为进一步推进区域基础教育均衡发展,合理配置教育资源,大力促进教育公平,根据全市基础教育发展面临的现状,结合市委市政府推进政社协同社会治理的要求,将学校发展共同体建设作为全市城乡学校一体化内涵建设的载体,探索推进集团化办学实践。

(一) 前期探索

进入21世纪以后,太仓市社会经济快速发展,教育改革发展面临新要求,提出了教育均衡优质发展新目标。为此,太仓市在教育领域积极开展集团化办学实践探索,缩短城乡学校教育之间的差距。太仓市探索集团化办学大致经历了如下阶段。

第一阶段:统筹组建城乡教育集团,属于松散型初创阶段(2003—2006年)。太仓市教育局根据区位、学校类型、师资结构等要素,组建城乡学校间的合作共同体即教育集团,集团内学校捆绑联动发展,实行"四同"——管理同谋、计划同筹、活动同行、责任同担,形成"四位合作—联动增效"教育集团活动模式。集团内横向联动,定期举行校长联席会议、联合举办重大教育科研活动、开展课题合作研究、开展校际合作教科研培训,每次重大集团活动都使集团内各校受益,使活动效能得到最大限度的释放。这一模式有效发挥了集团校际合作交流、师徒结对帮带功能,实现集团内教科研、培训、信息资源整合、系统增效,促我市城乡学校均衡发展,旨在促进农村学校在师资素质、办学水平、教育质量等方面的提高。

第二阶段:委托名校托管农村学校,走向紧密型发展阶段(2007—2011年)。市教育局借鉴企业"输出管理"模式,委托优质学校管理相对薄弱的农村学校,如委托实验小学管理农村学校——九曲小学、直塘小学;委托经贸小学管理港口开发区第一小学,在学校人、财、物所属权不变的情况下行使管理权,通过名校托管乡镇薄弱学校的方式,将这些名校的管理理念和学校文化引入被委托学校,旨在迅速提升这些农村学校的办学水平和教学效率,促进区域教育均衡发展。实践中,市教育部门引导学校通过"文化融合"提升托管品质,确立了立足校本、共同发展的五大基本策略:环境影响、舆论竖标、典型引路、资源深挖、短板加长。这一托管模式在一定程度上解决了现行属地管理体制的不足,在加强推进农村学校优质发展上取得了成效。

第三阶段:建立城乡教育集团,走向一体化管理阶段(2012—2017年)。在前期实践探索的基础上,市教育部门总结经验,重新谋划,借助于苏州市义务教育阶段改革项目计划,进行了体制与机制的深层变革,组织太仓市4所学校参与了城乡学校一体化管理试点,分别由实验小学与新创办的科教新城实验小学进行一体化管理,由实验中学与沙溪第一中学进行一体化管理,作为苏州市教育局教育改革集团化办学重点项目。一体化管理是新型的城乡学校联合办学方式,由一所县域名校与一所农村学校组成学校发展共同体,实行6方面的一体化运作:管理团队一体化、文化建设一体化、课程建设一体化、教师发展一体化、日常研修一体化、资源分享一体化。两所学校设一位校长、一个管理团队,协同管理,共同发展。但学校的人财物相对独立,两套行政班子,两支教师队伍,各自划片招生,分校区教育教学,通过一体化管理追求一样的教育质量,彰显不一样的办学特色,在"文化尊重—文化理解—文化认同—文化融合"基础上促进城乡学校共同发展,建立多层次的任务型、学习型和研究型共同体,促进农村学校办学水平上新台阶。实践证明,文化融合与文化重构是集团内学校优质化、均衡化发展的可行之路。如实验小学以"名校"+"新校"的一体化管理成果获全国网络科研成果博览会一等奖,苏州市首届基础教育教学成果特等奖。2013年,太仓市成为全国首批义务教育发展基本均衡县(市、区),2016年被评为江苏省促进义务教育均衡发展先进市。

第四阶段:区域教育联盟优质发展,走向区域推进阶段(2017年—至今)。在前期发展的基础上,太仓为了进一步扩大集团化办学效益,加快推进区域教育优质均衡发展,努力实施区域品牌建设和学校联盟化战略,进一步创新办学模式,出台了《关于建设学校教育联盟,推进区域教育优质均衡发展的实施意见》。按照"优质学校集团化办学""中小学连片的学区化管理"及"均衡配置资源"的思路,架构了"中小学横向教育联盟"和"幼、小、初、高纵向型教育联盟"相互补充的"三纵九横"教育生态。

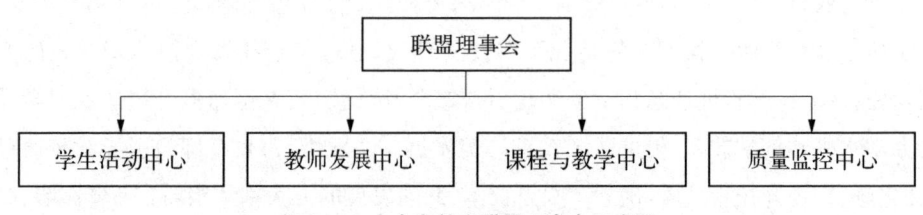

图6-1 太仓市教育联盟理事会组成图

联盟理事会及下辖的"学生活动中心""教师发展中心""课程与教学中心""质量监控中心"构成"一会四中心"管理模式,开展日常管理和运作。各教育联盟根据各种重点项目,创造性地开展工作,不断寻找新的突破点,探索合作做强的策略与方法,坚持联盟成员平等参与、各美其美、美美与共的原则,形成"共同价值观引领下的各校平等自由发展"的联盟宗旨。横向联盟注重促进集团学校整体的优质化,在校园文化建设、师资队伍培养、科学管理制度、高水平的课程教学等方面逐步提升联盟学校的水平。太仓市实验小学、太仓市沙溪实验中学和太仓市第一中学等联盟突出研究主题项目化;朱棣文小学、经贸小学、城厢第一小学、新区第二小学、实验中学等联盟成立联盟名师工作室、学科基地和学科共同体等,为联盟名师和青年骨干教师搭建平台。2018年11月联盟被省教育部门推荐参加第四届中国教育创新成果公益博览会参展活动。纵向联盟则注重学段贯通与资源融通,在加强学段衔接、拓展育人通道、指导学生发展、丰富教育资源等方面加强区域联动。江苏省太仓高级中学为拔尖创新人才"苗子"架设多元的沟通与交流平台,围绕人才的培养特点,努力在小、初、高设置一体化培养的课程,定期交流和总结。

2017—2020年间,太仓市政府为教育联盟投入550万作为各联盟发展学术支持经费和日常管理经费,并实施了"五大行动"计划:(1)实施管理联通行动,促进管理水平共提升;(2)实施研训联动行动,促进教师专业共成长;(3)实施质量同进行动,促进办学效益共提高;(4)实施文化共建行动,促进文化体系共完善;(5)实施项目合作行动,促进教育品牌共形成。

在太仓市组建教育联盟的前三年中,新增省市级课程基地26个(其中省级7个、苏州市级19个)、省市级前瞻性项目7个(其中省级2个、苏州市级5个);荣获第五届江苏省教育科学优秀成果二等奖3项,获苏州市教学成果奖21项(其中特等奖4项、一等奖5项、二等奖12项);17所学校成为"苏州市区域整体推进有效教学实践研究"项目学校;10余所学校被命名为苏州市创新人才培养实验项目基地。新增太仓市级及以上骨干教师264人,省特级2人,正高级职称5人,姑苏教育领军人才6人,青年拔尖人才23人;1个教师团队入选省级"四有好教师"团队;1名教师获评全国优秀教育工作者;开设国家级和省级公开课累计136节(其中国家级26节);发表省级及以上教学科研论文每年超过1 000篇;实施国家级、省市级课题研究202项(其中国家级3项、省级55项、苏州市级144项)。全市中考均分、合格率、优秀率,以及高考本一达线人数、本一达线率均创历年新高,本科上线率列苏州大市前茅。

(二)创新发展

历经上述发展,太仓教育集团化办学不断深入,有效化解了区域内教育资源短缺的矛盾,缓解了"择校热"矛盾,破解了"大班额"难题,解决了教师编制紧缺的结构性问题和内涵建设发展的不平衡问题。尽管教育联盟建设取得了一些成绩,但也存在诸多问题:一方面是联盟内的问题。成员校之间很难达成一致的价值认同,仍存在学校间分裂式的状态,没有生态式共生关系;联盟校有独立法人,联盟盟主与联盟校实质为对等关系,联盟办学在管理组织结构、课程设置、人事管理以及教学体系等一系列问题上,没有形成协调的法人化的管理机制、激励机制和监控机制。另一方面是各联盟间发展不均衡的问题。部分联盟组织领导不力,阶段化推进缓慢;部分联盟没有很好地整合多方教育资源,缺乏务实有效的项目载体平台和扎实有序的新举措,可持续发展力不足,对学校发展及区域教育并未产生良好的生态效应。

面对如何实现让每个孩子都享有更加公平而有质量的教育的时代主题,太仓市聚焦集团化办学实践,以区域教育供给侧结构性改革为指向,深入思考集团化办学创新发展主题,提出了集团化办学尤其是推进教育联盟的创新思路:(1)注重效能与公平并重,厘清集团化办学目标。积极寻找效能和公平之间的平衡点,建立互利共生目标,增强集团化办学效能;深度理解公平内涵,促进集团化办学优质均衡发展。(2)调整权力结构,形成多元主体协同办学格局。厘清政府、学校与社会等多元主体的权责关系,进一步激发学校办学活力。协同共治,促进办学主体间的深度合作。(3)允许多种办学类型并存,创新特色化办学模式。根据现实需求、目标定位、前期合作基础等进行有针对性的统筹设计;激发名牌校集团化办学的主动性,激活企业或行业集团化办学的主体性。(4)健全集团化办学机制,提升集团化办学效率,包括完善协调机制、健全激励机制、强化督导机制等。

在上述创新思路的指引下,太仓市进一步强化政社协同教育治理创新的理念,按照中共中央、国务院印发的《深化新时代教育评价改革总体方案》精神,基于《教育部等八部门关于进一步激发中小学办学活力的若干意见》,2021年12月太仓市教育局正式颁发《关于进一步深化太仓市中小学和幼儿园教育集团化办学的实施方案》(简称《实施方案》),在全市基础教育领域推行集团化办学,旨在满足人民群众对优质教育资源的需求,扩大优质教育覆盖面,努力办好老百姓家门口的每一所学校,持续提高教育的社会满意度,提高教育优质均衡发展水平和教育服务能力。

这标志着太仓在集团化办学方面进入创新发展新阶段。太仓市集团化办学的指导思想是:以习近平新时代中国特色社会主义思想为指引,以提高教育质量为目标,坚持"因地制宜、分类指导,量质并举、以质为本",优化办学机制,创新办学模式,提升办学品质,激发办学活力,充分发挥优质教育资源的辐射引领作用,带动薄弱学校的发展提升,缩小校际差距,促进区域教育优质均衡发展,实现优质教育资源显著增加,教育整体发展水平显著提升,让每一个太仓学子都能享有更加公平更高质量的教育。

集团化办学的新目标任务是:全市基础教育学校实现全覆盖,适度调整原有教育联盟框架体系,组建15个融合型中小学教育集团和6个幼教发展共同体。要求各教育集团充分放大现有名校示范辐射作用,提升教育质量,不断扩大优质教育资源辐射,实现管理共建、师资共配、研训共联、文化共育、资源共享、质量共升、发展共赢,建设成为面向社会提供优质教育服务,具有规模优势的现代化一流教育集团。

推进集团化办学的基本原则是:(1)坚持一体化共同发展原则。注重推动集团内学校在学校管理、教育教学、教师队伍、办学资源等方面的深度融合、紧密共享,建设一体共赢的学校发展共同体。(2)坚持融合中主动发展原则。注重激发集团内每一所学校主动发展的活力,尊重集团内每一所学校的办学传统和特色,推动学校间优势互补和发展互促,实现集团内各学校多样特色的协同发展。(3)坚持多样式逐步推进原则。注重考虑各区镇、各学校的实际情况,以教育发展需求和工作有效性为导向,因地制宜、循序渐进地组建各种类型的教育集团。

显然,太仓市推进集团化办学的指导思想正确、发展目标具体和基本原则合理,体现了国家提出的教育高质量发展要求,体现出创新驱动发展的新发展观。

根据上述基本要求,《实施方案》提出了七项举措,并对每项举措的内容进行了具体阐述。

太仓市集团化办学主要举措

1. 优化整体布局

一是建立教育集团。打破行政区域和学段办学体制壁垒,融通全市中小学校资源,整体优化集团布局。成立基于共同愿景的教育集团,推进校际互通交流,探索集团共创共赢路径;推动全学段贯通的试点改革,探索形成适用于学生"过渡期"的教育新机制。二是扩大集团规模。不断扩大教育集团规模,覆盖更多学校;吸纳新成员,适时成立新的教育集团。

2. 推进制度建设

教育集团负责制定本集团章程,明晰各方的责、权、利。牵头校长全面负责集团的组织运作与各项工作的管理和推动,各成员校负责本校事务,履行成员校义务,实现校际优势互补、资源共享和共同进步。教育集团建立并完善"五个一"工作制度①,形成集团建设的核心愿景和路线图,促进依法管理与持续发展。

3. 构建运行机制

集团建立扁平化管理体制,形成集体决策机制、权责共担机制和专业委员会咨询机制。各成员校共同开展智慧教育示范区建设,形成"信息化带动一体化"的现代学校管理模式。集团采取项目化管理方式。从行政指令式的条线管理走向任务指向性的项目管理,从垂直管理向扁平管理,从管人向管事转变。各教育集团确立项目管理主题,不断推进集团管理文化的融合创新。

---

① 即一个章程、一套管理制度、一个三年发展规划、一份学年工作计划、一个教科研攻关项目。

4. 盘活队伍资源

一是实行师资共享。推进"县管校聘"管理改革,探索建立"县市管、集团统、学校用"的教师管理机制。建立教师编制和岗位动态调整机制,推进集团内管理人员和骨干教师的交流,探索区域内学段间及高中教师柔性交流机制与推进校长(园长)职级制改革。

二是完善激励政策。提档升级"太仓教育人才计划",建立骨干教师评、建、管、用四位一体的机制。持续深化教育系统定岗特选招聘通道、学科竞赛指导名师特聘等引才机制改革。

三是探索集群培养。完善集团内师资培训机制,形成市级培训、集团培训、校本培训的教师培训新架构,使集团成为名校长名师名班主任孵化基地、骨干培育基地、新教师成长基地。实施校本研修支持计划,加强融沪对接,促进优质教育资源共建共享。

5. 课程教学一体

一是课程资源共享,集聚集团内各成员学校的课程资源,共同建设具有集团特点和地域特色的"活力课程"共开、共建、共享机制,以及开发学段衔接"桥梁"课程。二是强化教学共研,通过联合教研、科研团队建设,探索"市校通联"的机制创新,不断推进区域教育资源保护和质量整体提升。三是推进基于数据的评价,以数据驱动教与学方式转变。

6. 人才协同培养

探索实施幼、小、初、高衔接贯通人才培养机制。实施"飞天—志远项目"应用实验项目,开展"小学生良好品质培养"和初中"强校计划"工程,建立小学初贯通创新人才培养基地。探索艺术、体育、科技等特长学生的基础教育(初等、中等、高等教育)贯通培养模式。坚持五育并举,发展素质教育,积极培育活力教育品牌,构建适应时代需求又具有太仓特色的素质教育模式。组织选拔参与青少年创新人才培养计划,形成青少年科技创新项目的团队优势,建立基础教育与高等教育纵向衔接的拔尖创新后备人才培养体系和机制。

7. 抓实管理评价

优化常规管理,构建统一目标且兼顾不同成员校差异的新时代教学常规管理体系,实行集团校教育教学一体化管理。研制集团化办学评估指标体系,建立并完善集团考核评价制度。注重结果评价和增值评价、综合评价和特色评价相结合,推进捆绑式评价,提升以评估促发展的效益。牵头校总结提炼优秀管理经验和典型案例,促使成员校吸纳和改进本校管理制度,提升管理水平。

为了保障集团化办学实施,太仓市教育局成立以局长为组长,班子里其他成员为副组长,各科室(中心、工作组)负责人为成员的教育集团化办学工作领导小组,负责领导、统筹教育集团化办学工作。各教育集团也成立相应的工作领导小组,负责实施教育集团化办学具体工作。各领导小组适时召开有关集团化办学会议,重点解决集团化办学的疑难问题,切实将推进集团化办学作为扩大优质教育资源总量、促进教育高质量均衡发展的重要举措,并认真组织实施。

(三)实践经验

目前,太仓市集团化办学已经成为促进全市教育优质均衡、激发办学活力的重要举措,成为政社协同教育治理创新行动的重要方法之一,极大地促进了"活力教育"品牌的形成与提升。太仓市教育集团化办学成绩与经验得到媒体的广泛关注:2018年11月"文化融合与重构:城乡学校共同体建设的个案研究"研究成果在第四届全国教育创新公益博览会展出;《中国教育报》2019年7月24日以《助推区域教育优质均衡发展》为题,专题报道了太仓市教育联盟的实践与经验;2020年太仓市获评江苏省义务教育优质均衡发展县,全省仅有三名。太仓市实验小学的集团化办学经验成为江苏省学校集团化办学的五个典型样本之一,并在《江苏教育研究》上作为专题进行介绍,城乡学校共同体建设经验两度被刊载在《人民教育》上。尤其是,全国教育科学"十三五"规划2020年度教育部重点课题"政社协同视域下县域教育治理创新的行动研究"获得立项,为深化集团化办学提供了新的驱动力。纵观这些年太仓市推进教育集团化办学的探索,初步可以归纳出以下经验。

(1)基于"城乡一体""优质均衡"的顶层设计。太仓市坚持以习近平新时代中国特色社会主义思想为指导,紧扣建设"强富美高"新江苏和"六个高质量"发展要求,围绕"现代田园城、幸福金太仓"总目标,致力于实现"城乡一体、产城融合、城在田中、园在城中"美好景象。在"幸福金太仓"美好愿景下,太仓把"城乡一体""优质均衡"作为教育改革与发展的关键词,进行科学顶层设计,并出台《关于建设学校教育联盟,推动区域教育优势均衡发展的实施意见》,系统布局太仓基础教育优质均衡特色发展大局。在深化政社协同的探索上,推出政府部门、社会组织参与教育治理的"需求清单、供给清单、服务清单"三份清单,试行"清单式管理"规范进校园活动,为学校发展创设良好生态。同时,遵循教育发展规律,着力教育质量提升。太仓追求优质均衡,关注整体质量,强调"共生、共创、共赢"理念,在课程建设、教师发展、学生培养和管理能力等方面下功夫、做文章。

(2) 基于"美美与共""各美其美"的学校文化建设。探索建设教育集团的有效管理机制,实施理事会领导下、顾问指导下的理事长负责制,以"一会四中心"模式开展日常管理和运作,鼓励和支持各个联盟根据实际采用行之有效的方法;创生"文化认同、文化融合、文化重构、文化再生"发展阶段,把"差异"转化为"资源",推进学校教育的协同发展。

(3) 打造出"德育新时空",更好地落实了立德树人根本任务。教育联盟建设始终把立德树人放在首位,通过共同研讨、共同实践,形成合力育人机制。同时,推动"家校政社"协同,构筑"家校政社"四位一体德育工作体系,建立起家庭参与、学校组织、政府关心、社会合作的网络,让家庭亲子教育、学校校内外创意、政府各部门联动、社会金点子征集四大平台和资源共生共建共享,积极实践探索各具个性的德育品牌。此外,教育联盟把师德师能提高作为重要目标,充分利用联盟内资源,组织相关校本培训、研训、探究活动,更好地培育教师"敬业、爱岗、爱生、奉献"的职业精神,推进全员德育实施。

(4) 为"活力教育"建设打造课程载体。教育联盟从理念、意识、实施过程、评价考核诸方面入手,推进课程建设与管理,体现在将学科意识上升为课程意识、将关注学校下移到关注学生、将单一课程转变为多元课程,为学生自主发展、个性发展提供有结构、有特色的课程支持。同时,联盟着力于转变学习方式,聚焦深度课堂,积极探索构建"做、玩、探"学生自主学习模式。

(5) 打造出"多元群动"的教师成长新生态。太仓着眼于激活教师内动力,实施联盟内骨干教师柔性流动(互派)制度,建设有活力的教研训一体化制度,增加联盟黏合度;同时,探索"联盟+"机制,联盟"走出去"的新路径,为联盟教师的发展提供更大空间和更多机会。

三、社工进驻校园:教育新服务

学校社会工作是将社会工作的理论、方法及技巧运用于学校当中。近年来,太仓深入贯彻习近平总书记关于做好未成年人保护工作的重要指示，扎实推进未成年人保护体系建设，拓展学校社会工作新领域，引入专业社工力量参与学生管理服务。聚焦社会工作的个案、小组服务，搭建社会资源联校平台，进一步形成"家校政社"四者之间的良好互动；同时，积极构筑学生健康成长的和谐环境，使学生更好地适应当前与未来的生活。

（一）整体情况

2017年，太仓中专联合太仓市启航青少年事务发展中心在太仓市率先建立学校社工站试点。2020—2022年，太仓中专与启航中心常态化开展"青春作伴"项目。2023年，在市民政局、教育局的共同努力下，太仓市率先规模化推进学校社会工作，成为全省首个初高中校"一校一社工"全覆盖的城市。全市20所高中与初中学校建立"学校社会工作站"，教育局和民政局为这些学校的社工制作服务工具包，提供统一的身份牌、徽章、笔记本、工作服和文件袋。

为了打造一支具有较高理论素养、专业涵养、实践素养的学校社工队伍，太仓市民政局和市教育局依托华东理工大学和华东师范大学专业团队，结合学校社会工作发展实际需求，2023年2月启动太仓市学校社会工作适岗培训班，历时2.5个月，分社工实务和心理健康两个专题，完成对50名学员的培训，其中包括20名学校社工和30名社工储备人才。首批20名学校社工平均年龄32.7岁，研究生占比10%，具备教师职业资格证书人数占比30%，具备心理咨询师职业证书人数占比20%，具备社会工作职业资格证书人数占比35%。

2023年，太仓市民政局印发《太仓市岗位派遣社工绩效考核办法（试行）》和《太仓市学校社工项目购买服务经费使用管理规定》，太仓市教育局与民政局联合制定《关于明确学校社会工作年度服务内容和任务的通知》，提出"开展学生学习生活状况测评""开展专业咨询、个案和小组服务""开展社工课堂"和"开展综合性活动"等四方面任务，并具体规定了每项任务的要求、服务对象和服务内容。

太仓社工进校园的工作要求与特点有三方面：一是，教育系统与民政部门紧密协作，在政策制订、人员培育、工作衔接、资金保障上实现联动，为社工开展工作创造良好的平台和环境。二是，通过心理筛查、资源链接、个案管理等手段，解决未成年人的生活困境和心理障碍，在家校、师生、生生、亲子"关系场域"中解决痛点和难点问题。三是，明确驻校社工的职责和工作任务，理清学校社会工作与德育、心理健康教育和班级管理之间的关系,不断提升社工专业素养、综合素质及服务能力。

(二) 项目运行

"瑞翼飞扬,正向成长——太仓市学校社会工作发展项目"是太仓市创新社会工作服务重要成果之一。该项目通过"政社合作",采取"教育行政部门引导,学校开门,社会组织服务"的运营模式,创新性地将专业社会工作服务引入学校,以社工常态化驻校的形式,通过系统研究和设计,在学校层面构建了"多层次干预支持体系"(MTSS),缓解了学校育人中的"痛点",开创了家校社协同育人的新模式,丰富了教育治理的内涵。结合国际经验与本土需求,在学校层面构建了"发展(100%)—预防(15%)—干预(5%)"的多层次干预支持体系,即通过对全校学生(100%)的发展性服务,发现一部分(15%)处于困境边缘的学生并提供发展性支持服务,对其中一小部分(5%)已经处于困境中的学生实施密集精准干预。此项目的主要内容有以下几个方面。

(1) 预防性筛查与社会情感学习。社工运用系统性筛查量表,从健康、能力与归属感、外显行为、心理情绪、家庭、社会等6个维度对全校学生每半年进行一次筛查,建立了学生成长跟踪档案,评估学生的风险/保护因素。对于筛查出来的有潜在风险的学生,社工与班主任老师合作建立常态化跟踪监测并实施干预服务。在吸收国外相关研究成果的基础上,结合中国文化与教育的实际需求,实施以社会情感学习为内核、兼具本土特点的"瑞翼社会情感学习课程"校本课程,并根据服务需要研发了小学低年级、小学高年级、初中三个版本。

(2) 障碍学生干预与人员能力提升。针对有行为和情绪障碍的学生,设计并实施了"控制愤怒小精灵——冲动行为学生干预小组";针对有焦虑和抑郁情绪障碍的学生,设计并实施了"阳光彩虹,积极人生——积极情绪成长小组",通过认知行为治疗技术,帮助学生识别非理性认知导致的情绪困扰,建立积极认知,促进正面行为。借助工作坊让教师树立"问题"学生的理性认知,了解并理解孩子的"问题"行为产生的原因,和教师一起实践基于循证的课堂管理策略,以及应对学生偏差行为的方法,提升教师能力。此外,通过家长成长训练营,传播正确的亲职理念,为改善教养方式、亲子关系提供服务。通过帮助家长识别孩子存在的障碍并掌握有效方法和策略,从而提升家长的教养效能感,改善亲子关系。

(3) 个案管理服务。针对少数问题严重的学生,采取"个案管理"方式进行干预。首先对其进行行为功能、学校环境和家庭环境三方面评估,分析学生个人与环境存在的风险因素。在评估的基础上,通过与利益相关人的协调沟通,社工基于"最佳证据"制定个性化的服务干预方案,并将家长、教师、同辈伙伴纳入干预范畴,从而形成"个人＋环境"的干预维度。

2023年5月太仓市教育局就社工进驻学校进行专项调研。结果显示,各初高中高度重视,与社工积极对接,各项服务工作正常开展。一是聚焦社工服务宣传。通过线上线下多形式宣传,深入理解社工进驻及在校服务内容等,让学生愿意走进社工服务。二是保障社工服务阵地。各校社工与心理健康教师联合办公,心理健康教师发挥示范辐射作用,在心理健康教育方面带领社工学习和成长。三是服务社工适应期工作。各校心理健康教师带领社工开展心理测评、团辅、社工课堂等工作,帮助其快速适应学校工作。四是注重社工能力提升。制订工作计划,参与专项研修、沉浸式培训等活动,组织参加班主任、师德师风等培训,助力社工快速成长。

实践显示,太仓市将社工引入教育领域、进驻学校,取得了显著成效,具体表现为:一方面,丰富学校教育工作体系。太仓市通过实施驻校社工项目的形式,引导专业社工服务策略性地嵌入学校。通过建构完整的体系化的服务框架和有成效的实践服务,让学校了解并认可学校社会工作的专业价值,接纳驻校社工这一新兴职业,并主动将德育工作与社工服务相结合,创新德育工作的内涵。这一江苏省内创新性的常态化驻校社工服务项目,具有探索性和示范性。通过购买专业社会组织服务的创新模式,丰富了校社合作的内涵,是太仓市教育治理的创新性新成果。另一方面,提升了学校育人效果。在学校治理层面,通过全校性学生心理行为评估数据,学校能够更加全面地了解学生的发展现状,为学校管理层提供基于数据的决策依据。常态化的监测体系为学校及时发现困境学生提供了一个有效的渠道,学生也多了一层防护网。例如,在个案干预中,一所小学2021年度一共开案27人(行为障碍个案22人,情绪障碍5人)。经过社工进校干预,至当年底,有21人予以结案,即这些问题儿童回归正常行列,得到教师认可。

(三) 学校案例

2020年,"瑞翼飞扬,正向成长——太仓市学校社会工作发展项目"(简称"UP飞扬")正式入驻经贸小学。在推进此项社工进校园新型教育服务时,经贸小学积极开展了探索实践。

经贸小学在推进"UP飞扬"项目中,首先,努力推进内部革新,梳理各方职责。学校是枢纽,是主导者,应积极建构家、校、政、社多维教育体系,联接各方力量,促进教育和谐发展。其次,助力社工在校内有效角色的确立,让其充分发挥服务性、专业性功能,成为学校教育的辅导者、合作者、沟通协调者、中介人、资源整合者、"学生知心人"、个案辅导者和倡导者,弥补学校教育中缺失的角色。再者,进一步丰富教育的平台和路径。"家长学校大讲堂""家校幸福共同体""家校融合新样态""幸福成长"心育新模式的探索,心理咨询室全方位地开放,开发"家庭心育课程",成立"家校暖心小屋"公益中心等,都是社工进校园服务家庭教育的有益尝试,向家长普及了科学有效、更有温度的教育方法,推进了家庭教育实现从"课堂"到"课程"再到"课程化"的迭代升级,迈出了"四方协同"办教育内部革新的有力步伐。

2021年9月,"UP飞扬"社工组协同学校"阳光心育"项目组对全体学生进行了成长测评筛查。筛查采取书面问卷调查的形式进行,分别从学生健康、能力与归属感、外显行为、心理情绪、家庭和社会支持6个维度进行测评,此次筛查发现了普遍问题和个别相对严重个案,为学校、家庭和社工的干预介入提供了依据。根据调查数据统计,经贸小学学生在"能力与归属感"和"社会"这两个维度上的得分相对较低,尤其在"能力与归属感"维度上。对于学生群体出现的共性问题,学校、家庭、社会及政府机构多方力量通力合作,改善日常教育服务,提高相关维度指标。基于调查数据,社工项目团队为学校领导、教师、校外辅导员分析研判,制定解决方案,为更专业、更有效地解决问题指明了方向。项目团队分别在学校、年级、班级层面向家长反馈相关信息,并围绕专业知识、典型案例开展主题学习与讨论,组织优秀家长进行经验分享,全面提升家长专业素质和家庭教育水平。学校动员每一位家长积极呼应调查结果,家长主动与项目组社工保持密切联系,共同为学生提出指导和咨询。

当然,学校是整个方案推进的组织者与协调者。由校长室牵头,组织中层各科室与项目组对接并合作,组织班主任及各科任课教师全面接受项目组提供的相关培训和方法指导,统一思想,推进主题微行动:(1)各班级推进"阳光心语"活动,让语言焕发力量,营造积极、有爱的班级氛围;(2)开展"爱的拥抱""我为你点赞""你笑起来真好看"行动引导,让温暖的春风吹遍校园每一个角落;(3)开展"主题微晨会",如"Ta的优点我来说""我想对你说""遇到难题我这样做"等,潜移默化中转变着每一个学生;(4)开展"阳光微运动",如"阳光一小时""心育团辅课"等丰富多彩的课程活动,既锻炼了学生身体,又增加了学生团队意识和合作精神。

在一年的实践中,经贸小学四年级各班已初步完成近20课时"瑞翼社会情感学习课程",包括"情绪管理""问题解决""目标制定""共情能力""社交技能"五大模块,进一步提升了学生自我认知和自我管理能力,帮助学生建立起积极的人际关系和紧密的情感联结,培养了学生的社会意识和亲社会能力,构筑了学生抗击逆境的"元能力",为成功奠定素质基础。在二年级成立了针对有行为障碍学生的干预小组——"控制愤怒小精灵——行为障碍学生干预小组",通过系统训练,参与学生的行为能力有了显著提升,班级师生及家长给了积极的反馈。针对行为障碍学生的家长开展了成长训练营活动,从改善家长教养方式,改进家庭亲子关系角度实施干预服务。先后有11对父母全程参加成长营,参与课程学习,使教养能力获得了提升。项目组社工先后接收出现相对明显行为偏差和心理情绪障碍的学生36名,并对22名学生进行个别化、精细化的强干预。此外,社工与德育处协同,探秘名人的成功经验和做法,引导学生主动发现幸福、感受幸福,提升"'析秘自我反思与调控'幸福力";学习生涯体验课程,更加系统地了解不同职业,学习换位思考,调控职业理解,设定职业的目标及方向,提升"助思'自我反思与调控'幸福力"。

  经贸小学以"UP飞扬"社工进校园项目为抓手,全面贯彻"立德树人""五育并举"教育方针,积极促进家庭、学校、政府、社会"四方协同",创设"五位一体"良好教育环境,聚焦教育重心,为每一位经贸师生的幸福成长奠定了扎实基础,为探索新时代新型教育服务提供了实践样例。

  总之,太仓市立足学生健康成长和全面发展,将学校社会工作协同育人作为优服务、护成长、促发展的重要举措,充分发挥了学校社工"服务提供者、关系协调者、情感支持者、增力赋能者"的专业职能。太仓市民政局和教育局紧密合作,推动了学校社会工作从"岗位嵌入""项目社工"阶段向"全域推动"阶段发展。2023年投入300万元在全市20所初高中学校运行学校社会工作项目,在全省首创初高级中学"一校一社工"机制全覆盖,形成了具有太仓特色的学校社会工作协同育人新格局。

四、助力学校教育:全方位育人

  太仓市在推进多元主体参与教育治理的过程中,充分注重发挥多元主体的教育治理参与,而且注重挖掘这些主体直接参与教育活动的优势,以拓展学校教育活动,更好地培养出德智体美劳全面发展的时代新人。

（一）推进科技科普教育

近年来，太仓市按照"宜林则林，宜湿则湿"的原则，通过拆除长江堤岸沿线企业、加快绿化营造，修复改善长江生态环境；通过转变湿地公园管理模式，加强湿地公园建设管理，减少人类行为对动物和环境的影响；通过持续开展湿地生态修复，进一步提升全市湿地的生态质量，保护鸟类的生长环境。2021年4月15日，为迎接"爱鸟周"活动的到来，进一步加强对爱鸟护鸟知识的宣传，太仓市林业（蚕桑）站举办了题为"湿地生态与鸟类"的知识讲座。林业站工作人员、各镇（区）林技员，湿地村、湿地公园相关负责人共约50人参加了此次讲座。"爱鸟周"的主题是"爱鸟护鸟，万物和谐"，讲座紧紧围绕这个主题，通过对湿地生态与鸟类、太仓地区鸟类监测、太仓地区鸟类介绍与湿地公园生态建设和管理等四个方面知识的讲解，宣传湿地保护、爱鸟护鸟，传播生态文明理念，动员公众支持和参与鸟类及栖息地保护，营造爱鸟护鸟、生态保护、共建美好家园的浓厚氛围。

2021年在第52个世界地球日来临之际，为进一步传承环保理念，太仓市资源规划局赴双凤中心小学开展珍惜自然资源专题讲座，该校有180余名学生参加活动。活动中，市资源规划局工作人员为学生们送去宣传手册，并围绕温室效应增强、土地沙漠化、水资源污染、海洋生态危机、物种消失加剧、垃圾威胁人居环境等问题，以图文结合的形式，深入浅出地为学生们上了一堂保护环境、珍惜自然资源的课程，倡导学生们从小事做起，节约资源，积极参与植树造林等活动，收到了积极的社会成效。2021年市资源规划局还走进太仓市经贸小学，市资源规划局宣讲员介绍了"防灾减灾日"的由来及其背景和意义，围绕地球上的灾害、认识地质灾害、如何应对灾害等三个方面，讲解应对各类灾害及意外事故的方式方法，科普自救互救技能。讲课中还通过列举海啸灾难中英国小姑娘依靠知识成功应对的典型案例，强调安全意识的重要性。结合提问互动，促进学生提高安全意识、掌握安全知识、加强自我保护能力。同时，还发放防灾减灾科普宣传资料向在校师生普及防灾减灾知识，该校五年级200名师生参加了活动。

近几年来，市应急局把提高青少年防灾减灾意识作为宣传教育的重点，每年通过开展暑期主题教育活动，不断提升学生自我应对灾害风险的能力，并能够带动家庭重视安全、重视防灾减灾意识养成，活动受到基层村社区和家庭的普遍欢迎。2023太仓市应急局组织"红色娄城，安全夏日"暑期青少年防灾减灾主题教育活动，从7月8日开始至8月31日结束。分别在市妇女儿童活动中心和9个镇（区、街道）的24个村、社区组织实施，面对7至13岁的青少年开展54次课堂教育和32次课外实践及演练，全市约有 1 600 余名学生参加此次教育培训计划。教育培训主要包括五大项目：一是防患未然，培养青少年掌握电动车安全充电知识；二是防台避雷，提升青少年群体应对台风、雷电等气象灾害的能力；三是消防小卫士，进行消防演练和模拟逃生，激发青少年重视消防安全知识；四是情景模拟，通过急救知识讲解和模拟拨打120、119等情景，寓教于乐，提升自救能力；五是知识竞赛，引导青少年沉浸式体验掌握防灾自救知识，保护自身生命安全。

在政社协同理念引领下，科技馆支持太仓市朱棣文小学传承朱棣文先生"厚积薄发、追求卓越，探索发现、实践创造"的科学精神，与学校合作开发馆校科技教育课程，实现资源优势互补，有效整合学校育人作用和科技馆的教育功能。学校积极与科技馆开展合作，在共同愿景上组建课程开发共同体，主要包括学校科学教学、科技馆工作人员。由校长和科技馆馆长担任课程开发的主要决策人和负责人，负责课程的总体策划，宏观调控及全面地研究和实施。课程开发共同体成员主要负责构思并制订课程开发工作的总体规划，做好指导、研究、实施、评估等工作，做好课程实施的经验或成果的推广和应用。

馆校课程结合学校已有科技教育资源，基于科学课程标准，深入挖掘科技馆资源，通过实践探究、积极体验的方式，满足学生的不同需求，"让每一名学生'亲历科学'"。课程目标为：(1)学习鲜活、生动、具有情境性的科学知识。(2)在实践、操作、探究、考察中掌握基本的科学研究过程和方法。(3)培养对科学的浓厚兴趣，养成从小喜欢阅读科普读物、喜欢动手实践操作、善于观察和发现问题等良好的科学习惯，初步形成科学精神。课程分为聆听科学、对话科学、感受科学、触摸科学、探秘科学五个维度，分为必修、选修两种类型。学校与科技馆协作开展多类型的活动，如举办科普知识竞赛、开展科技馆"最强大脑"魔方比赛、科技讲解员进校授课等。将科技馆的科普活动与学校科普活动结合起来，激发学生热爱科学的热情，促进学生学的方式与教师教的方式的转变。

此外，太仓市明德小学作为世界著名实验物理学家吴健雄博士的母校，2018年设立了健雄少年科学院，以培养学生科技创新能力为重点，提升学生的科学素养，将学生培养成具有求是、创新、爱国、至善的吴健雄精神特质的优秀儿童。而健雄少年科学院在建设和运作过程中，充分体现了政社协同的机制，学校与研究机构、家庭、社区、高校、联盟校、企业全面合作，齐抓共管。

健雄少年科学院建设初期，学校与非营利性组织机构——太仓市吴健雄教育研究中心达成了齐抓共管的合作机制。吴健雄研究中心和科学院各自设立了"工作互联小组",每学期开展2次互联例会,研究相关工作。研究中心吸收少年科学院作为理事单位,吸纳少年科学院教师作为研究中心会员。每年双方共同组织1次科技教育研讨会。少年科学院进行课程的现场展示,汇编相关论文和课程资料,同时邀请专业学者来讲课和指导。吴健雄研究中心为健雄少年科学院提供了丰富的外部资源,包括师资培训、与高校合作、专家指导、科技夏令营,组织学生参观科技馆、参加科技赛事等。吴健雄研究中心也为少年科学院提供了资金资助,为健雄少年科学院评选出的小院士设立了奖学金。学校借助健雄少年科学院,利用高校技术资源共享,打造"STE少年科学院"课程群。第一类课程是"寻路课程",主要安排在低年级的科学课上,开展以科学知识与新技术普及为主的校本课程,以及在三年级的研学课上开展机器人校本探究课程。第二类课程是"登山课程",是面向中高年级学生开设的科技类课程。与中科院上海技术物理研究所太仓中心(太仓光电技术研究所)开展科技实验室互动课程,与太仓市科协馆馆校合作共建创新实验互动课堂。第三类课程为"高峰课程",主要是针对以科学与信息技术领域专业为志向的高年级学生的选修课程,包括创客项目、SCRATCH编程项目、STEM项目研究计划等。学校利用健雄少年科学院公众号每周推出精品科创微课程,聘请校内外专家为学有余力的学生开设科技公益演讲、授课等。总之,明德小学与健雄少年科学院在地方政府、教育部门、社区、社会团体,联盟学校以及相关企业的共同支持下,在学校发展与创新人才上取得了进展。

(二)健全未成年人保护

近年来,太仓市坚持以习近平新时代中国特色社会主义思想为指导,学习贯彻党的二十大精神,大力加强未成年人维权工作,建立了以太仓市青少年活动中心为主体的"四位一体"青少年权益保护实践模式,扎实推进新时代未成年人权益保护工作的高质量发展。

在太仓市青少年活动中心一楼、二楼设立"太仓市青春维权港湾",建筑面积达390平方米。它以《全国维护青少年权益岗创建管理办法》为准则,充分发挥校外教育的职能优势,深入贯彻落实有关青少年权益保护的法律、法规,开展各类维权服务活动,不断优化青少年的成长环境,有效建立了兼顾保护性和发展性的工作常态,形成了"家政校社"一体化建设,推进了青少年思想道德、心理健康、行为矫正、法治安全教育等四大板块的权益维护内容,做好了未成年人心理健康教育、家庭教育指导、社工帮困志愿服务、校外教育优质培育等维权工作。

太仓市青少年活动中心建立"创建全国维护青少年权益岗"工作专班,配套心理健康、家庭教育、社工联、校外活动四个青少年权益维护工作小组。每年制订工作计划和分组计划,定期组织召开工作会议,研究维权工作领域的热点难点问题。制定出台《太仓市青少年活动中心维护青少年权益三年行动实施方案》,在内涵建设、硬件与软件投入、师资与队伍培育等方面进行顶层设计,提供政策和行动保障。同时,以"太仓市青春维权港湾"为服务总站,对青少年活动中心各乡镇分部进行分站孵化,进一步扩大青少年权益保护阵地,依托国家级心理咨询师、社会工作者、志愿者、辅导员、专家学者"五方力量",围绕重点、困境以及其他青少年群体,提供心理咨询、家庭教育指导、法治教育、生命安全防护等项目化精准服务,努力形成线下服务升级、线上空间延伸的关护港湾。

太仓市青少年活动中心发挥中心在心理健康、家庭教育、校外教育等方面的专业优势,联动社工专业组织力量,落实校内外青少年的权益保障,创设家庭教育、心理健康、社工服务与校外教育"四位一体"融合路径,织密青少年权益保护网。具体为:(1)在心理健康教育上,发挥心理咨询热线服务作用,做好来电来访青少年的心理咨询和辅导工作,一人一档,定期开展大数据监控和分析,为上级部门决策提供科学依据。推进未成年人心理健康教育讲座、团体辅导、现场咨询进校园、进社区、进农村等公益活动,形成月月有活动、周周进基层的机制;落实危机干预制度,根据不同阶段学生心理危机成因和特点,科学、精准地实施心理健康危机干预,防范未成年人因心理问题意外死亡。(2)在聚焦家庭教育指导上,聘请优秀的家庭教育指导师担任中小学家庭教育讲师团成员,常态化开展专业性的家庭教育指导、家教交流会或研讨会,每年更新家庭教育资源库课程,创建期间优秀课程数量争取翻一倍;建设"青少年立体关护家庭教育公益指导项目",接听家长和未成年人关于考前减压、亲子沟通、未成年人保护等家教和维权咨询,提供优质的家庭教育和维权指导。(3)在联动社工组织力量上,面向社会动态招募优秀团队组建"社工联",以驻校形式开展学生的情绪管理、危机干预、行为矫正等维权和保护工作。2023年底实现了全市20所初高中建立学校社工站,做好校内青少年维权工作,落实信息档案、问题评估报告、个案服务记录规范存档。(4)在校外教育活动上,充分发挥校外教育的职能优势,以"成长频道"校外德育平台,以及社团活动、公益课程等形式,定期面向青少年开展未成年人保护法、预防未成年人犯罪法等普法教育,开展丰富的生命安全、思想道德、兴趣特长等活动,实现活动育人,让太仓市青春维权港湾成为青少年的成长乐园和关爱驿站。

此外,太仓青少年活动中心有效链接儿童权益保护部门、医疗机构、政府平台等各类社会资源,探索搭建集热线咨询、服务链接、公益服务等的一站式维权服务平台,在未保宣传、维权工作、服务转介、资源链接上打造基层关爱服务阵地互联共享新模式,不断为校外"青春维权专列"提速,实现青少年权益保护工作的太仓速度和温度。具体的保障措施有:(1)成立工作专班和四个工作小组,把维护青少年合法权益工作成效列入单位绩效考核,完善相关工作制度,探索创新机制,保障创建工作有目标、有监管、有评价、有反馈。(2)每年做好专项资金规划,联合市教育局、文明办、团市委、民政等单位每年投入100万以上项目经费,对场所设备予以更新维护,用于"四位一体"的项目建设、数据库服务、会议培训等,做好资金使用效益评价。(3)建立安全工作制度和工作预案,责任落实到部门和个人。针对遇到的突发性、严重性侵权案例,第一时间上报上级组织,启动由儿童工作者、律师、法官、检察官、医生和心理咨询师等构成的"干预智囊"团队,共同商讨制定干预方案,实现一案一议。(4)注重宣传,依托江苏成长频道、苏州日报、江苏少先队等公众平台,推介宣传中心在未成年人保护方面的各类活动和成果,力争在全国范围产生影响力和辐射度。

"太仓市青春维权港湾"已形成家庭教育精品课程资源库,已有家庭教育精品课程120节,设立的心理热线每年提供咨询、接待、培训服务约3万人次,服务与指导实现全市覆盖,成为了维护青少年权益工作的特色示范点,为全市青少年健康、安全成长夯实了基础。"四位一体"的维权课程、维权活动、维权项目已经覆盖全市11万名青少年,帮助他们建立良好的家庭关系,保持阳光健康的身心状态,学会保护和争取自身合法权益,在"青春维权号专列"的引领下一路成长与前行。

(三)优化学校周边环境

校园环境是影响学校教育教学秩序的重要因素,为此,太仓市教育局联合市城管局,对校园周边市容开展联合整治和常态化维护,全力保障学校正常的教育教学秩序,为学生的健康安全创造良好环境。在新学期开学之初,为进一步优化校园环境,规范学校周边市容环境秩序,市城管局提前谋划、综合整治、巡守结合、长效治理等多措并举,深入开展校园周边市容环境综合整治工作,全力为广大师生、家长送上开学"护航大礼包"。

市城管局注重强化与校园齐抓共管,主动加强和校方沟通联系,做好校园内外城市治理工作衔接,维护校园周边秩序,共同保障孩子上学、放学安全。建立多方沟通机制,对校园周边市容秩序重难点问题及时点对点研究,定时限攻破。同时向校园周边商家、学生、家长宣传城市管理法律法规,积极倡导广大市民群众主动参与到校园周边环境整治工作中来,共同抵制违法违规和不文明行为,形成城管、学校、商户、学生家庭齐抓共管的良好局面。

　　例如,2022年9月开学之初,太仓市教育与城管局结合高标准创建全国文明典范城市工作要求,针对市区南园路中小学校周边集中开展了市容环境综合整治行动。重点对校园周边非机动车乱停放、占道经营、擅自摆摊设点、非法小广告、私拉乱挂、飞线充电等市容秩序不到位问题,生活垃圾分类不规范、垃圾清运不及时、桶表地面不干净等卫生管理不到位问题进行专项整治。在这次专项整治中共查处占道经营5起、违规散发广告3起、机动车违停19辆次,取得良好整治效果。同时,针对南园路几所学校周边200米范围内易发多发的违法行为,市城管局加大巡查整治力度,实行长效常态管控,严防乱象回潮。实施落实定人、定点、定时、定责管理,对上学、放学时段进行市容管控,力求消除流动摊点、占道经营等违规行为。同时成立机动巡查小组,对定点人员无法解决的疑难问题开展集中整治,确保消除校园周边安全隐患,规范道路秩序,提升市容市貌。

第七章　政社协同教育治理的学校行动

太仓市实施"政社协同教育治理创新行动"不只是在县域层面开展,而且也组织县域内各级各类学校参与,将"政社协同"教育治理思想引入到学校发展与学校内部治理之中。这里选择一些具有代表性的典型案例,介绍这些学校在推进政社协同教育治理行动中所取得的阶段性成果。

一、推进创新人才培养

推进政社协同教育治理创新行动的最终目标在于促进教育高质量发展,在于不断提高学校人才培养质量,在于培养更多优秀人才、创新人才和拔尖人才。

太仓高级中学是由太仓市教育局主管的一所高级中学,是江苏省重点高级中学、江苏省"国家级示范高级中学"、江苏省四星级普通高级中学;同时,也是新教师培养基地、全国中学生基础学科创新能力大赛人才培养基地、第一届全国创新数学大赛人才培养基地、苏派名校联盟学校、江苏省 STEM 教育项目试点学校、江苏省第三批省级教师发展示范基地。学校积极参与"政社协同教育治理创新行动",有力推进了学校教育中创新人才的培养。

(一) 提升人才培养认识

学校基于国家对培养拔尖创新人才的重视,结合学校办学方向,着力加强对人才培养内涵的全面认识,提出了着重培养学生的创新精神、创新思维、科学素养、人文素养和领袖气质等五方面要求。(1) 培养学生"自由的意志,高尚的品格",特别重视以下三个方面:一是培养学生高度的社会责任感和不懈追求真理的科学品质。二是培养学生接受失败,敢冒风险的科学精神。三是培养学生执着、严谨的学风和善于协作的治学品质。(2)培养学生的创新思维:一是独立思考、自由表达的思维习惯;二是批判性思维;三是丰富的想象力;四是科学方法和学会学习;五是广阔的知识背景,学科知识的交叉融合往往在某个时候会组合起来形成新想法、新思路。(3)培养学生的人文精神:对一种全面发展的理想人格的肯定和塑造,重视人文学科教育,体现为对人的尊严、价值、命运的维护、追求和关切,以及对人类遗留下来的各种精神文化现象的高度珍视。(4)培养学生的领袖气质:具有好奇心,容忍不确定性;具有终身学习的习惯;具有社会责任感,对自己的行为负责;具有参与社会活动的能力,回报社会的意识;具有领导能力、文化意识和国际视野。

基于上述认识,学校首先立足区域实施人才培养。学校与区域"活力教育"的教学理念和步骤保持一致,确立"五育并举"下的课堂教学改革重点并深化"活力课堂"基本理念。在承接区域理念的基础上,传承发扬学校"让教学成为一种研究"的教学主张,聚焦"三新",提升课堂教学质量,以严谨求实的态度助力学校教育教学的高品质发展。同时,学校与垂直学校有效衔接,打通小学、初中和高中之间的壁垒,建立沟通的桥梁,围绕"培养怎样的人"制订长期教育计划,做好小学、初中和高中的有效衔接,使得教学资源得到最大化的利用。其次,利用区域深化人才培养。学校在推进国家课程的基础上,寻求校本课程的创新与发展,推进国家课程的校本实施,贯彻研究性教学方式。通过开展"专家进校园"等一系列科普活动,培养学生正确的科学价值观念与科学探索精神。利用太仓地理位置的优势,引进西北工业大学长三角研究院的优秀师资以及科技力量,邀请西北工业大学的师生来给学校学生开设普惠类的 STEM 课程。与西北工业大学全面展开合作,开展了"飞天—志远"科技特色课程、空天地海课程,增强学生创新能力和科学兴趣的培养。与南京大学合作,邀请多位两院院士和学术"大牛",参与建设"科学之光"项目,开设系列通识课程。由南京大学的地球科学与工程学院、电子科学与工程学院、现代工程与应用科学学院、天文与空间科学学院、物理学院等 5 个学院各开发 1 门课程,每门课程瞄准未来,围绕最前沿的科学研究,主要由两院院士领衔,学科带头人、高水平教师等组成教学团队。如此,落实五育并举,拓展学生发展空间,构建层级完善的课程体系,开设更加丰富多彩的综合实践课程,全面提高学生综合素质。最后,走出区域丰富人才培养。寒暑假期间,学校组织学生参加综合素质拓展体验活动,如参加浙江大学主办的机器人夏令营以及和西北工业大学共同主办的"空中无人机暑期营"等项目活动,让学生在营地课程中开拓技术视野、提升实践能力、探索未来科技,感受科学,体会动手与创新的乐趣。

(二) 校院协同人才培养

在教育管理创新、德育有效融合、课程开发实践等方面开展创新探索。第一,教育管理创新。项目部与太仓市内纵向联盟学校以及横向的省内兄弟学校信息共享,交流拔尖创新人才的管理、教育教学等方面的做法与经验,共同谋划发展之路。第二,德育有效融合。完善"拔尖创新人才培养"的德育常规养成,全面提升核心素养;注重学生文明素养的提高,注重环境育人,注重主题教育活动实效性;加强学生会干部培养,打造精品大社团,促进学生德智体美劳"五育"融合发展。第三,课程开发实践。拔尖创新人才的培养关键在于课程的开发,项目部的课程目标是:培养"面向未来的杰出人才",着重培养学生的高尚品格、创新思维、人文精神和领袖气质,分别开发志远课程、智创课程、雅正课程和具身课程。主要以太仓本土文化为载体,充分挖掘太仓城市精神,即根植历史、体现现实、引领未来。此外,开设竞赛类以及开发制作类的项目学习课程。如联合中国科学院上海技术物理研究所,选拔学生参加青少年科技创新大赛,鼓励学生自主构思课题,通过小组合作完成开题报告并顺利结题。学生通过参加科技创新活动比赛,能够体验到基本真实的科学探究及科研开发,并能进行较高层次的科技制作与开发。加大力度引领和培养学生参加五大奥林匹克学科竞赛、全国青少年科技创新大赛、全国电脑制作大赛、全国服务机器人大赛、全国青少年无人机大赛、DI上海青少年创新思维竞赛等科技类竞赛。

(三) 家校协同开展育人

学校以班级、年级、学校三级家委会为抓手,引导家长注重家庭、注重家教、注重家风,营造积极向上的育人氛围。学生发展指导中心负责开展系列家庭教育工作,各年级每月在阶段性质量检测后召开线下或线上家长会,开展主题"讲座"交流,又称为"家长进课堂"活动。联合校党委各支部在学苑社区服务中心以座谈会的形式,联动开展"家校互助·服务行"活动。邀请学校心理教师做有关"亲子沟通的技巧与方法"的讲座,并与家长代表就亲子沟通方面存在的问题进行交流和探讨。积极开展"家长进课堂"活动,家长从自身成长角度和孩子分享:(1) 高中阶段或求学阶段某次重要的经历和感悟;(2) 工作中某段重要的经历或奋斗历程和感悟;(3) 现在从事的职业介绍和工作的主要内容介绍,需要具备的技能有哪些,对口的专业是什么。或者,从社会环境角度和孩子分享：(1)本单位的情况和其他职业,可以播放一些公司或乡镇的宣传片；(2)自己小时候上学的情况和家乡的巨大变化；(3)对未来某个领域或行业的发展趋势的认识,以及对学生的建议。通过系列活动,凝聚"家、校、社"合力,切实帮助家长了解孩子存在的问题以及找到解决问题的方法。

(四) 校际协同共同发展

学校认为,学校发展需要加强校际协同,促进交流互鉴,实现大区域整体发展。为此,学校注重两方面,一方面是"身体力行",营造区域良好的文化和生态。开展系列回馈和互动活动,如开展对外支教活动：每年的学雷锋日,具有科创类特长的教师前往三港小学支教,为学生送去手工制作课、宇宙天体课等不同课例,开阔了他们的人文视野、科技视野；前往新疆克州、贵州玉屏、陕西周至等地区支教交流,带动区域教育理念和治理方法的传播,营造更宏观的互助、互动、互长的文化和生态。另一方面是"敞开大门",吸引全国同行过来取经交流。学校课程特色鲜明,凭借培养学生科学素养的先进经验,吸引全国各地的同行前来交流。苏州实验中学、贵州玉屏教育代表团、陕西周至教育代表团等多次来学校课程基地和创新实验室考察学习。学校在保持传统优势的基础上,良好地展示了学校的独特风貌,彰显了学校的高质量发展和高品质的育人文化,对本地区的教育发挥了良好的引领作用。依托新的区域体制,学校充分发挥辐射引领作用,影响和带动区域教育治理水平更快、更好地发展。

二、变革学校管理机制

太仓市政社协同教育治理创新行动对学校制度与学校治理提出了新要求,各学校按照市教育局要求,开展了学校内部治理结构与运行的改革探索。这里以太仓第一中学为例,介绍学校在变革学校管理机制方面的实践探索及成效。

太仓第一中学(简称"太仓一中")是一所百年名校,具有悠久的办学传统与学校文化。在完善现代学校治理体系建设的过程中,主动地从"管理"走向"治理",对内依托"中心制"改进内部管理机制,以"政社协同"为理念开展协同育人工作,推进学校治理现代化与学校高质量发展。

（一）重组内部组织结构

按照政社协同的教育治理要求，立足学校工作管理实际，积极利用组织管理机制变革促使学校管理向科学化、制度化、规范化、自主化转变。在"政社协同"引领下，学校以问题为驱动，以项目化为途径，改革学校内部治理机制，努力构建具有扁平化、项目化、服务化特征的内部治理机制，发挥政府、学校、教师、学生、家长、社会多方协同作用，让多元主体有效参与到学校治理工作中，提高育人实效。具体表现为以下方面。

2021年以来，学校将原有的各处室管理部门重组，建立了六大中心的"中心制"，即校长室下设党政事务中心、课程与教学管理中心、学生发展指导中心、教师专业发展中心、信息和装备保障中心、后勤保障中心等六个管理部门，缩减组织结构层次，减少管理环节。一方面，以六大中心为抓手，对内改革学校内部治理机制，努力构建具有扁平化、项目化、服务化特征的内部治理机制，从而进一步激发学校主体的积极性，培育科学、民主、人文、开放的学校氛围，从而为政社协同治理打好基础。另一方面，以协同治理为理念，主动打破校园藩篱，发挥政府、学校、教师、学生、家长、社会多方协同作用，让多元主体有效参与到学校治理工作中，提升管理的科学性、民主性，发挥更好的育人功能。

"六大中心"不是简单的更名，而是学校内部治理机制的变革和创新。学校对六大中心的人员配备、工作职责、工作模式等进行了实践性探索。在人员配备上，结合学校发展的实际需求，经学校商议研究、市委教育工委审核，各中心均配备1名中心主任与1—3名中心副主任，同时配备助理；在工作职责上，各中心的工作内容围绕"服务"这一宗旨，分别从党建、课程、教师、学生、装备、后勤六个方面明确具体工作范围与要求，帮助各中心转型；在工作模式上，除了传统的从上而下的工作布置，更多的是通过"项目组"建设，让各中心围绕重点工作集思广益、协同合作。校内机构的优化改革使管理结构更为合理，各中心权责明晰，能够灵活运转，高效开展工作，使学校管理体制更加符合人才成长规律、更能促进人的全面发展，推进教育高质量发展。

学校在作重要决策以及解决育人难题的过程中，首先由相关中心广泛调查并设定预案，明确主体及相关职责，进而组建专门项目组。如果涉及校外组织及个人，由相关中心主动联系、邀请。然后，校内外多方民主研讨、密切配合、攻克难题，实现协同治理，达到服务目的。例如，面对困扰学校多年的相关路段上下学期间车流拥堵的问题，2021年11月校党政事务中心牵头开展专项治理工作。中心面向社会开展问卷调查，制定初步方案，主动联系太仓市公安局交警大队城厢中队、学校家委会等，三方多次召开研讨会议,组建"门口治理"项目组,研究部署文明交通整改方案,形成《太仓市第一中学交通拥堵处理办法》《太仓市第一中学交通管理方案》。在交通整改行动中,市文明办、教育局多次实地调研;学校优化出门通道,做好安全宣传;交警学习"宿迁模式",绘制停车点位;学生、家长配合执行,并主动担任志愿者;执法局依法查处,积极疏导……有效缓解了家长接送学生难的难题,促进了学生、家长文明意识的提升,受到社会、广大家长的广泛认可。协同共治真正服务了广大学生和家长。

2023年1月起,学校成为全市教育系统第一家党组织领导的校长负责制改革试点单位,积极履行学校党组织把方向、管大局、做决策、抓班子、带队伍、保落实的领导职责。目前六大中心下设有21个项目部(如图7-1),邀请普通老师担任项目负责人,共同制定项目建设方案。学校逐步形成党组织领导的"校长负责制＋项目部管理"的政社协同视域下学校管理机构初步形态。

(二) 优化学生管理制度

在协同治理理念下,学校优化了学生管理制度及其运行。"学生发展指导中心"的工作内容是面对学生发展现状与需求,以项以目化方式组建应对小组,再对外寻求专业机构的帮助,从而形成具有科学性、专业性的工作方案。在此过程中,做到充分尊重学生、鼓励学生参与到学校治理中。

在校内充分发挥学生民主自治作用,让学生成为学校的主人。2021年,学校以志愿者的形式招募志愿服务学校的学生,成立"学生自管会",自管会成员每天对各班室内外卫生、大课间活动、眼保健操等常规管理进行评价,形成良好的评价激励制度。学校以自管会为抓手,以制度的执行保障教育的落实。

积极完善三级家委会工作机制。2021年启动了"肩并肩 共成长——阳光伙伴齐步行动",成立了学生"阳光心理"项目组,成员包括中心成员、各班主任、校心理教师、家委会成员、各班心理委员及校外心理专家团队。学校定期邀请市内外专业心理团队来校开展拓展培训活动,提升学生有关心理健康的专业知识;在专家团队的支持下,学校组建起同质家长学习共同体,通过有针对性地解决家庭教育中遇到的共性问题,整体提高家长的家庭教育能力;部分学有所长、术有专攻的家长志愿者来校为学生开设讲堂,通过家长现身说法,潜移默化地帮助学生提高对理想信念的追求,培养学生健康阳光的心态;校心理教师通过心理健康课程普及宣传心理健康知识,开展个性辅导;各班主任、各班心理委员实时关心好班级同学。

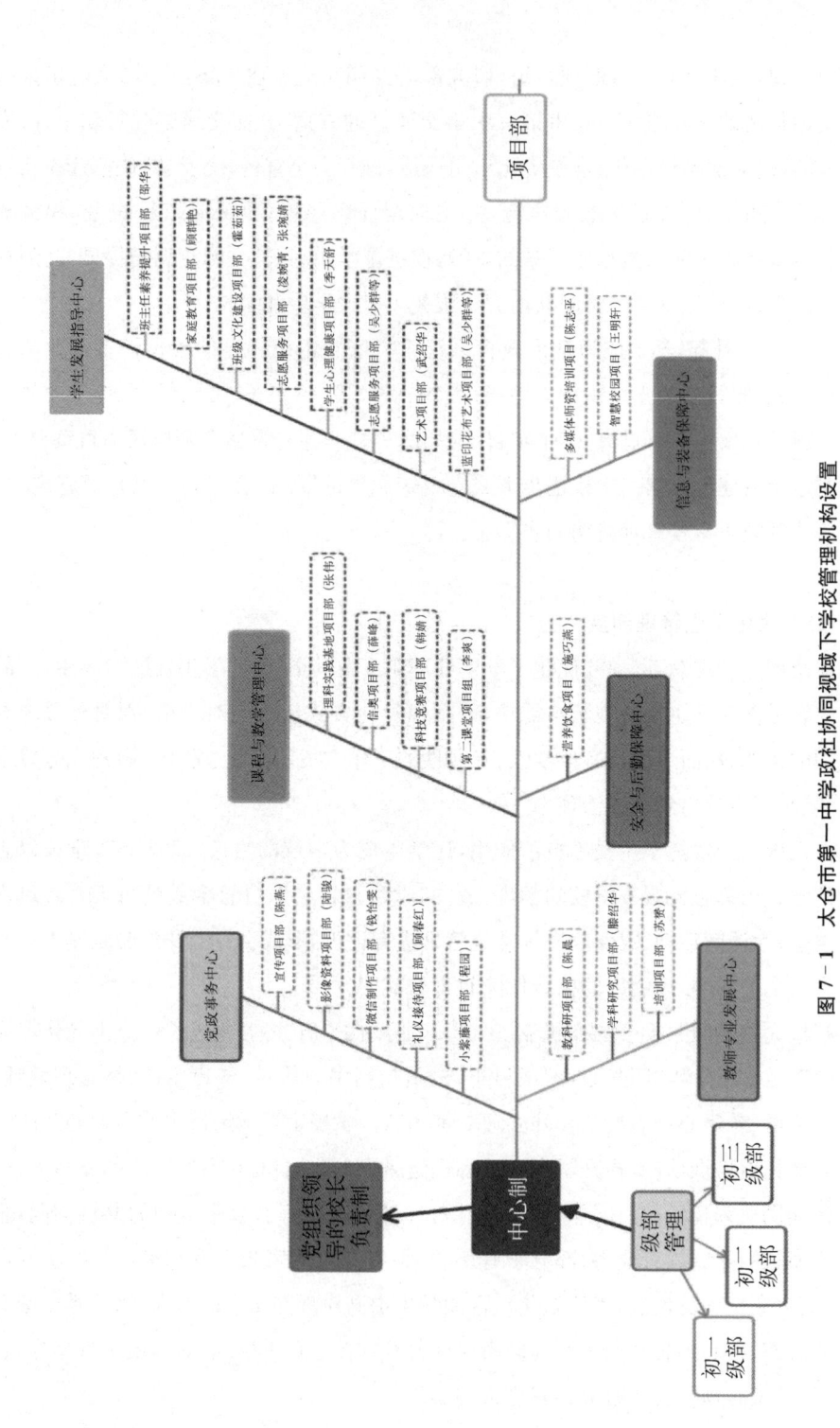

图 7-1 太仓市第一中学政社协同视域下学校管理机构设置

2023年3月,"阳光心理"项目升级为"家校援助中心"项目,包括种子家长·科学养育、种子导师·科学教育、种子政社·科学同育三个子项目,充分调动政社红色力量。从学区到社区,从社区到地区,把有助于青少年健康成长的资源整合起来,把与青少年健康成长息息相关的元素组合起来,让青少年在全社会的共同关注、特殊保护中实现外部教育与自我教育充分融合,引导青少年向美向善。近期,学校将组成以政府、企业、社会组织、家长、学校负责人为代表的学区工作委员会,为青少年成长的热点、难点问题共商对策,为青少年走入社会参与各种实践提供平台。

(三)改进教学管理运作

学校"课程与教学管理中心"以发展学生学业、提升学生素养为宗旨,协同科任教师和校外专业组织,通过建设项目组,积极开发教学资源,提升教学管理实效。

自2021年9月"双减"工作实施以来,中心积极开展课后服务课程研究,组建"双减"落地项目组,针对三个年级的不同情况开展工作。中心按照"调查摸底——家长申请——学校审核——常态化服务"的路径分4大类课程有序开展,在兼顾学生自主学习和教师答疑的同时进一步优化课程设置,分时、分点稳步推进:开设学科拓展课程,以相关学科备课组为单位,创学科特色课程;开设融创课程,与东南大学、西北工业大学研究生院等单位合作,采用"一课双师"模式,聘请校外专家来校授课;开设40个社团活动课程,分"紫藤文化""紫藤艺术""紫藤科技""紫藤健体"四大类;开设节日嘉年华系列活动,如足球联赛、体育节、英语节、艺术节、阅读节和科技节活动等。落实《家校联系册》,通过作业公示、家长签名、班主任评价等方式,及时了解各班作业与学生学习状态,主动出击做好"双减"背景下的家校联系工作。通过多方密切配合,学校"双减"工作发挥实效,得到家长们的认可。

(四)丰富教师管理方式

学校"教师专业发展中心"本着"服务每一位教师成长"的理念,开展"文治教师"团队建设工作,聘请校外专业导师团队,通过学科研究项目组、青年教师发展项目组两类项目组开展工作。在项目组导师指导下,项目组成员共同寻找教育教学中的真问题,制定切实可行的发展方案,进而以读书学习、专题讲座、课堂诊断、教学研讨、课题研究等活动形式,群策群力、共同研究、破解问题。

2021年9月,通过问卷、访谈等形式做好全体青年教师、骨干教师的专业发展摸底工作，帮助教师们明确现状，找到最近发展区。在教师自愿的基础上，中心招募学校部分"卓越教师"为项目领衔人，由领衔人负责自主开发学科发展项目，组建项目组团队，吸纳有发展意愿的学科教师共同参与到项目研究中，让教师们在项目化、体验式的团队研训中提升专业发展，全校97位老师自愿加入工作组。学校聘请省内名师名家担任导师，定期到校进行专业指导。2022年1月，学校进行学科项目发布会，学科项目研究工作正式启动，项目组专家讲座、课堂观察、读书学习、论文写作等工作全面启动。教师专业发展中心改变了以往单方驱动的教师发展模式，转为合作互助的双向流动模式，有效激发了教师的自主性、积极性，促进了教师团队的整体提升。

三、打造区域教育特色

太仓市着力打造"活力教育"，推进政社协同教育治理创新行动，关键的是要体现太仓市自身的特点、特征和特色，需要建设好太仓市人民满意的高质量教育，打造具有太仓特色的教育现代化。为此，太仓市鼓励每所学校结合自身情况，提出打造"一校一品"的学校发展战略，以展现教育治理创新行动的实际效果。实践中，这种改革发展思路已经初见成效，这里以太仓市港口开发区第一小学（简称"港区一小"）为例，介绍该校在太仓市政社协同教育治理创新行动带领下取得的成果。

（一）更新办学的思想认识

学校地处太仓港，但在以往的办学实践中，学校办学中缺少政社协同、家校社协同等思想，没有充分意识到学校所在区域"太仓港"本身就是一种教育资源和学校办学优势；在实践中学校与马北社区、茜泾社区、新港社区等有教育合作共建项目，但共建活动主题不明确，方式比较随意，学校和社区双方的认识还不够一致，尤其是对区域内人力资源和环境资源等在学校教育教学上的应用不系统、不突出。学校办学没有体现出乡土性、创新性和特色性，也就是学校在教育教学中没有将教育与生活、生产有机结合，导致学生学习兴趣和学校成绩的不理想，学生家长及其社区等对学校的满意度不够。尤其是，学校生源中随迁子女占到学校学生总数的80%以上，学校教学存在忽略这些学生融入的问题。

在全市实施政社协同教育治理创新行动中，学校认识到，政社协同实践育人意味着政府、社会、企业、学校等育人各要素共同参与到人才培养中,要充分发挥各要素之间优势互补、协调配合、资源共享;对于学校而言,要注重与政府、社会、企业、高校等各方合作联动,形成教育合力。为此,学校提出并探索立足区域(太仓港)彰显港口情韵特色的改革发展方向,明确提出港口情韵教育的办学理念与思想,并付诸学校发展行动实践。

一方面,关注儿童的生活环境,从儿童生活常见事物中选取课程内容展开情韵教育,及时连接儿童生活经验,引起儿童情感共鸣;让儿童更加了解自己生活的环境区域,感受区域历史文化及发展变化,培养学生爱家乡、爱祖国的情感及归属感;利用长江的水资源、生态资源等,对儿童进行环保教育、科学素养教育;利用本地农民画、麦秆画、昆曲、渔网编织等,为儿童的美育教育提供资源支持。另一方面,按照政社协同要求,学校充分利用政府、高校、社会、企业等多方面资源,发挥各方优势,实施港口情韵教育,拓展教育教学新思路,将第一课堂教学活动延伸到第二课堂实践探索活动中,将课堂育人与社会育人相结合;提高学生综合素养,提升学生适应社会的能力及社会责任感,增强学生的知识水平和创新能力。

(二) 促进家校社教育联动

在实施港口情韵教育的过程中,学校创建家校社协作育人体系,在家校社充分协商基础上制定育人方案,实施以"共识点"为主题的育人行动实践。学校运用港区地域具有乡土特色的民俗风情、航海活动等丰富学校课程与教学,通过组织学生参与社区花园建设和走进传统古村落,引导儿童树立有关乡土的人文认知、交往方式和社会网络等意识,培育学生参与社会实践的能力。引导家庭开展情感构建、意志培养、文化传承等相关教育,利用江南水乡特有的婚嫁、节庆、生活习俗、饮食习惯、语言等营造港口情韵文化氛围,尤其是家长言传身教培养孩子对港口情韵文化的兴趣和知识。港口情韵教育最重要的地方在于促进学生正确态度的养成,促进学生更好地学习科学文化知识、提高意志力及判断能力,不断提升自身的综合素质。总之,学校以实施港口情韵教育为抓手,聚合政府、社会、家庭、学校等各方力量,全面提升学校办学质量,促进全体学生全面发展。

学校与社区成立"校社共建"社科科普基地,便于学生参与社区建设,为学生提供实践活动的机会。浮桥镇、港区政府通过政策调节,动员社会各界通过资金捐赠、开放工作场所或提供工作用具等方式参与到港口情韵教育中;港区一小与玖龙纸业、郑和公园、海事局等单位建设成"港口情韵教育"实施共同体;联结港区各行业企业构建职业体验基地;整合郑和七下西洋航线和太仓港航线构建海上丝绸之路基地;整合郑和公园和太仓博物馆教育资源构建港城文化体验基地。

港区一小与南京卓师教育咨询公司签署了港口情韵教育项目实施合同,与南京益正贤教育科技有限公司签订了港口情韵教育的教师培训协议,在各级专家和教授的指导下,设计港口情韵教育的各个课程;整合社区专家、民间艺人、高校专家、学生家长构建领航人力资源;同时由学校教师、社区工作者、消防员、警察、各企业专业人士组建了一支港口情韵教育指导员团队。在政府、社区、企业、家长、学校的参与氛围中,学生走进生活学习的机会变多,乡土文化自信、学习能力和个人信念也逐步增强。

学校还利用社区和社会的空间资源,设计江南水乡文化墙,制作、放置江南山水景观,走进港口,制作港口微缩景观,让孩子走进生活空间,体验港口情韵传达的江南水乡情韵,表达对自己乡土情韵的理解。

(三)创建协同育人的机制

在探索协同育人教育实践活动中,学校基于家庭、学校、社会以及政府等各自的教育优势与参与情况,不断调整和优化合作中的功能定位与分工责任,逐步理顺了家庭、学校、社会和政府参与学校发展的关系与方式,这就是学校协同育人机制,如图7-2所示。

实践中,在政府支持下学校设立"家校社共育站",以此推动家庭、社会的资源参与到学校发展中。学校采取定点合作思路,明确教育任务责任主体,厘清家校社协同育人过程中的权责边界,资源共享,合理设计教育场域,共同实施港口情韵教育。学校实施协同育人的组织架构如图7-3与图7-4所示。

在家校社协同实践中,组建港口情韵教育指导员团队,将社会、社区、企业的教育资源与学校联系起来,通过为学生提供发挥自身多元能力的"场合"来协助学校实施港口情韵教育。

(四)形成多元化校本课程

学校立足区域现状,以学生核心素养发展、人生规划、身心健康和实践能力为主线,从人文素养、科学素养、审美素养、健康素养和社会实践能力等入手,发展并形成了多元化的校本课程,体现各方协同育人的特点。

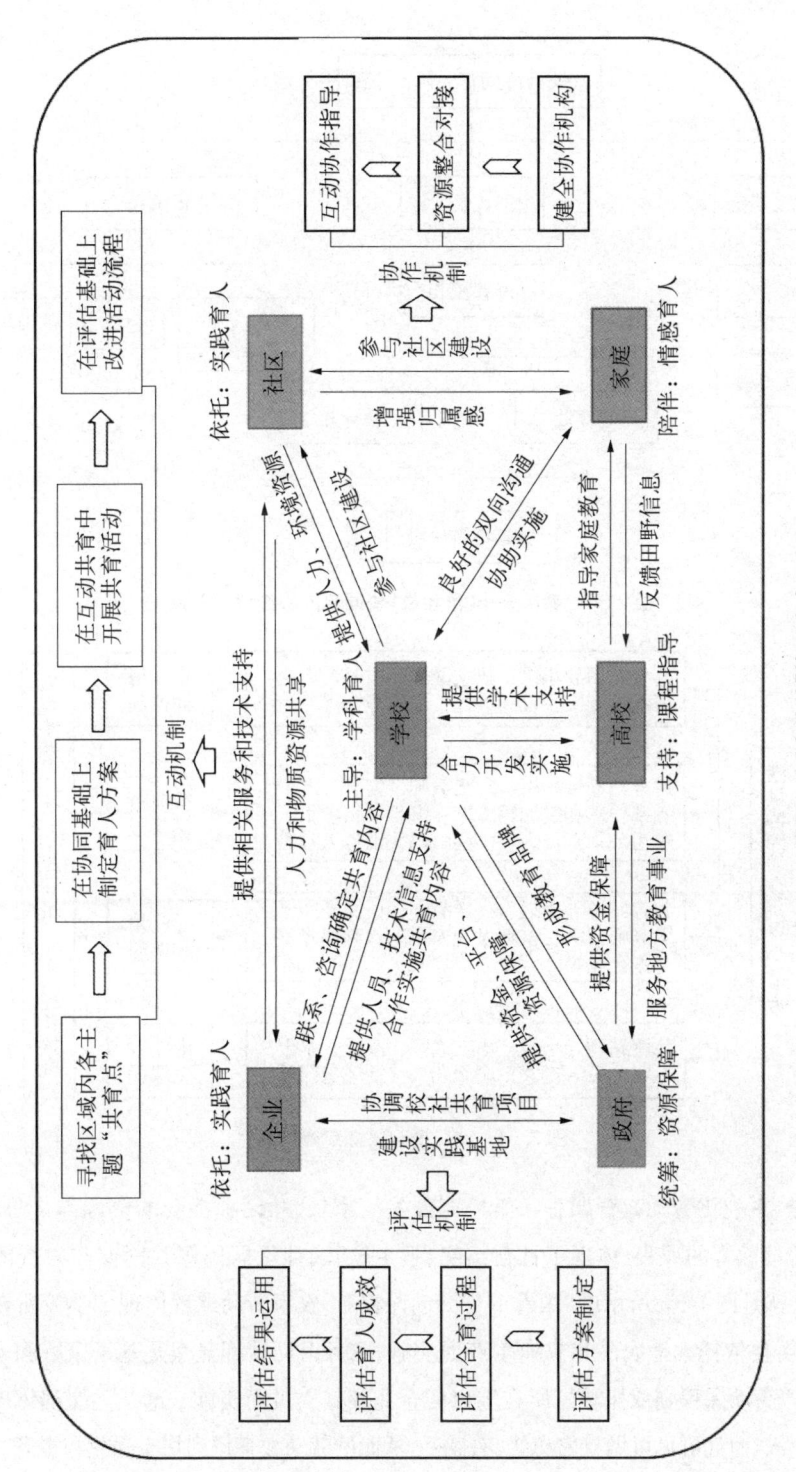

图 7-2 港区一小"家校社"协同育人机制

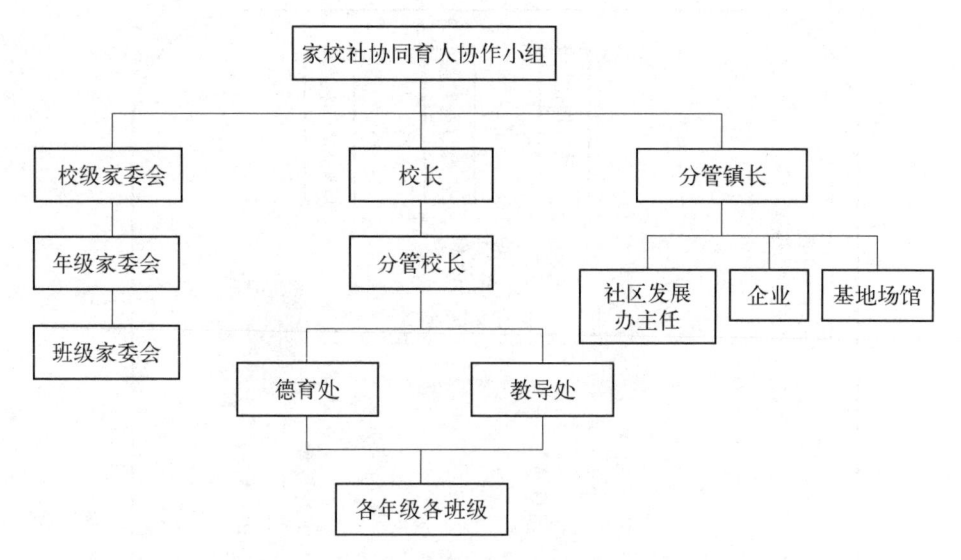

图 7-3 港区一小"家校社"协同育人协作组织框架

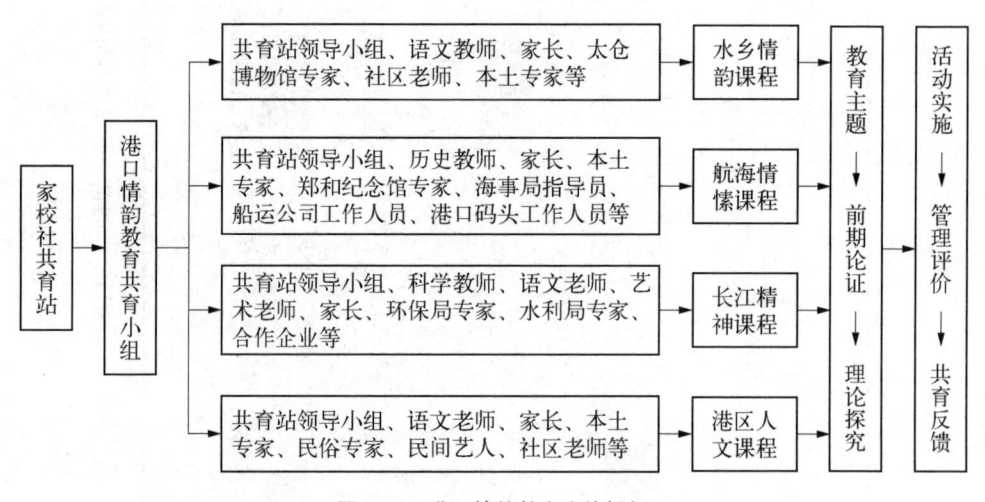

图 7-4 港口情韵教育实施框架

一是，系列化劳动教育课程。学校充分关注家长、社区和社会的资源与优势，构建了三类劳动教育的课程，体现了社会组织、学生家长、社区居民等共同参与教育的治理思想。这就是图 7-5 所示的"跟着节气劳动课程"。农事劳动课程体现了学校所在农村的特点，需要依托本地农民和农业生产而实施；家务劳动课程显然是基于家庭和家长而实施；生产劳动课程则依托学校所在港口的企业及其人员而实施。这三类课程体现了应时应景应人，而且可见可做且能感受、有感受，从而使劳动教育得到切实强化与提升。

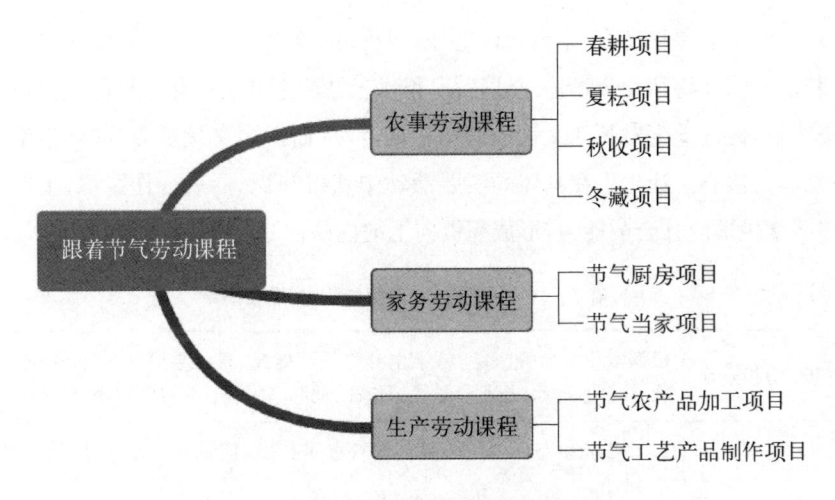

```
跟着节气劳动课程 ─┬─ 农事劳动课程 ─┬─ 春耕项目
                │              ├─ 夏耘项目
                │              ├─ 秋收项目
                │              └─ 冬藏项目
                ├─ 家务劳动课程 ─┬─ 节气厨房项目
                │              └─ 节气当家项目
                └─ 生产劳动课程 ─┬─ 节气农产品加工项目
                               └─ 节气工艺产品制作项目
```

图7-5 港区一小跟着节气劳动课程架构

二是,地方性研学课程。学校建立"走进太仓港"研学旅行课程(见表7-1),这是基于学生兴趣需求而实施的活动,让学生实地考察和体验港口情韵、港口科技、港口发展等,激发学生建设家乡、建设祖国的情感。该课程利用郑和七下西洋起锚地优势,实施"郑和精神"品格提升行动,培养学生成为具有爱国、创新、奉献及和平精神,具有家国情怀和国际视野,具有航海家精神的现代小公民。

表7-1 港区一小"走进太仓港"研学课程设计单

实施背景	太仓港港口开发区第一小学位于港口城镇——浏家港,这是郑和下西洋的起锚地。
调查访问	走进太仓港码头,走进郑和公园,了解太仓港码头的变迁、船运的发展、开通的航线以及港口科技有关知识。
收集材料并进行总结	学校:通过查阅和收集资料了解历史上的码头、郑和的航海经历、贸易上的码头和现代码头,了解太仓港的昨天、今天和未来,进一步感受港口文化所蕴含的开放融合和创新。 海事局:分析港口码头最初建造的原因。分析港口发展的影响及其历史地位。 家长:在家长的协助下,学生从郑和航海的历史背景、浏家港特殊的地理位置以及郑和航海的意义和贡献展开资料搜索。
提出建议	探讨未来太仓港的发展,引发学生思考。
教育启示	教师提出有关"太仓港"的课题,把研究对象和研究活动的选择权交到学生手中。学生可以选择自己感兴趣和比较熟悉的关于港口的知识进行学习。对于研究内容和活动方式,学生可以自主选择,如通过阅读书籍、实地调查、人物采访等多种方式进行资料的收集。让学生自主选择,凸显学生的主体地位。

地方性研学课程还有"亲近长江"主题课程(见表7-2)。家校社协同组织让学生了解长江文明性特征和市场适应性特征,推动长江生态文明文化进校园、进教材、进课堂、进头脑,促进学生对长江文化的认知和认可,从而提高文化素养,激发学生的文化自豪感和自信心。让学生在具体的实践活动中获得知识、形成合作意识、掌握生活技能,培养学生适应社会的能力,形成积极向上的性格。

表7-2 "校社联动,保护长江水"课程清单

第一步:分组合作	根据学生的研究兴趣,将学生分为长江概况、长江重要性、长江美景、长江现状、长江水净水过程、科学保护长江、动起小手护长江等学习小组。
第二步:实施过程	1. 由太仓生态环境局法制宣教科宣讲员做《同饮一江水 保护母亲河》专题讲座。 2. 各科教师带领学生学习长江诗词、长江之歌、长江之美等。 3. 通过参观太仓市港城污水处理厂,零距离接触污水处理全过程,见证污水变清流。 4. 走进长江,了解长江生态,动手实践过滤长江水。
第三步:发现问题	你对保护长江生态有什么好的意见、建议和措施。
第四步:结果评定	对开题报告、实施过程、成果报告、成果演示进行评价。

三是,"非遗"进校园课程。为传承和弘扬中华优秀传统文化,学校开展"校社共育文化传承乐淘淘"之"非遗"进校园主题课程。邀请太仓市文化馆将滚灯、皮影戏带到了学校中,让学生体验传统文化的独特魅力,组织他们一起参与滚灯和皮影戏表演,在寓教于乐的氛围中感受传统文化的魅力和精粹,让优秀传统文化的种子在孩子们的心中扎根、发芽。

四是,"守护生命健康"主题课程。学校与太仓市红十字会共同创建了生命健康安全体验教室,以"体验式+情景式"活动为载体,通过模拟交通安全、应急救护、防踩踏躲避、逃生体验和消防安全等不同安全事件情景,让每一个学生感悟对生命健康的尊重,提高应急避险和应急自救互救能力,感悟奉献精神。

四、发展现代职教模式

太仓中等专业学校(简称"太仓中专")是中等职业学校,近20年深耕校企双主体协同育人,围绕高质量专业技术性人才培养,凝练出了"政府主导、主体双元、成本分

担、合同执行"的现代学徒制人才培养的"太仓样本",构建了人才培养供给侧与产业发展需求侧结构要素融合发展的共赢模式,形成了企业内部技能学习体系和太仓区域性的"强职业文化"生态。在政社协同教育治理创新行动中,重点致力于学校教学质量的监控与评价方面的改革和创新,进一步完善现代学徒制。具体表现如下。

(一) 本土化现代学徒制建设

太仓中专作为教育部第二批、省首批现代学徒制试点单位,积极推进试点工作。现代学徒制是中等职业教育高质量育人的一种创新形式,是在技能人才培育和服务企业发展过程中,以满足产业升级用人需求和技能人才高质量培养为核心,采用"师带徒"的形式,实现政府、企业、学校、行业等多方协同育人的新模式。其运行过程是政府、企业、学校、家长(学生)多方权益寻求平衡的过程;同时,校企合作是关键,工学结合是路径,高质量培养是保障,现代学徒制运行机制是一个建构的过程。

1. 政府引导,搭建平台

一是政府政策支持。针对现代学徒制中学校、企业和家长(学生)多方权益的保障,制定专项奖励政策,如2018年市政府出台《关于深化产教融合加快"双元制"教育发展的实施意见》,建立了校企协同育人激励资金,鼓励本市企业参与现代学徒制育人。2019年出台的《太仓市"双元制"人才培养专项扶持基金使用办法》,更是对项目实施提供了很好的政策支持。根据政策,每年政府拿出2000万专项资金,用来鼓励现代学徒制运行。二是搭建平台。招商局和人社局联合参与到校企合作中,通过市级技能大赛、校企合作论坛、人才供需会、欧商投资会等形式,主推"双元制"本土化成功案例,为学校和企业架起沟通的桥梁,企业介绍用人需求,学校介绍培养模式,双方围绕人才培养及使用点,开展交流、互访与合作。

2. 校企双主体,双轮驱动

以企业为主导,双方协商,完成以下任务:一是校企共建专业。每年5月份确定拟招聘准员工数量,学校负责人上报招生计划,并在招生简章中注明该专业为××企业现代学徒制项目。二是企业参与学校招生,包括学徒人数、培养方向、招生宣传、学徒面试(录取)等,学生和企业互选,录取和企业招工同步。三是校企培养,工学交替。在课程实施上,采用校企交替,工学结合方式。四是实行项目负责人制。"双元制"项目负责人全权负责校企合作的日常事务,负责协调现代学徒制实施过程中的校企以及家长的需求。

3. 共商方案,校企协同

校企双方形成定期研讨机制,双方以上一级主管部门人才培养方案为依据,参照职业工种培训标准(AHK 和 HWK)与结合行业、企业调研和分析报告进行研讨。企业及企业专职培训师、学校、行会三方专家共同探讨,反复论证,多次修改,最终形成现代学徒制人才培养方案,并在实施中滚动修订。每年组织教师研修,学校教师深入企业一线,了解现代学徒制课程实施情况,与合作企业培训师、技术人员一起,依据相应实施方案,架构基于工作过程的课程体系,开发基于典型岗位工作内容的教学资源,并融入国家职业技能等级标准。

4. 合同执行,利益均衡

一是学校、企业签订校企合作合同,约定各方的职责和权益。同时,构建定期会议、上下联动等柔性运行机制,强化过程中的协调与协作。二是企业和学生(家长)签订培训合同,约定双方的权益,并通过家长担保、司法公正等形式,提升协议的有效性。现代学徒制的培养合同应明确企业和学徒的职责,学生的双重身份,学生(学徒)享有的待遇,以及双场所培养和双重管理。同时,建立项目退出机制,明确考核要求,对不符合最终学习要求的学徒,根据协议,让其退出项目或在其毕业时不签订雇佣合同。

5. 工学结合,行动导向

校企以"周释""日释"方式安排教学,学生按天或按周到企业开始学习活动。校企在培养方案框架下,实行学分制管理,各自开展教学活动。学校项目负责人、专业教师、专业带头人、班主任与企业培训负责人、企业师傅定期就学生思想、学习情况和学习效果进行交流,齐抓共管。以三年制机电专业为例:校企第一学期采取1∶9时间轮换,第二学期采取1∶2时间轮换,第三至第四学期采取1∶1时间轮换,第五学期采取2∶1时间轮换,学生在学校、培训中心和生产岗位交替轮换,第六学期学生在企业生产岗位进行顶岗实习。

6. 成本分担,各司其职

一是分担教学成本。企业建设学徒培训中心或企业学习岛,安排专兼职企业师傅和讲师,开展专业技能教学,学校负责公共理论、基础技能教学设备及运行设施等方面投入,并根据需要,承担相关项目企业讲师到校讲学费用。二是分担运行成本。企业主要分担企业学习中的运行成本,学校主要承担在校学习期间的人力成本和管理费用。政府以项目专项资金或培训奖励的形式分担少量运行成本。学生的学习费用在其毕业后由录用企业分年度以奖学金形式返还。

7. 年度审查，确保质量

聘请政府、行业、企业专家以及学生家长组成专家委员会，通过听取项目汇报和实地考察等形式，对现代学徒制项目进行年度检查，根据成效遴选校企双方配合度高、协同性好的优秀合作企业，以及总结好的做法，并纠正项目实施中存在的问题，实行退出机制。

（二）政校企混合式教学模式

太仓中专针对校企合作课程，通过改变传统工学结合教学方法，引入政校企优势资源，协同共建教学资源，实施线上教学与现场教学、校企协同构建的混合式教学模式：一是依托信息化育人平台赋能，弥补线下育人活动的不足，形成"e＋管理""e＋目标""e＋课程""e＋教学""e＋评价"等教学生态圈，实现从"平台"到"生态"的提升。二是政校企协同共建信息化教学平台，为校企双元育人提供新的载体，打通校企合作以及政校企沟通时空分离难以共振的堵点，多元化整合双方人力、物力、文化等教学资源，实现目标需求共研共知、教学过程协同共施、教学状态可管可控。由此，建构了基于"双元e＋"的混合式教学模式，如图7-6所示。

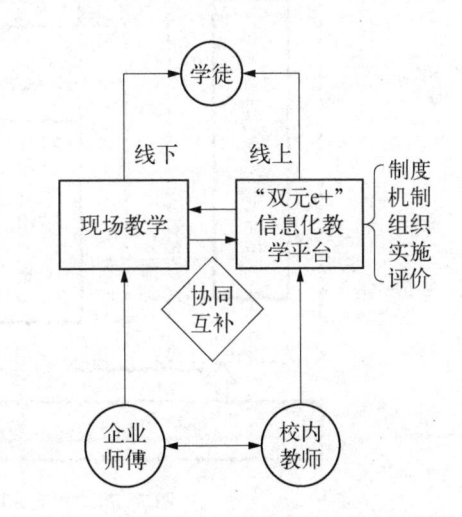

双师培养培训：教学能力、职业素养、信息化素养

图7-6 基于"双元e＋"的混合式教学模式

这一教学模式融合政府、企业、学校、企业师傅、教师、学徒等要素，协同制订教学制度、标准、机制，组建协同混合式教学的研究与工作机构，协同确定科学统一的教学目标、教学资源、教学过程、教学方法和教学评价，开展线下现场教学与线上信息化教学、远程互动教学，形成资源协调、优势互补的协作模式。同时制订现代学徒制企业师傅标准，做好校企双师培养培训工作，提升双师混合式教学能力和水平，促进混合式教学模式的高质量推行。

1. 目标引领，规范至上

成立政府、教育主管部门、教师发展中心、合作企业、行/协会、学校等共同参与的

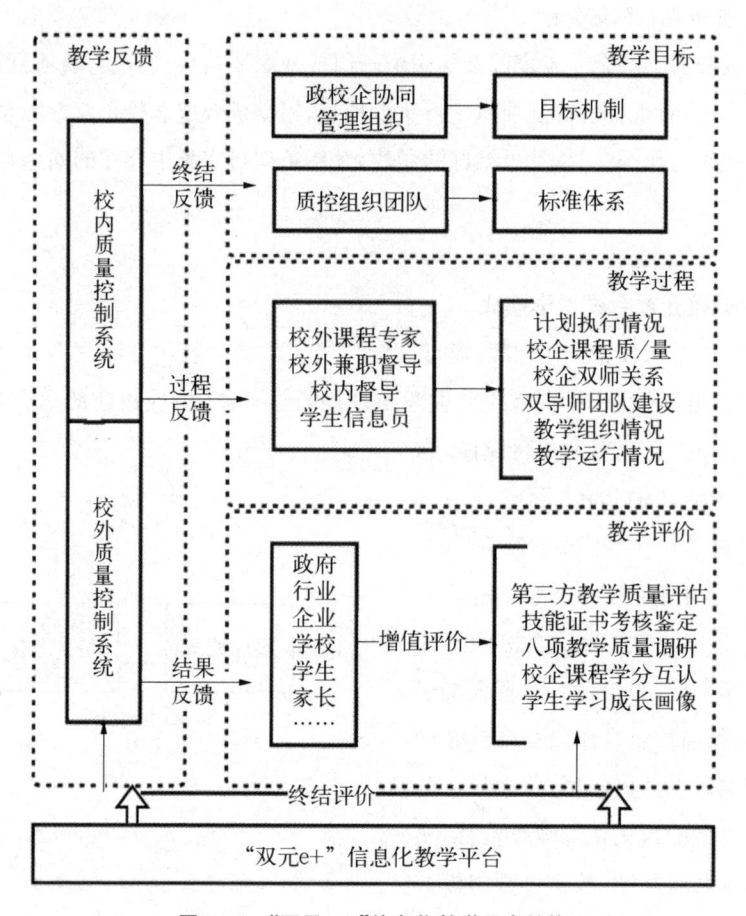

图 7-7 "双元 e+"信息化教学平台结构

现代学徒制混合式教学组织架构，建立教学质量联席会议制度，定期商议现代学徒制教学与管理过程中的重点与难点问题，协同制订基于"双元 e+"的混合式教学模式的规章制度、管理方法，明晰混合式教学模式的含义、特征、实施路径和教学评价的关系。先后出台了《关于深化产教融合加快"双元制"教育发展的实施意见》《现代学徒制试点项目简明工作手册》《混合式教学考核标准》，对现代学徒制与课程教学实施进行了科学、规范、合理的规定。在市教育局牵头和协调下立项研制双元制教育师资能力评价地方标准，协同制定学徒培训中心、企业学习岛和企业工作坊（含教师管理、教学、生产）等岗位工作的职责、要求、完成度等标准。

2. 协同互补，岗位适应

扎实提升职业现场课堂的质与量，以专业教研组、学徒培训中心、企业学习岛等组建双师研修平台,充分发挥全国首个政校企协同共建的中德双元制双师培养培训中心的功能作用,协同经费、人员、资源、场地等,落实企业师傅资源库,梳理好企业学习场所与混合式教学的协同关系。同时,加强"双元e+"信息化教学平台的建设与应用,以校企教学管理平台、网络教学平台、现代学徒制教学平台等组成的信息化教学平台集群,集管理、教学、培训、质控和推广于一体,确保政校企对信息的实时共享与管理,支撑混合式教学生态圈的高效形成。

全面实行"五活一体"活页式教材开发及配套网络课程资源库建设。利用学校"双元e+"信息化教学平台的政校企协同与过程审议功能,政府牵头组建课程专家、行企技术骨干、学校专业骨干团队开展岗位能力与工作任务分析,分解知识、技能和态度,参照职业技能等级能力标准要求,组合形成教学课程或教学模块。在做好线下学徒制企业课程资源的基础上,协同开发两类学徒岗位对接课程资源库,主要包括系列化微课库、教学/学习工作页库、岗位知识技能习题库、岗位拓展资源库、岗位项目案例库等。两类学徒岗位对接课程资源库的具体内容如表7-3所示。

表7-3 两类学徒岗位对接课程资源库

课程类别	课程子类	课程名称内容	课程功能作用
职业素质类课程资源库	/	包括沟通礼仪、团队关系等	全程强调责任意识、协作意识和职业道德教育
"三jin"岗位适应类课程资源库	走进岗位	企业岗位类和企业文化类课程为主,如"走进宝洁""德国文化"	帮助学徒初步了解企业文化、职业特性、岗位要求等
	迈进岗位	工具类课程为主,如"斯凯奇员工手册""网络直播操作规程"	帮助学徒提前了解岗位职责、安全注意事项,减少学徒岗前可能出现的恐慌
	沉浸岗位	岗位实践类课程为主,如"商品编码""配送实务"	帮助学徒顺利上岗

3. 连贯共享,多元增值

通过在校内外学徒培训中心、企业学习岛、企业工作坊等学习场所进行知识、技能的学习与练习,全方位提升现代学徒制教学质量,实现校企学习资源、学习信息、学习方法、学习问题等的实时与及时传递和反馈,初步构建了线上与线下相结合、课前课中课后一体化、多主体信息交互连贯的混合式教学运行过程,如图7-8所示。

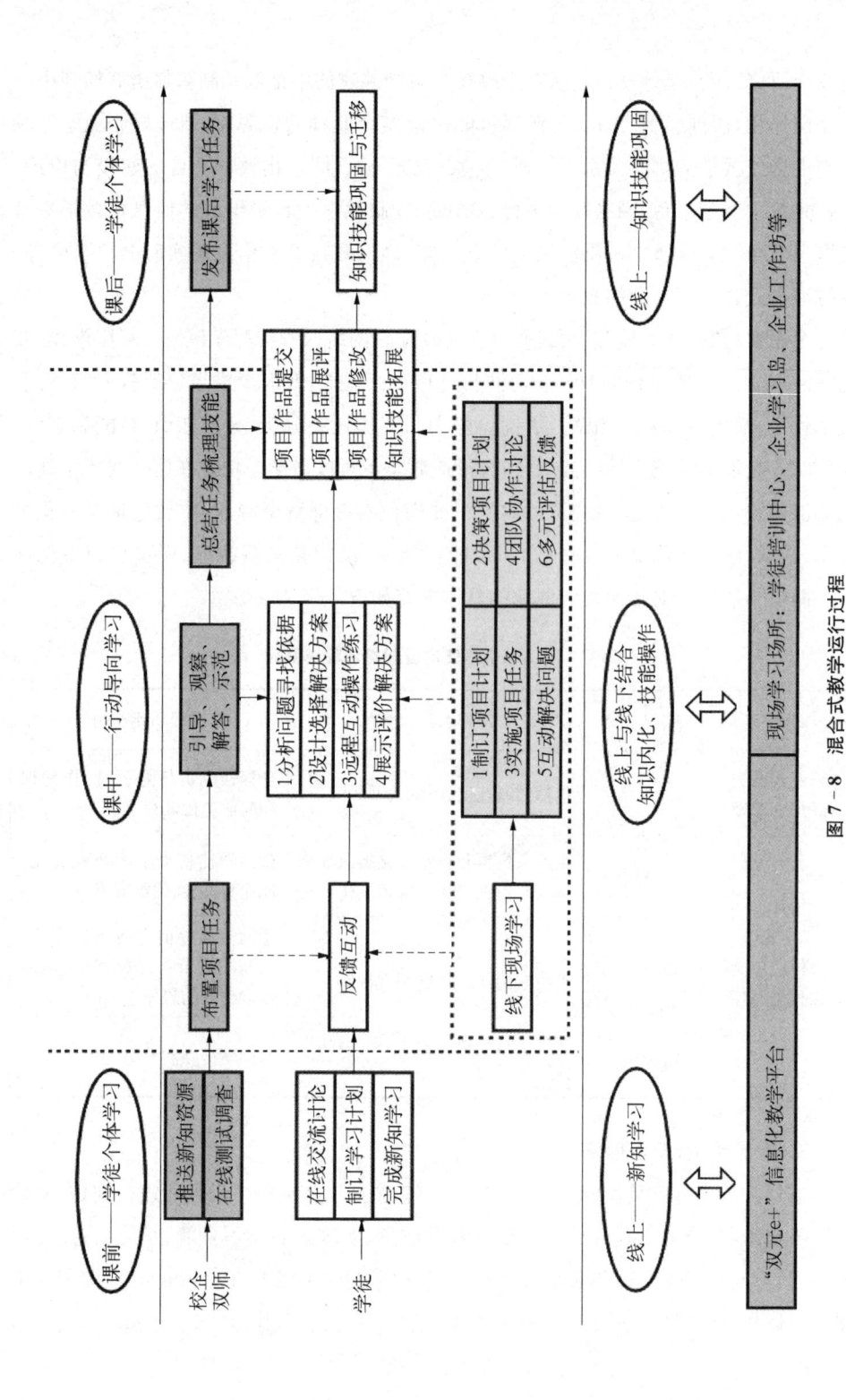

图 7-8　混合式教学运行过程

混合式教学模式的特点是线上与线下有机融合实施，多元化、多层次、多方位、多系统的综合性评价与个性化评价相结合，建立了以自评与他评、过程性评价与终结性评价相结合的增值性评价方式。其中，企业课程增值性评价如图7-9所示。

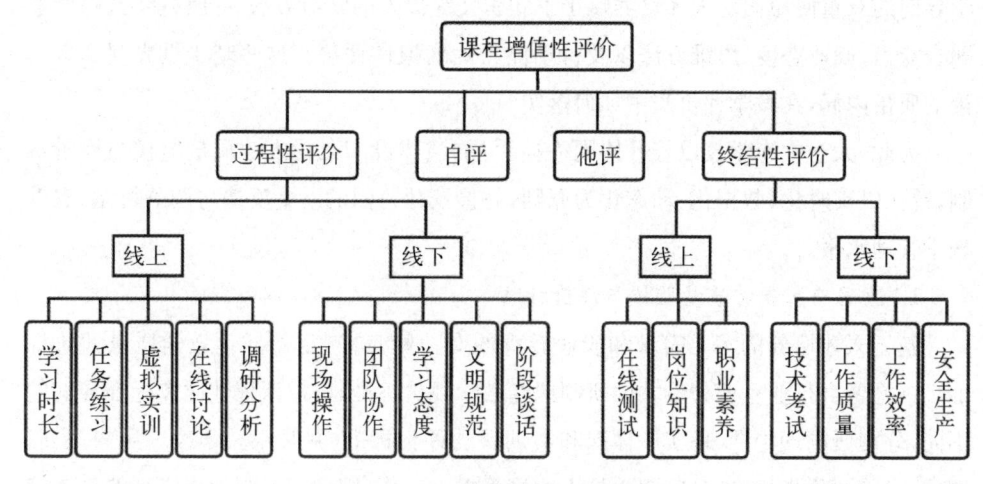

```
                        课程增值性评价
        ┌───────────────┼───────────────┐
     过程性评价        自评    他评    终结性评价
     ┌───┴───┐                        ┌───┴───┐
    线上    线下                      线上    线下
```

过程性评价-线上：学习时长、任务练习、虚拟实训、在线讨论、调研分析
过程性评价-线下：现场操作、团队协作、学习态度、文明规范、阶段谈话
终结性评价-线上：在线测试、岗位知识、职业素养
终结性评价-线下：技术考试、工作质量、工作效率、安全生产

图7-9 企业课程增值性评价

实践显示，基于"双元e+"政校企协同构建的混合式教学模式的实践探索，取得了丰硕的成绩：一是，助力学徒德技并修，教学质量显著提高。教学模式体现了"互联网+职业教育"的优势特色，充分展现了学徒在"德""知""技""证"四线上的活力风貌，促使学徒自主学习的能力快速提升，全方位填补了学徒在学习工作中的"谷"，构筑了学徒在职业发展中的"峰"，社会与企业认可度和满意度日益提升。二是助力学校领航发展，彰显太仓双元制本土化品牌效应。线上丰富的教学资源和教学方式与校内外培训中心、实训场室扎实的岗位技能实训形成交叉互补，政校企协同线上研制基于工作过程的人才培养方案，开发完成100余门精品网络课程，培养了一批高水平双师队伍，成为全国双师型教师队伍建设典型案例。相关教学成果获得教育部、省市级奖项10余项。三是助力疫情中、疫情后企业复工复产。政校企协同共建省级产教融合型企业5个，苏州市优秀企业学院3个，校企合作示范组合3个，学徒培训中心13个、企业学习岛50多个，极大地缓解了疫情期间现代学徒制企业课程实施难的问题，培养的高水平学徒很好地助力了企业提升产能。

（三）开放式教学监测与评价

健全学校、企业、社会协同育人机制，打造校社共育共治的"大教育"治理格局是职业教育的重要使命。家庭、学校、社会、政府、企业不是相互孤立的教育"孤岛",而是不仅要形成教育合力,协同共育,更要构建起科学、完善的教学质量监控与评价网络,加快推进校社协同育人体系建设。职业教育类型不同,中职教育因承载着就业导向和升学导向的双重使命而对人才培养赋予了知识技能以外的学习方法和迁移能力、跨专业融合能力、职业态度、思维方法以及行动能力的增值性评价。这些基于世界观和方法论的质量内涵,在教学评价当中如何落实?

为此,太仓中专学校以校社协同为抓手,加强建设多元化人才质量监控与评价机制,旨在以实时化、数据化、动态化为原则,完善校社协同的质量反馈与调节机制,提升教学管理水平。

1. 协同确立教学质量监控与评价标准

基于人才培养的多元需求和职业教育的专业特点,制定差异化教学质量评价标准。一是融合行业企业力量共同研制课堂教学评价标准,根据课程性质和标准导向的不同,分别研制理论课、理实一体课和实训课的评价标准,并紧跟教学改革风向,实时调整、完善评价指标;二是围绕学校人才培养重点工作,聘请双元制教育研究院作为第三方,针对学校在行的13个现代学徒制项目,制定评估方案和评估标准,形成现代学徒制人才培养质量评价标准。

2. 协同参与教学质量监控与评价活动

校社协同开展教学质量监控与评价活动。一是由教学管理处牵头负责的常态化教学"六认真"检查和期中期末教学检查,以及每学期期末组织开展的教师教学质量考核工作;二是每学期期中考试后组织学校、企业、家长、学生面对面评价,每学期期末组织学生评教;三是学校建立了校内专兼职督导队伍和企业兼职督导队伍,出台《企业兼职督导聘用和管理办法》等相关制度,将督导听课纳入常规教学质量管理当中,学期初有明确的督导工作安排,学期中有多轮集中的督导反馈会,学期末有工作质量考核。

3. 形成共享的教学质量反馈和调节机制

在校社协同中,建立了共享的"常态化+动态化"的教学质量反馈和调节机制。一是以教育督导处为主要工作部门,建立教学质量反馈机制,包括"双元 e+"云平台督导听课评价面向教学管理部门、系部教学主任、教研室主任的实时反馈,每学期面向各系部、教研室组织召开的督导反馈会,按系部呈现的面向专职督导的评价指标数据分析和评价分数年度曲线图,以及在"双元 e+"云平台公告栏实时发布社会、企业、家长及学生的满意度调研报告。二是形成以评促改、以评促建的教学质量调节机制，包括针对上学期督导评价低于 70 分的教师课堂组织督导回头看；对新教师的发展性跟踪督导；对教学质量专项评估形成的整改方案和督导跟进机制；以及第三方评估结束后针对评估报告及时出台整改方案，建立评与改的链接机制；等等。

4. 建设智能化教学质量监控与评价平台

为满足校社协同实施评价和同步掌握评价信息，学校建立了"双元 e+"智慧云平台并运行教育教学质量实时监测系统，借助督导听课、问卷调研、预警诊断三大质控模块，实现全覆盖式常态监控，相关信息面向企业、社会、家长、学生开放，督导听课模块向企业督导全线开放，问卷调研和预警诊断模块向企业、家长、学生全面开放，全方位、数字化实现校社协同评价功能。

此外，学校引入第三方督导助力现代学徒制项目规范与拓深，引入 AHK 国际职业资格第三方评价，在现代学徒制人才培养质量控制与评价上充分体现了政社协同支持学校发展的态势。

五、创新融合教育体系

特殊教育是教育事业的重要组成部分，是推进教育公平的重要内容，是衡量社会文明进步的重要标志。

（一）完善融合教育工作机制

太仓市设有 1 所特殊教育学校，以招收中度、重度智力障碍儿童为主，兼收脑瘫、自闭症、多重障碍等类型儿童，是涵盖学前、小学、初中、职高的十五年一贯制公办学校。学校专用教室设施设备齐全，专任教师配备齐全，但仅能满足本校学生知识学习、康复训练、艺术发展和职业技能等各种需要，不能全面覆盖到太仓市所有残疾儿童青少年。太仓市特殊教育虽然基本形成了以普通学校随班就读为主体、特殊教育学校为骨干、送教（康）上门为补充的实施模式，但是对于特殊教育的重要性认识不够充分，政策制度不完善，开展特殊教育缺少整体规划和统一协调，教育、民政、残联、财政等有关部门之间协同不畅，信息不能共享，工作不成体系；特殊教育学校、普通学校特教班、普通学校随班就读班级之间沟通不畅，特教资源不能共享，工作效率不高。同时,缺乏足够的特殊教育教学资源,特殊教育专家不足,缺少专业技术支持;师资力量不足,专业水平不够,缺少专业培训;资金配备不足,康复设施设备不全,无法满足所有特殊需要儿童青少年的需要;特殊教育课程建设不完善,缺少针对性的配套教学资源;特殊需要学生类型多、差异大,因为缺少专业的诊断与评估,对学生了解不足。普通学校往往不愿意接收特殊需要儿童,因而出现了可以随班就读的轻度障碍学生就读于特殊教育学校,可以就读特殊教育学校的中度障碍学生在家未入学等安置方式不适切的情况。

为加强对太仓市特殊教育工作的组织领导,推进特殊教育事业的发展,太仓市政府主导,市编办、教育、民政、财政、人社、卫计委、残联等相关部门协同,成立太仓市特殊教育联席会议,统筹协调各部门力量,落实指导特殊教育各项工作。同时,为加强特殊教育工作的管理,发挥特殊教育学校的辐射作用,太仓市教育局、太仓市特殊教育联席会议办公室联合发文成立太仓市特殊教育指导中心,主任为市教育局副局长,副主任为市教育局基础教育科、高等教育与职社教育科、残联康复科、残联教育与就业科、卫生计生委医政科、民政局社会福利和社会救济科、特殊教育学校、教师发展中心相关领导,成员为各部门相关成员。办公室设在太仓市特殊教育学校,校长为负责人,聘用2—3名专(兼)职工作人员。指导中心负责贯彻落实联席会议精神,推进融合教育具体实施,实现特殊教育过程化、专业化、多元化治理,指导全市特殊教育工作。

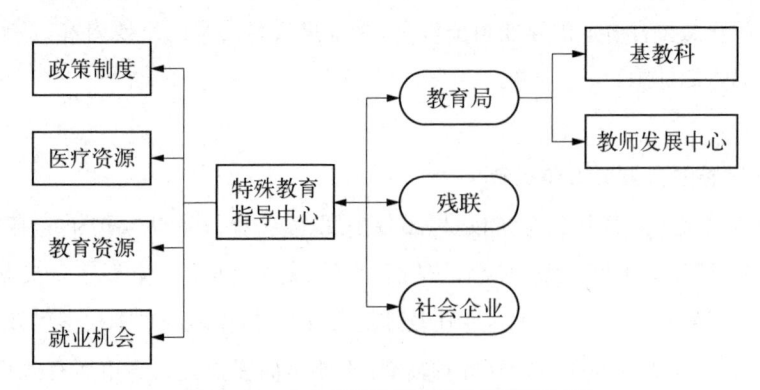

图7-10 太仓市特殊教育政社协同机制图

太仓依托特殊教育指导中心推进政社协同教育治理创新行动,制定特殊教育发展规划、建设融合教育资源中心、完善指导中心治理体系、规范指导中心工作流程,从特殊教育学校内部管理转化为特殊教育指导中心区域管理,从区域管理转化为政社协同治理,构建了政府主导、部门协同、社会支持、各方参与的政社协同治理模式,共同推动区域内特殊教育发展。

(二) 构建政社协同治理格局

随着融合教育的推进,越来越多适龄轻度障碍学生就近进入普通学校随班就读。但是普校教师不具备特殊教育专业知识,随班就读或成"随班就坐""随班就混",融合资源中心的建立能够满足随班就读学生的特殊需要,弥补课堂教学的不足,促进学生最大限度发展。财政、编办、教育等部门联合参与融合教育资源中心共建,指导中心、学校、资源教师、巡回指导教师等共同参与融合教育资源中心共治,构建政社协同治理格局。

2020年教育局协同财政、编办统筹规划建设了22个融合教育资源中心,依托特殊教育学校建立市级资源中心,依托太仓中专建立高中融合教育资源中心,依托幼儿园和中小学建立乡镇融合教育资源中心。每个乡镇每个学段都有1个资源中心,每个资源中心都有1—2名兼职或专职资源教师,为区域内特殊儿童青少年提供服务,为随班就读教师提供支持性服务,形成和完善一个市级资源中心(特教学校)、多个乡镇资源中心,辐射辖区范围内学校的管理格局。

按照《太仓市融合教育资源中心建设实施意见》,由指导中心、资源中心、资源教师、巡回指导教师、家长、特殊需要学生等共同管理,推进合作治理。指导中心按照每个巡回指导教师指导3—5个融合教育资源中心的标准,配备5名融合教育巡回指导教师,积极开展巡回指导工作,为融合教育资源中心提供支持与服务,为教师和家长提供方法指导与咨询服务。巡回指导教师与资源教师、家长定期研讨,在现有普通课程的基础上,对班级课程进行必要调适,包括目标的调整、内容的增减、手段的多元等,形成适合特殊儿童需求的个别化教育方案,落实"一人一课表",完善特殊需要儿童"一人一案"档案管理,实行缺陷补偿,促进学生最优发展。

指导中心还协同市级资源中心、乡镇资源中心、职高资源中心,依托企业微信,建立指导中心运行网络。通过网络平台广泛征求资源中心意见,采纳资源教师建议,论证各方提议,制定评估安置制度、服务清单制度、个别化教育制度、特教班设置和管理制度、设施配备制度、融合教研制度,健全指导中心治理网络。

(三) 健全融合教育服务模式

在太仓市特殊教育指导中心主导下,协调教育、医疗、康复、家长多方主体,不断完善与规范特殊教育工作"四环节"模式(见图7-11),使多方协同参与到教育实践中。

"鉴定与安置"是特殊教育的起点。由医学专业人员主导,依据对特殊学生障碍和适应程度的诊断,确定其后期不同的安置形式。特殊学生的障碍定性问题主要依赖于医学诊断结果。指导中心协同医院、康复医院、特殊教育学校、家长,由医生、康复师、特教教师组成鉴定与安置专家委员会,依据专家意见及学生的残疾种类与程度,兼顾家长的合理意愿,分为随班就读、特教班、特教学校与送教上门四种安置形式,全面覆盖区域内符合入学条件的适龄特殊儿童。随班就读主要是针对轻度智力障碍儿童青少年,他们在普通中小学、幼儿园就读,一般一个班1—2人。特教班则是针对轻中度智力障碍儿童青少年,有5人以上就在普通学校设特教班,配备专职特教教师。特教学校(即太仓特殊教育学校)主要是接受全市中重度智力障碍学生,包括学前阶段、义务教育阶段和高中阶段。送教上门则是对因严重障碍或疾病无法正常入学的适龄儿童,提供送教(康)上家门服务。

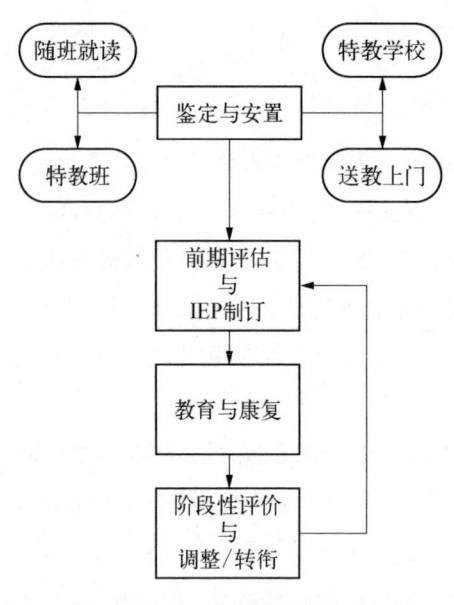

图7-11 太仓市特殊教育服务模式

"前期评估与IEP制订"是特殊教育的基石。由特殊教育指导中心主导,组建医学与教育评估专家队伍,借助医学和教育的双评估机制,全面评估,把握特殊学生的能力和需求,为特殊学生共同制订个别化教育计划(Individualized Education Programs, IEP),通过"一生一案"确保IEP制订的合理性,为后期特殊学生的差异化教学提供基础。指导中心协同医院,联结医学和教育两方,保障"医教双评估"机制的顺畅实施。来自医学(医生、康复治疗师等)、教育(校长、教导、资源教师、特教教师、班主任、任课教师、巡回指导教师等)领域的人员和其他支持人员(家长、同伴等)参与到评估中,确保评估的多元化和真实性,发现学生的问题,确定教育教学计划的起点。由指导中心专业人员将医学诊断与教育评估的信息进行归纳整理,分解后期教育干预的具体细则和步骤,形成线性的实施计划,为每个学生形成一份教师能读懂、可操作的个别化教育计划。

"教学与康复"是特殊教育的核心模块。资源中心承担主要角色,以课程为实施路径进行教育康复,根据不同类型的特殊学生,有针对性地开展相关康复服务。区域融合教育资源中心的设施设备向特殊需要学生开放,切实提供教育教学康复训练。(1)学前阶段:统整家庭、学校、社区、残联、康复中心、特教指导中心等多方资源,打通普教与特教、康复机构与学校、家庭与学校等多条通道,联合残联、星星益站康复机构、新安康复医院开展医教结合实践探索,组建由康复医院医生、康复机构康复师以及融合教育资源教师组成的教育康复工作团队,为每一位有特殊教育需要的儿童提供个性化的教育康复服务。(2)义务教育阶段:发挥融合教育资源中心作用,构建以"生活适应"为核心的课程结构,研究视角多元、层次多样、普特融合的教学方式,实现区域特教资源共享。以太仓市特殊教育学校为例,校内建有公交站、超市、银行、咖啡吧等情景场室,向同一教育园区的陆渡幼儿园、陆渡小学和陆渡中学学生开放,安排学生轮流到这些场室体验学习乘坐公交、超市购物、当营业员、银行存取款、品尝咖啡等,从而促进普通学生和特殊学生在真实的社会情境中共同成长。(3)高中阶段:在教育局、教师发展中心的支持下,特殊教育学校与江苏省太仓中等专业学校合作,面向全市初中毕业生招生,学籍纳入省"太"中专,为更多有特殊需要的学生提供受教育的机会。例如,通过太仓市慈善总会和残联,太仓市特殊教育学校与太仓中德善美实业有限公司、慕贝尔汽车部件(太仓)有限公司携手合作,实行"高一职场参观、高二职场见习、高三职场实习"的校企合作实习模式,通过特殊学生融合过渡就业转衔项目,实施双元制教学,帮助十多位特殊学生走上了工作岗位。

阶段性评价与调整/转衔由教育局、学校、指导中心、资源中心、康复中心、家庭等多部门联合开展,每个学期进行一次。从短期实施来看,阶段性评价与调整是检验个别化教育计划目标的达成度,监控教育与训练的有效性和适切性,以便及时对个别化教育计划进行调整;从整体实施来看,每个阶段性评价与调整既是对个别化教育计划的反复论证,又与最终的转衔目标遥相呼应。本环节使"四环节"成为一个始于"鉴定"、终于"调整"的闭环,保障每一位特殊学生的教育教学得以切实落地。

目前,太仓市特殊教育已经由1所独立设置的特殊教育学校,发展成为政府主导、部门协同、社会支持、各方参与的融合教育体系,充分体现了政社协同教育治理创新行动为太仓特殊教育事业或者说融合教育发展产生的积极影响。政府为促进县域特殊教育治理提供政策支持和制度保障,社会企业提供医疗资源、教育资源以及就业机会,教育局制定有关个别化教育、巡回指导、教育安置鉴定和资源教室管理等制度,教师发展中心提供科研指导和评价指导,残联为特殊学生提供残疾证、康复费用报销以及辅具设备支持。特殊教育指导中心还可以通过购买服务等方式获取特殊教育发展所需的医疗资源和教育资源,并通过就业转衔的方式建设更加完善的特殊教育服务供给体系。

综上所述,以特殊教育指导中心为枢纽,政府和社会协同加强特殊教育工作,推进普通学校融合教育发展,初步形成本土化的融合教育发展模式,满足不同障碍学生的教育与康复需求,培养普通学生的包容之心,促进特殊学生与普通学生融合,有助于实现社会公平,构建更加和谐文明的社会。

第八章 政社协同教育治理创新的总结

太仓市积极探索政社协同下县域教育治理创新的实践,历经多年努力,政社协同的县域教育治理太仓模式已经初现,而且有力地促进了县域教育发展,为建设"金太仓"作出了教育贡献。当然,面对高质量发展任务,太仓教育治理创新发展还面临着诸多挑战,需要进一步深化。

一、创新行动的基本特点

针对县域教育治理的价值目标和实际情境,太仓市教育管理部门积极借鉴本土其他领域政社协同治理的经验,开展了县域教育治理的创新探索,呈现出了以下主要特点。

(一) 价值引领

教育治理的价值在于全面创造立德树人的适宜环境,赋能多元主体积极参与治理,实现为党育人、为国育才,培育担当民族复兴大任的时代新人这一战略目标。太仓在政社协同开展县域教育治理中以上述价值为引领,确立了科学、民主、协同、法治的治理基本原则。科学即尊重教育本质,遵循教育规律和事物发展特性,抓住主要矛盾和矛盾的主要方面,科学施策。民主即对外理顺政府、社会、学校的关系,转变政府职能,基于问题向社会问计,开放治理领域吸引社会参与,吸纳社会资源参与育人,同时接受社会监督;对内理顺学校管理者与师生员工的关系,确立各自在学校治理中的主体地位,理顺教师与学生的关系,切实落实新课程改革理念,真正将学习的自主权交给学生,实现教学的民主。协同即强化与家庭、社区、企业、社会组织等主要社会管理主体之间的协商能动意识，密切合作，最大化地激发社会参与教育治理的活力，提高教育领域的治理效率和治理能力。法治即依据国家法律法规，根据县域特点和实际，制订适切的教育治理制度，建构规范化的运作机制，厘清社会各方参与教育治理的边界与权责，确保教育公权力运行合法合规。

（二）问题导向

问题是治理的起源。新形势下教育治理需解决的问题数以千计，需要逐一归类，有些涉及教育体制顶层设计的问题是县域很难解决的，有些是县域教育发展中涌现出的实际问题，需要我们协同各方力量去着手解决。我们抓住主要问题以及问题的主要方面，以法治为准绳着力通过制度的建立与运作，形成稳定的机制，系统性解决问题。

一是顶层设计机制。面对教育治理中存在的局部化、碎片化、分散化问题，主动梳理，科学分类，针对性建制。如出台县域教育治理指导意见，规范治理的总体方向、主要内容和基本要求，明晰政府协同治理的基本思路、学校内部治理的职责与规范；在职业教育双元制这些专业领域，积极吸纳行会、企业等协同参与，通过制度厘清各职能边界、责任与义务等。

二是协调整合机制。治理离不开协调。针对出现的新问题，我们通过制度规范、联席会议、协作行动等，协调不同教育利益主体间的冲突与矛盾，增进彼此间的合作与信任，共同为办好人民满意的教育服务。例如，面对政府部门和社会组织各类教育"进校园"加重了学校负担的问题，我们及时协同各方，了解问题的现状，分析问题症结，适时出台了"三项清单"治理制度。每年初政府相关部门和社会组织提出专项教育供给清单，学校提出需求清单，最后由教育主管部门协调各方确立实施清单，有效保证了各利益主体参与教育的权利，实现了教育效益的最优化。

三是效能激励机制。对于如何提高学校和社会组织参与教育治理的积极性和有效性，改革评价方式是效能激励的有效手段。每年初根据教育治理需要，调整学校效能考核内容，有意识地引导学校主动投入问题解决，比如将党建引领治理、"五项管理"和"双减"的落地、新市民子女入学的吸纳率、新入职教师的培养效果、新课程改革的推进等内容根据需要按适当的权重纳入年度考核内容，明晰评价要求，有效改变了学校被动参与治理的局面。

（三）难点聚焦

破解难点是县域教育治理现代化的重要体现。面对教育治理中的难点、痛点，我们积极外引内联，拓宽思路，逐步形成了"政府主导—多元参与—学校自治"的政社协同治理的主体路径。

比如，随着国家"双减"政策的全面实施，出现课后服务中的课程远不能满足学生学习需要的状况。教育行政管理部门主动作为，确立向学校要方案、向社会要资源、向上级要资金的治理思路，引导学校通过项目申报、购买服务、年终评估的方式主动挖掘社会资源，吸纳社会组织、个人、高校等参与学校课程开发，服务学生全面而有个性地发展，实现提质增效。一年多来，在政府主导和社会各界协同下，区域内呈现了实验小学的C-OOS课程、城厢第一小学的七彩小院士课程、高新区第三小学的雅韵传统文化课程、港区第一小学的港口情韵课程、陆渡中学的阅读德企课程，以及多所小学与科技馆、博物馆等合作开发的课程等二十多个特色品牌课程群，大大满足了学生学习需求，同时学校组织相关教师参与社会组织和个人执教的课程学习与培训，较好地储备了课程开发人才，为后期课程自主实施奠定了智力支撑。

再如，在全面推进学校、家庭、社会协同育人的过程中，遭遇了学校内部管理体制的问题。我们选择部分学校着力推进学校管理体制改革。一是全面实施党组织领导的校长负责制。太仓明确将中共中央办公厅印发的《关于建立中小学校党组织领导的校长负责制的意见（试行）》作为区域内学校建设的根本制度。根据学校规模和实际，有步骤地实行书记和校长分设，全面加强党对教育的领导作用。党组织统筹协同育人的总体方向，强化对学校德育和课程思政工作的把控与指导，协同与引领家庭教育和社会教育，着力构建党组织引领下家校社协同育人的区域教育新生态。二是创新扁平化的中心治理体制。基于校内治理中各部门各自为政、职能不清的现状，选择小学、初中、高中各一所学校进行试点，撤并原"三室三处"（办公室、教科室、装备室、德育处、教务处、总务处），围绕立德树人的根本任务，依据对内对外顺畅开展治理的需要，成立"六大中心"（党政事务协调中心、课程与教学管理中心、教师专业发展中心、学生发展指导中心、信息与装备服务中心、安全与后勤保障中心）。每一个中心由分管校长具体对接，职责明晰，可以根据治理需要，独立决策与内外协同，其职能远远超过原来各处室，中心下面根据需要设不同的项目部，由骨干教师领衔，吸纳更多的教师和学生参与学校内部治理之中。这样在纵向上减少了层级，在横向上利于政社协同，实现学校教育治理的权力结构的多元优化，提高学校教育治理的效率。三是推行"五会一体"的校社协同治理结构。教育治理的实质是教育管理的民主化。我们完善各校章程，创新"五会一体"（教代会、学术委员会、校务监督委员会、家长委员会、学区工作委员会）的民主化治理结构，明晰"五会"的职能和任务，参与主体的职责和分工，以及协同发展的机制。

（四）实践赋能

为满足新形势下学校德育和学生心理健康教育需要专业人员支持的需求，太仓通过政策支持与服务引导，开创了"社工进校园"项目，十多个城乡学校拥有了驻校社工。政府出面招募社工组织，采取项目式运作方式，由具有心理学、教育学、社会学等专业知识的社工每天进驻校园，为学校提供学生辅导、家长指导、教师培训等方面的服务。刚开始专业社工因对学校教育领域和学生工作不熟悉，其工作仅限于对行为偏差学生的教育干预，更多倾向于个性化指导，作用和影响有限，远远不能满足学校教育治理的系统化需求。为此，我们从区域层面成立了社工组织孵化中心，根据学校需求选取匹配性强的社工组织，然后由社工组织和学校双方协商，明晰权责，联合制定符合学校要求的服务方案，开发校本化课程。在学校的帮助下，社工组织在教育实践中不断拓宽服务领域，提高服务能力，实现了"双赢"。比如，太仓市科教新城实验小学已形成了社工助力学生品格提升的特色，"UP飞扬"驻校社工参与心理节、成长仪式等德育活动，辅导班主任开展班级文化建设，指导家长进行家庭教育，开发了"抗逆力"素质锻造课程，成立了针对注意缺陷多动障碍学生的成长训练团，面向家长的"亲职进修校"，针对心理辅导的"关爱空间站"等，驻校社工由教育新手向骨干转变。再如，太仓市经贸小学的"瑞恩飞扬"社工组织在学校的协助下围绕学习能力与归属感、学习效能、学习心理与情绪等方面进行了全校调查，确立了个辅对象，明晰了个性问题，开展全程型学习力辅导。面向全校学生开发了"目标设定与达成""问题发现与解决""自我反思与调控""自主交往与合作"等不同主题的幸福力提升课程，助力学生正确认识自我、自主规划生涯、健康阳光生活，驻校社工在教育实践中教育能力不断提升，协同实现了学校育人目标。

（五）技术支撑

教育治理的现代化离不开信息技术的支撑。借助治理信息网络，政府之间、学校之间、学校与家庭和社区之间可以共享资源、共同决策、共同行动。同时，数字技术的广泛运用与发展,有利于社会组织和公民个人更有效地参与教育治理,更好地监督教育行政行为和学校办学行为。为此,我们进行了机构改革,成立了太仓市为民服务中心,通过信息手段和现场办公等方式集中收集与分类处理教育治理中老百姓的急难愁盼问题。同时,专设教育信息化中心,建设了多类别的教育治理信息平台。一是完善的公共教育服务平台。比如,教育系统的内部办公平台,解决了政校、校内治理中的信息及时沟通、问题反馈与解决、后续的对策改进问题。太仓智慧教育云服务平台,通过与社会优质教育网站合作和区域骨干教师协同的方式,重点解决优质线上教育资源的开发与引进和区域优质教育资源的推介与运用,在教师的日常教学中发挥了重要作用。二是专项教育治理平台。如课后服务管理平台,学校将每天开展课后服务的课程设置、活动开展、效果评价等信息上传,方便了教育部门与学校的信息沟通和决策调整,解决了基于"双减"的教育治理新问题。三是教育监测与评估平台。如基于阶段性学业质量评价建立的初高中教育质量大数据监测系统,实现了质量分析的精准化和个性化。部分学校建立的阳光评价平台,实现了学生在校和在家日常表现及时上传以及家校阶段性评估,开辟了家校协同育人的新路径。

太仓通过政社协同方式开展教育治理在摸索中前行。鉴于教育的复杂性、教育治理领域的丰富性与治理任务的艰巨性,新形势下新问题会不断涌现,未来需要进一步以善治为目标,确立现代化治理理念,转变政府职能,构建政策机制,有序吸引并协同社会组织与个人参与校内外治理,为县域教育高质量发展提供根本性保障。

二、创新行动的关键因素

以县为主的基础教育体系为县域教育治理创新及其发展提供法律依据,但自上而下的教育体系在一定程度上又制约了县域教育与县域教育治理的创新发展。纵观这些年来太仓探索政社协同教育治理的创新实践,可以发现,县域教育治理在创新发展实践中必须高度关注以下因素。

(一) 制度因素

首先,正视现有教育体系。县域教育具有一定的体系和权限,对于县域教育与区域教育的关系问题,具体来说,作为县域的太仓教育,具有完整的体系,能够独立地运行与发展;但是,太仓教育更多地要"服从"于苏州市的市域与或者江苏省省域教育改革发展的整体部署和整体环境。太仓教育治理的创新,包括政社协同的实践模式,在一定程度上受制于上级部门即市域与省域的政策规定与限度,在改革创新实践探索上有一定的限度,不能离开省域、市域的教育生态系统及其建设。

其次,关注系统间关系。在县域内,教育与社会、经济、文化等各个领域一样,都具有相对完整的系统,各自具有相对的独立性。将政社协同的理念运用到教育治理之中,势必涉及教育系统与其他系统之间的相互关系与相互关联;在坚持优先发展教育的框架下,教育系统不能成为一个"特殊"系统,而只是民生系统的一个方面而已。为此,政社协同的教育治理还是要更多依赖教育自身的主动努力,外部协同的力量可能是有限的。必须正视政社协同教育治理的保障机制,关注企业社区与学校在育人要求上的差异性与协同效果的真实性,必须根治形式的、表面的协同。

最后,关注原有制度框架。政社协同的教育治理创新与原先的教育体系和管理基础有关。最突出的问题与挑战是以往自上而下的行政管理制度,包括学校与社区(乡镇)之间的关系,使政社协同力量不能得到最大的发挥。例如,小学、初中、高中等的管理权限在教育局,而不在乡镇社区,学校与社区之间的关系缺少制度性规定,在一定程度上社区并不将学校视为"自己的"学校。

此外,集团化办学作为教育治理创新的一种形式,目的在于统筹教育资源,激发学校办学活力,全面提高学校教育教学质量,以及发展每个教师和办好每所学校。但是,在实践中,还存在诸多挑战,最典型的是教育集团的内部管理与运行机制。属于联盟性质的教育集团中,各个成员的角色与定位难以清晰界定。例如,有些学校加入多个联盟,承担多重角色,需要应对多项任务,非常繁忙;盟主学校感到人手紧、压力大,既要保证自己学校发展,又要承担引领整个联盟发展的责任;集团内教师流动的机制,在很大程度上受制于行政管理制度,如受编制与学校属性等因素制约;还有联盟成员校之间仍然具有竞争关系,这在一定程度上也影响合作及其所属联盟的发展。此外,教育集团与政府部门(如教育局)和相关教育事业机构(如教发中心)等之间的关系究竟如何建构,始终是治理创新中的关键节点。

总之,政社协同的县域教育治理创新受制于制度体系本身的特性。旨在冲破传统体系束缚和制度障碍的治理创新,必须与教育发展体制机制创新相呼应。

(二) 学校因素

政社协同教育治理最终要体现在学校发展上,成为学校治理创新的显著要素。由此,学校就成为了县域教育治理创新的基础,同时也是重要的影响因素。实践显示,学校的办学思想、办学能力及办学资源等,都在一定程度上影响学校治理与学校发展的程度。

一是,学校角色。政社协同视域下的教育治理要求学校管理变革,要求多方主体参与学校共治。这就需要学校校长及教师都具有一定的教育理论素养与对教育现代化的科学认识,充分意识到并使学校成为治理创新的主体。在协同共治中,不能基于个人情谊开展,而是基于专业、制度和机制。学校在推进共治与善治的实践中,要主动联系其他相关方,体现主体角色,寻求互动与合作,聚焦育人工作及其效果。当然,这些制度与机制的建立不仅在学校内,还要寻找上级部门的支持。学校要在政社协同中担任牵头人,要使协同的治理活动常态化与常规式。

二是,学生参与。政社协同中的学校治理机制建设,不仅关注学校管理者和教师,还必须认识到学生参与的重要性和必要性,并努力创造学生参与的可能性和可行性。学生发展是学校教育的最终目标。在教育治理创新的机制建设中,需要有学生参与,发挥学生在教育与学校中的"主体"作用,而不只是作为"被教育者"或者"被管理者"的"受教育者"。要将学生作为自我教育者与实践学习者,并体现在学校教育及其治理体系之中。这就是不仅让学生参与到学校管理与学校治理中,也要让学生更多地与校外主体(政府、社区等)建立连接和互动,让学生真正走进社会,在社会活动中培养他们的责任意识与实践能力,全面提升综合素质。

三是,课程教学。政社协同的教育治理创新不仅要体现在体系与机制建设上,更需要进入课程教学实施层面。在"双减"与"双新"背景下,学校需要借助协同机制,建设有助于新课程实施的资源系统,推进学校数字化运行,实施课堂教学改革探索。具体来说,协同治理的创新需要更好地实施德育为先的五育并举,需要将学校教育与校外教育结合,需要在校外真实生产生活环境下开展教育,建立丰富的校本课程体系。所以,协同的教育治理是全方位的,而不是"管理"性的,例如,协同治理思维与方法需要引入学校课程开发中,凝聚校内外集体智慧与资源,而不是让单个教师甚至单所学校独自进行课程研发。

四是,更需要突出教师在学校治理创新与家校社协同创新行动中的作用。将教师队伍建设作为基础性工作,意味着教师需要成为学校管理改革与民主治校的重要力量,体现教师在学校中的主人翁角色,确保教师成为学校全面提高教育教学质量的关键角色。在推进政社协同教育治理创新行动中,学校教师需要应对学生家长对于教育教学的"反应",需要参与指导"家庭教育"工作,需要做好家校互动。在这些过程中,教师需要不断加强学习,不断提升开展家校互动和指导家庭教育的素养与能力。

总之,学校对教育治理与学校治理创新的认识、学生在学校中的参与、课程教学改革以及教师队伍等,都是学校变革与治理创新的关键要素。

(三) 评价体系

教育评价是教育改革发展中的重要事项之一。评价不只是工具,而且涉及改革发展的价值及导向。在推进政社协同教育治理创新实践中,需要有教育评价的参与和保障。就"健全家校社协同育人机制"建设而言,评价需要更加注重过程性评价、多元评价和发展性评价,更要关注整体性评价、家长角色以及外部评价。

首先,整体性评价。教育治理创新及其产生实践成效需要过程,需要不断优化和修正。在实践中,不能以短时期内的教育实践工作及其结果作为评价标准,更不能以传统的考试分数作为唯一依据。需要将教育治理创新置于推进教育现代化建设和学校变革的大视野中予以评价或者审视。在当前形势下,更需要关注政社协同的教育治理是否切实推进了立德树人根本任务的落实,是否产生了切实有效的协同育人机制,是否真正激发了学校办学活力、促进了育人方式改革和学生主动发展,是否促进了新课程实施,是否调动了全社会关心、支持和参与教育的资源与积极性。总之,需要建立与政社协同教育治理创新相匹配的教育评价思想、方法和体系,进一步促进政社协同的育人工作,充分发挥多元共治优势。

其次,家庭角色。政社协同之中的社会,包括了家庭因素。家庭、家教、家风建设对孩子的成长尤为重要,重视家庭及其教育参与非常必要。学校与家庭在教育上是合作伙伴关系,但是两者在协同育人体系中的角色不一样。在实践中,往往学校占主导、是主角,而家庭是辅助、是配角。为此,深入研究和探索学校与家庭两者在协同教育治理中的角色分担问题,要以开放、包容、共享的思维,支持、激发和确保家庭与家长在协同治理中的参与,包括家庭与家长在教育评价中的参与。家长参与教育评价,是判断办好人民满意的教育的重要路径之一。

最后,教育治理创新不能脱离外部社会的教育评价。在当前社会存在"教育焦虑"与教育环境与生态尚不健康的背景下,县域教育治理创新需要与社会对教育的认知、要求与评价等结合在一起;既不能不理睬社会"声音",也不能过分迎合社会"需求",要在正确理解社会的教育期盼基础上,以治理创新从根本上解决社会上存在的"急难愁盼"教育问题,将更加公平的高质量教育体系建设作为治理创新的追求目标。

(四) 专业支持

县域教育治理创新始于国家教育治理体系建设的要求与呼唤,植根于县域教育发展的实践;但是,基于创新的教育治理发展,还需要来自专业的智力与智慧支持和指导。

太仓市在政社协同下推进社会工作者进校园,推进学生心理健康教育,建设家校社协同育人机制,全面提升学校教育教学质量。实现这种协同治理创新的关键或者基础,就是太仓市引进了专业的社会工作者,充分发挥了这些专业工作者的专业优势。面向未来,这种协同育人的治理创新机制的维系与提升,需要更多方面的专业人才参与,包括高水平的家庭教育指导师、心理健康咨询师、高素质的教育志愿服务者以及信息技术专业工作者等,共同建设线下与线上融通的家校社育人平台系统,使学校教育与社会教育、家庭教育之间融合发展、共同发展。

同时,全社会参与和支持教育发展,需要按照教育规律来统筹整合各类资源并开展专业的教育教学活动。社会及文化部门不仅要主动开放平台与场馆,更要具有教育专业知识与能力,为广大中小学生提供更具教育意义的宣传活动和专题活动,作为服务于全体学生健康成长的公共性教育活动。

总之,推进政社协同教育治理创新,需要更加清晰的、有学理支持的前瞻性的思路,需要将这种创新实践按照行动研究范式进行实施,以专业的教育理论和教育研究作为协同治理创新的要素。

三、创新行动的推进方向

太仓市政社协同县域教育治理创新实践促进并提升了太仓教育发展模式创新,为全市社会发展、经济发展、文化发展和人民幸福生活等各个方面提供了有力支持。面对教育强国建设新要求,太仓市需要进一步深化政社协同的教育治理创新探索,建构全国先进的示范性县域教育治理新模式。为此,深入推进政社协同教育治理创新行动,需要关注以下方面。

(一) 追求教育高质量发展

高质量发展是推进现代化发展的重要任务。太仓教育现代化发展必须在高质量发展上下功夫,将高质量发展作为县域教育治理创新发展的任务。这就要求县域教育治理创新继续注重以下几个方面。

一是将教育治理创新纳入到县域社会发展整体愿景中,将教育治理创新与县域学习型社会、终身学习体系、数字化社会建设等关联。在全面推进小康社会、和谐社会、幸福社会的进程中,推进教育治理体系现代化和治理能力提升,实现教育发展与城市发展相协调,建立健全太仓终身教育体系,使教育成为太仓社会发展的指标,成为人民群众美好生活的重要内容。

二是将教育治理创新与创建新时代全面落实立德树人根本任务太仓模式结合。教育治理创新要在回答"培养什么人、怎样培养人、为谁培养人"的教育根本问题上作出回应,使学校德育与社会德育统整,在全社会形成先进文化上作出贡献,使学校教育与社会主义精神文明建设有机结合、相互促进、共同发展,展现太仓物质文明建设与精神文明建设的结合。

三是将教育治理创新与现代学校制度建设更好地结合。在教育治理创新中必须进一步夯实面向全体学生全面发展的要求,不仅让太仓的每个学生都有出彩的机会,而且也能培育与促进更多拔尖和创新人才的成长与成功。教育治理创新还要在提升学校办学条件、增加学校教育资源、激发学校办学活力、实现学校可持续发展和建设健康教育生态上展现新举措、新成效和新格局。

(二) 实现教学改进与创新

教育治理是教育发展的一个方面,与教育管理相比,教育治理更加注重系统性、问题性、针对性和规范性,与整个教育系统的发展相关联,与教育过程、教育质量、教育结果等相联系。推进县域教育治理创新发展,最终需要体现在人才培养的过程、结果及其成效上,需要体现在培养学生的知识基础、兴趣和思维品质等重要领域。因此,推进学校领域的教学改革与创新,改进课堂教学过程,提升课堂教学效能,必须推进县域教育治理创新的"重心下移"。

县域教育治理创新需要与基础教育领域的新课程改革结合,与全面推进育人方式改革结合,有助于更加重视学生素养与能力培养。这就涉及教的改革与学的改革,治理创新中要体现教师在教学中的主体性、主动性和创造性,改变以往统一规范的标准化课堂观,包括教师教、学生学的要求与评价。如在引导学生主动思考、积极提问、自主探究等方面,因不同学科、不同教师、不同班级、不同学段等因素而不一样。由此,教育治理创新需要在教研、备课、上课、评课、考试及评价等方面有新进展和新方式,通过"教"的改革促进"学"的改革。

总之,关注课堂、关注因材施教、关注学习质量、关注每个学生的发展(包括态度品质养成、知识见识增长、综合素质提升和身心全面发展),必须成为教育治理创新的优先方向,由此实现教学改进和创新。

(三) 深化集团化办学探索

集团化办学是太仓市县域教育治理创新的一个表现,深化集团化办学还有待于教育治理创新的深入发展。换句话说,深化集团化办学探索仍然是太仓县域教育治理创新发展的重要任务之一和方向之一。太仓市教育集团化办学探索起步早、持续时间长,已经产生了一些积极效果。但是,面对当前教育强国建设新要求,政社协同的教育治理创新理念需要转化为新时代促进教育集团化办学探索见成效、成模式、树示范和能辐射的新动力。治理创新必须有助于使集团化办学探索有更高的改革站位,更清晰的发展目标,更扎实的行动措施,更显著的整体成效。

首先,将集团化办学作为推进县域教育治理体系和治理能力现代化的主抓手,在强化政府办学主导的基础上,遵循现代学校制度建设要求,建设与发展教育联盟或者集团。集团化办学可以多模式,不应要求统一化与标准化,而是聚焦办学方向的正确、办学过程的规范、办学成果的满意。

其次,重新确立集团化办学新指向。由先行的"发挥优质学校的示范辐射作用,完善强校带弱校、城乡对口支援"等均衡发展思想,上升到学校间协同发展、区域内学校生态体系建构的创新发展新思维。政府不再主导,取消盟主校,不提优质校,探索自由组盟。注重每所学校的活力培育,注重每所学校优势的发展,注重每所学校在集团中的贡献,形成新时代践行新发展观的教育集团化发展新样态、新模式、新示范。

再次,建立面向全体学校或者集团的专业咨询服务体系。如根据需要设立专家工作室,或者面向大学和科研机构招标咨询服务。为学校和集团办学提供高层次专业支持服务,使实践探索有更专业的理论引导和行动指导。

最后,加大与太仓市外学校的联动、协同和合作,使教育集团更加开放、更加多元、更具活力。集团化办学立足太仓,延展于苏州(江苏),对接上海,放眼至全国(甚至全球)。以集团化促进教育对外交流与合作,促进太仓教育经验的传播与辐射,而不停留在以往"向外"学习的阶段,要以集团化办学建立太仓教育的自立与自强,建立太仓教育的模式与自信。

(四) 打造太仓教育新模式

太仓市充分发挥政府为主导的办学优势,市委、市政府领导全市教育改革与发展各项工作,政社协同的教育治理体系已经初现雏形,并在推进太仓教育现代化发展上显示出了重要作用。当前,太仓教育治理创新需要立足于义务教育优质均衡发展的新阶段,致力于创建具有太仓特点的县域教育现代化新示范,即打造太仓教育新模式。

首先,不断完善和动态优化治理体系与促进治理能力高水平发展。太仓教育需要具有"自我革命"精神,在治理实践中建立健全全过程人民民主制度,使教育决策、教育实践与教育过程等置于公开、透明和专业的状态。不仅在教育系统内部打通教育局、教发中心、集团、学校四级之间的"隔阂",实现不同层级和不同部门之间的沟通协商、信息分享、责任共担的机制与制度;而且要在教育行政部门与非教育行政部门、非教育部门等之间建立广泛的合作伙伴关系和教育协商机制,共同致力于推进太仓市教育改革与发展各项工作的开展,体现融合发展和共建共享的发展理念。

其次,太仓要建立教育资源高配置与全方位提供的新格局。太仓教育发展要充分利用太仓社会经济高水平发展的成果,要以更高的标准、教育资源配置水平和更科学的教育资源配置方式,打造高水平的太仓教育"硬件"基础设施服务,为促进太仓教育的内涵扩展和质量提升奠基基础。例如,这些基础设施建设不只是体现在德育、智育与体育上,还要在劳动教育与美育上创建可见的场所及配置,使五育并举产生更大成效。例如,在推进集团办学或者联盟办学的实践中,需要建立集团可使用的资金供给与使用制度,使集团在办学上具有更多的真正的自主性和灵活性。当然,必须避免"一刀切"的所谓的标准化管理,而是需要更加科学精细化的治理运行。

最后,将教师人事制度改革作为教育治理创新的重点。一方面,将现有社会工作者进校园的教育治理方式,引入到全市学校教师配置与供给之中,增加学校教育者的力量,使新课程背景下的各项教育教学改革有更多的人员参与。另一方面,教师流动是一把双刃剑,掌握得好,能有力促进教师发展和教育均衡,但如果流动过于频繁或密集,就会影响教师的归属感和教育的稳定性,给学校稳定、管理及发展带来问题,最终影响教育教学质量,为此要在教师流动上探索新举措。例如,可将教育者包括专任教师的"流出"安置与其他领域(如社会机构、太仓企业等)的员工招聘相结合,探索出教师队伍"流出"机制,使教师"退出"更显人文关怀和更具制度保障,使教育治理创新真正体现教师为本的思想。

2024年初,太仓市委办公室、市政府办公室印发《关于太仓教育高质量发展的若干措施(2024—2028)》,旨在进一步深化基础教育改革,加强机制创新,全力推进太仓教育高质量发展。这将对进一步完善太仓政社协同教育治理体系与治理能力提升产生积极影响。

第九章　推进教育治理创新行动的深化

推动县域教育治理创新,是我国新时代县域教育改革与发展的需要。太仓市教育治理实践探索显示了其理论思考和实践办法,在政社协同与家校合作理念下,清单式管理、集团化办学、社工进校园、系统性规划引领等实践样态,带有鲜明的太仓特色,散发着新鲜的时代气息,展示了我国县级政府在教育治理策略、智慧和发展上的水平,可以看成中国式现代化教育治理实践的新成果,为审视、研究和总结县域教育治理方案提供了参照和启示。需要在县域教育治理创新太仓实践行动研究基础上,对区域教育治理体系建设及其创新进行深入总结和进一步思考,要在基础性理论思考与生动的实践智慧基础上开展反思,回答太仓经验对于推进我国县域教育治理发展可以提供哪些有益的启发,旨在促进新时代新征程上涌现出更多县域教育治理样板,形成百花齐放、百家争鸣的教育治理发展新局面,真正构建起中国特色教育治理体系。

一、提升新时代教育治理创新的站位

提升新时代教育治理创新的站位,是正确把握教育治理创新方向与深化教育治理创新行动的重要前提。由此,必须充分认识新时代教育治理创新行动的意义,这也是教育治理创新在复杂的社会中自我锚定的需求。米哈里·契克森米哈赖(Mihaly Csikszentmihalyi)在《心流:最优体验心理学》一书中指出,"创造意义就是把自己的行动整合成一个心流体验,由此建立心灵的秩序……肯定人生有意义的人,通常都有一个富有挑战性、足够凝聚他们全部精力的目标,人生意义就建立在这个目标之上。我们不妨把这个过程称为'找到方向'。心流的首要条件便是,行动必须有目标,如赢得一场比赛、跟某个人交朋友、用某种特定方式办成一件事"。① 意义是心理学中心流的条件和手段,也是国家和民族发展可依赖的条件。秦光涛在《意义世界》中指出,意义在主体与客体两端之间形成一个意义链条,"理解可以通过这一链条,或者指向客体端,把主体实践的意向辐射到适当的客体形态上,或者指向主体端,把客体的可实践意义昭示于主体,使主体明了眼前的客体意味着什么"。② 可见,教育治理创新的时代意义,就是沟通主体与客体的载体,是主体通过主体—环境的有效互动生产和坚持的价值链条。深刻理解教育治理创新的时代意义,就是在主体与国家发展、主体与时代主题、主体与国际环境、主体与人类命运通过教育沟通起来的意义附载,为教育治理提供面向未来的意义导向。作为扎根社会土壤的教育治理体系和治理能力,必须在时代主题和时代问题中寻找治理的时代意义,在中国经济社会文化大发展的时代浪潮中寻找教育治理的时代意义。只有在民族与国家自豪感、责任感,以及高度的文化自觉中,才能够深刻理解中国和西方教育治理的差异所在,进而把握我国新时代教育治理创新的定位。西方社会的教育治理是建立在个人私权基础上的协调性方法体系,是在市民社会基础上发展起来的解决社会矛盾、阶级矛盾和发展矛盾的策略,无论如何发展,其治理方法与方法论都无法摆脱孤立的、原子的个体的生硬组合,正如黑格尔所说,市民社会"是各个成员作为独立的单个人的联合,因而也就是在形式普遍性中的联合,这种联合是通过成员的需要,通过保障人身和财产的法律制度,通过维护他们特殊利益和公共利益的外部秩序而建立起来的"。③ 但在当今中国社会,教育治理体系同时指向作为个体的人和作为集体的协同性存在,前者是对具体的生命的尊重,后者是对不同层级共同体的尊重、保护和建设,含有对个体生命—集体生命的双重建构,它思考如何从每个具体的个体身上生发出更加崇高的人类概念、生命理念,"建成具有凝聚力、幸福感和信任感的'治理共同体''利益共同体'抑或'命运共同体'"④。

(一)开辟中国教育的新坐标

在建设中国特色社会主义道路上,治理创新需要把中国智慧与中国理论写在中国大地上,确定中国教育发展的新坐标,将习近平新时代中国特色社会主义思想转化为

---

① 米哈里·契克森米哈赖. 心流:最优体验心理学[M]. 张定琦,译. 北京:中信出版社,2017:350.
② 秦光涛. 意义世界[M]. 长春:吉林教育出版社,1998:92.
③ 黑格尔. 法哲学原理[M]. 范扬,张企泰,译. 北京:商务印书馆,1961:174.
④ 潘泽泉,辛星. 政党整合社会:党建引领基层社区治理的中国实践[J]. 中南大学学报(社会科学版),2021,27(02):153-163.

中国特色社会主义教育体系。这就是把中国教育治理创新与当下中国教育、中国经济社会发展的历史任务沟通和对接起来，服务于一城一县，服务于一事一议，体现制度创新、机制创新和体系建构。

2023年5月29日，习近平总书记主持中共中央政治局第五次集体学习，就建设教育强国发表重要讲话，他强调，"建设教育强国必须以坚持党对教育事业的全面领导为根本保证，以立德树人为根本任务，以为党育人、为国育才为根本目标，以服务中华民族伟大复兴为重要使命，以教育理念、体系、制度、内容、方法、治理现代化为基本路径，以支撑引领中国式现代化为核心功能，最终是办好人民满意的教育"。这是新时代教育治理创新行动的指南。在未来实践进程中，教育治理创新服务于中国式现代化推进，是教育高质量发展的重要领域，致力于解释与澄清中国式现代化的教育内涵与教育体系，书写中国式现代化的教育篇章，提供教育发展的中国方案，讲好中国故事。

教育治理创新需要在教育发展的"系统性跃升和质变"上有作为，突破观念与思维的藩篱，在更多维度、更高标准、更准定位和更大情怀上做文章。这对深化县域教育治理创新发展同样具有巨大的价值意义，要求县域教育治理创新不再局限在学校教育等的部分操作环节，而是更要拓展到治理所牵动的人的主体性长成、文化内核的重塑、生命努力于成人成事的生成性、挖掘历史新意、开拓和创想人类未来空间等一系列深层次、本质性的变革上。这必须成为推动教育治理创新的思维特征。

总之，包括县域在内的我国教育治理创新行动，必须面向中国教育体系创新发展，面向具有开放性的未来世界，立足中国教育发展的实践现场和中国优秀传统教育文化基因，以新时代教育治理创新推进中国教育现代化发展。

（二）描绘教育行动的同心圆

治理是对力量的一种重新理解，把共同、协同、联同视为解决问题的根本方法。教育治理的逻辑本质是对力量来自不同利益相关者的协作的高度认同。深入推动教育治理创新，就是以治理的逻辑与方法，把与支持教育、期待教育、发展教育的各种人员及其力量汇聚在一起，形成各方共同参与的中国教育力量。正如习近平总书记在2021年10月9日纪念辛亥革命110周年大会上发表讲话时所指出的，新的征程上必须大力弘扬爱国主义精神，树立高度的民族自尊心和民族自信心，铸牢中华民族共同体意识，紧紧依靠全体中华儿女共同奋斗，坚持大团结大联合，不断巩固和发展最广泛的爱国统一战线，广泛凝聚中华民族一切智慧和力量，形成海内外全体中华儿女万众一心、共襄民族复兴伟业的生动局面。这同样是推进教育现代化与深化教育治理创新行动的根本性要求与方法。

著名学者叶澜教授提出了社会教育力的观点,她认为社会教育力的发展要走向"聚通",改变社会教育力中相对孤立的线状、块状和条块间尚缺乏聚集与沟通的"星星之火"局面,自觉建立起力与力之间的内外网络状架构,实现同类聚集,推进异类聚集,加强各种渠道的沟通和链接,实现更大能量的传递与互动,激发出新的能量,最终使社会教育力成燎原之势,成为真正"时时、处处、事事"都存在的社会、教育事业自身发展以及每个人身心发展都需要且能获得的强大动力。[①] 这种社会教育力同样可以成为教育治理创新的方向之一,进一步理清共同目标与方向并建立共识,形成教育发展的大合力。太仓教育治理创新实践已经清晰地显示县域教育发展中的利益整合,政府主导、教育自身努力、社会支持等有机结合,促进了县域教育生态的建设及发展。

在未来,教育治理创新行动更要体现让每个关心和参与教育的人都能明白自己在教育舞台中可以充当什么角色,又应该充当什么角色,包括教育内与教育外。当然,其中最关键的是,在教育治理创新行动中必须坚持党的领导,在党的领导下,部署、协调与统整教育治理创新行动中各方力量,把各方力量从分散的状态汇聚在一起,建构教育发展与创新的最大同心圆,集聚与壮大教育发展的各种力量,促进中国教育现代化发展。

(三)促使教育发展攻坚克难

2019年3月1日,习近平总书记在2019年春季学期中央党校(国家行政学院)中青年干部培训班开班式上讲话指出,要做起而行之的行动者、不做坐而论道的清谈客,当攻坚克难的奋斗者、不当怕见风雨的泥菩萨,在摸爬滚打中增长才干,在层层历练中积累经验。这也是习近平总书记对教育改革与发展提出的要求。在推进教育现代化征程中,教育治理创新不仅需要先进理论指导,更需要实践和行动;在行动中不断攻坚克难,检验和佐证教育治理创新的成效,开拓教育治理的新局面。

教育治理创新行动必须要具有高度的政策敏感性,确立最佳的切入点,致力于教育发展攻坚克难。2019年10月31日中国共产党第十九届中央委员会第四次全体会议通过《中共中央关于坚持和完善中国特色社会主义制度 推进国家治理体系和治理

---

① 叶澜.社会教育力:概念、现状与未来指向[J].课程·教材·教法,2016,36(10):3-10+57.

能力现代化若干重大问题的决定》之后,国家在若干重大领域持续发布深化治理改革的改革规划,如《中共中央国务院关于加强和完善城乡社区治理的意见》与《中共中央国务院关于加强和完善城乡社区治理的意见》等,在一些具体领域,都有治理的政策布局,如《关于加强科技伦理治理的意见》就是对科技规范发展的政策规定。在教育领域,国家越来越多地明确教育治理发展与创新的任务和方向:落实好立德树人根本任务;推进基本公共教育服务均等化;促进各级各类教育协调发展;积极稳妥破解考试招生制度难题;改进教育管理方式;发挥学校主体作用;加快建设现代学校制度;发挥社会评价作用;动员社会参与支持监督教育;等等。

进一步深化教育治理创新行动必须根据党中央、国务院部署要求,切实推动教育领域治理体系与治理能力建设,使党和国家的教育政策落地见效。要把教育治理创新的重心放在解决教育改革发展的棘手难题上,通过一个个改革任务的完成和改革难题的破解来提升教育治理水平。要以中共中央办公厅、国务院办公厅印发的《关于构建优质均衡的基本公共教育服务体系的意见》为具体抓手,解决教育发展中的突出问题、关键问题和根本问题,使教育治理创新不断深入。

二、新发展观引领教育治理体系建设

建设国家教育治理体系,需要基于历史新阶段,贯彻新发展理念。新发展理念是当前推动国家教育治理体系建设的思想指南,在新发展理念中思考治理体系建设必须立足于全面深刻理解新发展观的逻辑与内容,把发展的理念之新同教育治理的思维取向对接起来,以治理体系体现发展观的新进展和新思路,以新发展观指导教育治理体系建设,以此实现两相观照和彼此滋养。

(一)深刻把握新发展观的本质内涵

新发展理念即创新、协调、绿色、开放、共享的发展理念,是习近平总书记于2015年10月在党的十八届五中全会上提出的,强调"理念是行动的先导,一定的发展实践都是由一定的发展理念来引领的。发展理念是否对头,从根本上决定着发展成效乃至成败。实践告诉我们,发展是一个不断变化的进程,发展环境不会一成不变,发展条件不会一成不变,发展理念自然也不会一成不变"。

习近平总书记强调,创新发展注重的是解决发展动力问题,协调发展注重的是解决发展不平衡问题,绿色发展注重的是解决人与自然和谐问题,开放发展注重的是解决发展内外联动问题,共享发展注重的是解决社会公平正义问题,坚持新发展理念是关系我国发展全局的一场深刻变革。① 这是对新发展理念的精炼概括。

不难发现,创新、协调、绿色、开放、共享,分别对应并解决旧的发展观中的突出问题。我国经济社会发展在经历多年的高速增长之后,面临不平衡不充分的矛盾与风险,新发展理念是对国家经济社会发展在新阶段面临的环境污染、创新不足等问题提出的应对之策,是由"问题倒逼"走向"问题导向",具有理论与实践前瞻性,在新时代继承并发展了马克思主义学说,给出了"实现什么样的发展、怎样发展"等关键问题的答案,紧紧扣住了国家经济、社会、文化、教育发展的趋势性变化和阶段性特征。

推进我国教育治理发展与创新,必须进一步提升对新发展理念的丰富内涵、本质特征的把握。新发展理念从整体形象上刻画了社会主义追求的良性发展、健康发展、永续发展究竟是什么样(即创新、协调、绿色、开放、共享),分别从不同侧面描绘了中国特色社会主义所追求的发展愿景,本质上是对以人民为中心的初心遵循,这一发展理念必须有治理层面的架构来支持。

教育治理创新需要在国家政府—社会—公民的结构化体系中思考如何实现教育体制机制完善和管理运行高效。实现治理创新的关键是体制机制的创新,其先进性表现在在人人有责、人人尽责、人人享有的社会共同体治理过程中,需要以创新思维打破体制机制障碍,重新协调多方利益、目标和方法,更加清晰地追求社会发展与教育发展的愿景目标,为治理体系建设提供理论依据。

(二)在促使治理创新中践行新发展观

新发展理念提供了教育治理创新的方向与方法。首先,创新发展不仅要求观念更新,而且要体现新技术运用。在推进教育数字化的进程中,教育治理创新可充分利用现代通信、大数据、互联网、人工智能等新兴技术,通过信息化改进多主体沟通,提升政府主导、社会参与的积极性和有效性,通过信息技术赋能政府管理和学校管理,促进教育及其治理中各要素的流动,打破交流沟通的壁垒,增加多主体之间的互信,增加教育发展的新空间和新方向。创新发展鼓励人才创新和政策创新,这也是教育治理创新的关键之一,治理目标不是"管"人,而是促进人的成长,尤其是人的创新成长;实现制度

---

① 习近平.把握新发展阶段,贯彻新发展理念,构建新发展格局[EB/OL].(2021-04-30)[2023-03-14].
https://www.gov.cn/xinwen/2021-04/30/content_5604164.htm.

创新,释放教育领域中的主体创新潜能和发展活力。

其次,就教育治理而言,协调发展不仅是协调各方力量,让教育共同体内部的组织和个体,都能找到自己的施展空间、发力空间,看得到自己的利益得到切实保护,有属于每个人的教育获得感和教育幸福感。还包括教育系统内部各要素、各目标的协调,解决的是教育发展的失衡问题,如统筹城乡发展、统筹区域发展、统筹经济社会文化科技教育发展、统筹人与自然和谐发展、统筹国内发展和对外开放,实现短期目标和长期目标之间的统一,使得各个方面相互协调。协调是教育治理的基础性手段,也是合作和参与的过程中遵循的规范与规则,即"在法治的基础上,运用控制、统治等管理的方法和平等协调、多元共治等疏导的方法,理顺参与治理各方的关系,调动参与治理各方的积极性"①。

再次,是绿色发展,国务院办公厅在 2023 年 1 月发布了《新时代的中国绿色发展》,指出绿色发展坚持以人民为中心,着眼中华民族的永续发展,坚持系统观念统筹推进,共谋全球可持续发展。② 如果说,在生态与环境领域,绿色发展是生态惠民、生态利民、生态为民,那么,在教育治理范畴中,绿色发展就是教育惠民、教育利民、教育为民。当前,教育发展进入提质增优新阶段,教育发展要从原先的规模扩展转向更加注重内涵,突出更高质量、更加公平,解决教育系统内部的主导性矛盾,让教育更加以人为中心,以可持续的方法,发展可持续的教育,实现人的终身可持续发展,这是教育治理从绿色发展理念中得益的地方。

开放发展在当今全球化时代具有更加独特的价值。在 2022 年 11 月 4 日第五届中国国际进口博览会开幕式上,习近平总书记致辞说:"开放是人类文明进步的重要动力,是世界繁荣发展的必由之路。当前,世界百年未有之大变局加速演进,世界经济复苏动力不足。我们要以开放纾发展之困、以开放汇合作之力、以开放聚创新之势、以开放谋共享之福,推动经济全球化不断向前,增强各国发展动能,让发展成果更多更公平惠及各国人民。"封闭的系统缺乏多样性与复杂性,其发展动能是不足的。在教育领域,必须通过治理创新,让教育系统不再封闭,让不同的教育要素彼此交汇,促进教育更加开放,包括学校—社会之间的资源开放,学校—家庭之间的信息开放,以及中国教育与国外教育的交流和鉴赏。《中华人民共和国家庭教育促进法》已经规定建立健全

---

① 许航,孙绵涛.究竟何谓教育治理——一种教育治理研究的反思[J].现代教育管理,2023(10):72-81.
② 新华社.新时代的中国绿色发展[EB/OL].(2023-01-19)[2023-03-14]. https://www.gov.cn/xinwen/2023-01/19/content_5737923.htm.

家庭、学校、社会协同育人机制,教育部等十三部门联合印发的《关于健全学校家庭社会协同育人机制的意见》,对家校如何协作、如何开放给出了详细规定,它们都为开放发展理念下教育治理创新的持续深入提供了支持。教育的对外开放,体现统筹应对与处理对内对外两个大局,要求中国教育参与到全球教育治理之中,在学习国际先进教育经验的基础上,讲好中国教育故事与扩大中国教育的国际影响力。《中国教育现代化2035》中提出,要"加强与联合国教科文组织等国际组织和多边组织的合作""深度参与国际教育规则、标准、评价体系的研究制定""推进与国际组织及专业机构的教育交流合作""健全对外教育援助机制"等,这将是深化教育治理创新的重要任务之一。

最后,共享发展指发展成果惠及全体人民。习近平总书记多次强调,使发展成果更多更公平惠及全体人民,朝着共同富裕方向稳步前进,提出"共享理念实质就是坚持以人民为中心的发展思想,体现的是逐步实现共同富裕的要求"。[①] 深化教育治理创新,必须关注教育成果更好更公平地惠及人民群众。"共享发展必将有一个从低级到高级、从不均衡到均衡的过程,即使达到很高的水平也会有差别。"[②] 在这一总体思想下,稳步并逐步推进教育领域治理创新及其行动,聚焦不断增强人民群众在教育领域的获得感和幸福感。在共享发展理念指引下,未来中国教育治理创新将实现共同富裕的宏大愿景。

三、系统关注教育治理能力建设重点

国家治理现代化的核心要义是推动治理体系与治理能力现代化建设,其中,治理体系更多聚焦整体性、系统性的主体间关系建构,治理能力则指形成治理格局和推动治理发展的主体的综合性素质。治理能力既是治理体系的要求,也是在治理体系的沿革变化过程中逐步形成的,是发展过程中发现问题、直面问题、分析问题、解决问题的综合性能力。正如学者指出的,国家治理能力在本质上指国家拥有的治理资源及对其进行合理配置和有效使用的能力。提高国家治理能力的前提是实现组织、人力、财力、信息等政府运行资源与其职能定位相互匹配,实现中央与地方的权责资源相互匹配,以及紧急状态下能有效动员国家与社会所有相关资源以应对突发事件等。就中国而言,国家治理体系改革的根本目标是为中国建立一个合理、稳定且可持续的现代国家

---

① 习近平. 习近平著作选读(第一卷)[M]. 北京:人民出版社,2023:439.
② 习近平. 习近平著作选读(第一卷)[M]. 北京:人民出版社,2023:449.

运行体制,而一个国家与社会、中央与地方、政府系统内组织、财力、人力和信息等治理资源相互联动、相互契合的资源配置体系正是这一现代国家运行体制的基础。[①] 为此,推动教育治理体系创新建设,需要以治理能力建设为抓手。尤其是作为行政能力的治理能力,直接决定着教育资源的配置、使用及效能,需要治理而不是管控的立场,增强政策决策与政策执行的科学性。由此,这里提出以下教育治理能力建设的三方面重点。

(一)目标整合与规划

所有教育活动都有其目标,所有管理活动都有其追求目的所在,"管理活动合乎目的性的程度愈高,它的效果也就愈高……科学地管理就是指根据目的进行管理。合乎目的性是包括学校在内的各种具有高度组织的社会体系的主要特征"。[②] 教育治理首先是目标治理,理解目标、形成目标是教育治理能力的基础性内容之一,目标整合十分关键。

现代社会之现代性,表现在个体越来越作为独立单元,在社会中审视、判断和选择;现代社会中的教育利益相关者同样越来越有自我和主见,同时多元化、多样性的选择让教育认知及其目标难以达成全社会共识,因而形成超越个体利益的整合性教育发展目标成为教育治理的重要内容。在现代社会中,无论何种形式的教育,总有令人不满意的地方和总有不满意的人存在;教育治理需要超越一时一地一人一念,以更广阔的视野建构教育目标。所以,教育治理能力的一个关键点是,在现代社会深度思考如何形成具有凝聚力和最大向心力的整合性目标。整合性目标并不意味着单一目标,或者满足所有人需求的目标,而是具有全局性、战略性和前瞻性的目标,能够反映最广大人民群众的核心利益,以长远利益超越眼前利益,以全局利益超越局部利益。建立这种整合性目标考验政府的执政能力,同样也是教育治理能力提升的重要任务。

教育发展目标不仅是目标整合,还需要目标规划,而且是科学的教育规划。在教育治理体系中,多元主体对于教育的认知和期待有差异,这些不同主体的教育认知与期待的立场不一样且水平不一致,其中包括对教育的"误解""曲解"和"无解"。这就要求在教育治理中做主导的行政管理者和具有专业素养的学校教育者,必须以正确且科

[①] 薛澜,张帆,武沐瑶.国家治理体系与治理能力研究:回顾与前瞻[J].公共管理学报,2015,12(03):1-12+155.
[②] 瞿葆奎.学校管理[M].北京:人民教育出版社,1988:159.

学的站位及思维,引导和引领各个教育利益相关者对教育目标予以全面、系统的恰当认识和理解,建立真正站在人民立场、以人民发展为中心的教育发展目标和教育发展规划。

教育治理的目标整合和规划制定能力,意味着教育治理者需要理解和把握不同呼声背后的利益诉求,分析哪些是合理诉求,哪些脱离了合理要求的范围,哪些是建议,哪些是情绪,哪些是社会性目标要求,哪些才是教育系统可实践与落地的目标及需求,等等。例如,在"双减"治理实践中,治理能力首先需要体现在倾听、理解和分析家长、学生、教师、政府和社会等对教育改革与发展的多样化诉求上,能够沟通疏导、果断定夺,进而产生具有开放性、科学性、民主性和创新性的发展目标及实施计划。规划制定是教育治理的内容,是衡量政府教育治理能力的重要指标。在规划制定中体现前瞻性和战略眼光,以周期性发展规划引领视野发展,是最具中国特色、体现制度优势的治理方式。因此,"在教育规划到统筹机制、统筹机制到治理体系的序列中,教育的战略性规划既是政府治理能力现代化的手段,其制定和生成过程本身又是治理水平的集中体现,将教育规划作为政府工作的起点、原点具有必要性"[1]。在教育治理能力建设中,无论是国家,还是地方人民政府,或具体到个体的学校,各个层面都需要有把握教育发展长期性、系统性、整体性和科学性的能力,整合不同目标诉求,产生科学规划。

(二) 资源配置与优化

资源是决定教育发展及其质量的前提基础,缺乏资源的教育发展是难以想象的。在重视资源开发与配置的同时,更需要优化资源配置,以产生更高的效能、效率和效应,避免资源闲置、资源错配、资源浪费和资源不均等现象及问题。在资源日益丰富的背景下,治理中的资源配置及优化能力十分重要。在政府为主导的办学体系下,教育资源供给以政府为主,在追求更加公平更有质量的教育现代化进程中,围绕资源配置与优化的治理能力建设的重要性就更加突出。国家在利用民间教育资源方面,已经做了相当的探索,获得了成熟的经验,多渠道筹措教育经费作为优化教育资源结构的办法,在财政性教育经费之外,政府积极支持国有企业参与学校建设,也有地方通过设立基金会、鼓励社会捐资等方式扩大经费来源,在一定程度上弥补了财政性经费不足的困境。大力规范发展民办教育是拓宽教育资源的主要方法,在学前教育等超常规发展

---

[1] 上海市教育综合改革专家咨询委员会秘书处. 为教育改革探路,为教育现代化助力: 上海市教育综合改革发展报告(2014—2017)[M]. 上海: 上海人民出版社,2017: 72.

阶段,很多地方都采用了购买民办学校学位、实施民办学校学位补贴等方式,在短期内完成了学前教育的普及普惠,这种历史性成绩与政府教育资源的创新生产是分不开的。在对外有序开放教育市场方面,也有很多探索,中外合作办学等途径让更优质的国外教育资源惠及国内,在"搅动"教育领域的同时事实上也在带动教育资源的持续竞争优化。

有效提升资源利用率是资源配置与优化的关键,治理能力提升要体现在把宝贵的教育资源真正投入到应该投入的地方,实现精准投入和精细管理。以国家提出的"六保"为例,事实上就是资源投入和工作的优先级排序,更加强调保居民就业、保基本民生、保市场主体、保粮食能源安全、保产业链供应链稳定、保基层运转,六方面"保"的工作都是涉及国计民生的关键环节,缺一不可。教育领域的资源投入也要有优先序列。要在资源投入中承担更多公平公正,"因为无论是教育发达地区还是欠发达地区,它们对公平的需求是共有的。教育发达地区考虑的不是底线问题,底线已然满足,而是资源公平分配问题,如城乡统筹、公共服务均衡和优质资源供给等。欠发达地区如果经济发展全面落后,财政开销入不敷出,底线难以满足,公众至少还能期待区域内的相对公平,而不是倾力办一所优质学校"[①]。可见,资源治理超越了资源的生产和投入,它同教育本身一样,具有公共品性,内含着公平、公正、公开、透明、高效等行政要求,教育治理的目标就是真正让教育资源取之于民、用之于民。所以,教育治理能力建设中必须高度重视资源配置及其优化。

(三) 质量管理与评价

习近平总书记在庆祝中国共产党成立 100 周年大会上的重要讲话中明确提出了要"发展全过程人民民主"。在中央人大工作会议上,习近平总书记又进一步强调"全过程人民民主"是"全链条、全方位、全覆盖"的民主。教育的"全过程"治理就是在科学管理学的视野中思考"全链条、全方位、全覆盖"的具体方法,能够坚持过程民主、过程管理、质量把控。这些要求为提升教育治理能力指明了方向。质量管理与评价是教育治理的内容之一,质量管理与评价的能力表现为,深度参与过程、体验过程、考察过程、评价过程并给出反馈,保障教育事业发展顺利进行,其中,关键的是要体现全过程、民主化的科学治理。

[①] 王瑞德.学校资源及其开发[J].教育理论与实践,2016,36(25):20-23.

教育治理创新必须深入教育发展实践及其过程，捕捉过程性信息，在此基础上作出评价和判断，以推动过程优化与完善，让科学评价引领教育发展不偏离正确的既定航向。教育质量及其过程管理与评价，体现的是政府、社会、学校和所有教育实践者对于目标与质量的高度关注，因此，教育治理离不开质量管理与评价，最终实现的是质量改进。"一个组织（一所学校）实施全面质量管理的真正目的在于实现持续的质量改进或提高。"①只有在教育治理中贯彻了质量标准与要义，拥有质量至上的责任心和使命感，教育治理才能从应付式、被动式和跟从式的管理模式，真正转向以质量为核心的高质量发展之路。

当前，国家实施教育评价改革，对教育监测与评价的重视达到前所未有的高度。中共中央、国务院印发的《深化新时代教育评价改革总体方案》中，开始就指出："教育评价事关教育发展方向，有什么样的评价指挥棒，就有什么样的办学导向。"②教育监测与评价需要在新的实证、举证、循证导向基础上，提供教育工作改进的方式方法和观点建议。进而言之，以教育监测评价为教育治理手段，提升教育治理能力，促进教育治理创新。教育评价改革涉及党委和政府教育工作评价、学校评价、教师评价、学生评价、用人评价等多个方面；在实施结果评价之外，还需要有过程性评价、结果性评价和增值性评价等。评价是一个显微镜，能够透视教育发展的实践，包括过程性演变和最终成效。要在评价中坚决克服唯分数、唯升学、唯文凭、唯论文、唯帽子的顽瘴痼疾，这是新时代评价改革中的价值导向性。这一价值导向性，在中共中央办公厅、国务院办公厅印发的《关于深化新时代教育督导体制机制改革的意见》中亦有体现，即要在评估监测方面，建立教育督导部门统一归口管理、多方参与的教育评估监测机制，为改善教育管理、优化教育决策、指导教育工作提供科学依据。③通过监测评价，质量管理获得了坚实的科学依据。

总之，教育治理能力提升，需要体现在以质量为核心的领域上，以监测评价作为重要的教育行政工具，以质量管理能力和监测评价能力作为教育治理能力建设的又一个对象。

---

① 赵中建.高等教育全面质量管理的概念框架[J].外国教育资料,1997(05)：37-42+50.
② 新华社.中共中央 国务院印发《深化新时代教育评价改革总体方案》[EB/OL].(2020-10-13)[2023-03-14]. https://www.gov.cn/zhengce/2020-10/13/content_5551032.htm.
③ 中共中央办公厅 国务院办公厅.关于深化新时代教育督导体制机制改革的意见[EB/OL].(2020-02-19)[2023-03-14]. https://www.gov.cn/gongbao/content/2020/content_5488909.htm?eqid=be352c0c000246630000000664481259b.

四、县域是教育治理创新的重点场域

县域教育治理水平是国家教育治理水平的具体表征,也是国家教育治理体系构成的基础。缺乏高水平的县域教育治理也就不存在高水平的国家教育治理,更不会有高质量教育。要将县域教育治理放在国家教育治理乃至国家教育发展和国家现代化发展的全局背景中进行思考,"县域教育治理现代化是国家教育治理现代化的'落实之举''固基之石''活力之源'",同时,"县域教育治理现代化是促进教育公平、提高教育质量的'动力引擎''稳定器'和'平衡器'"[①]。这些判断准确指出了县域教育、县域教育治理在国家教育的整体发展中所应承担的责任,以及可以发挥的作用。县域教育是健康教育现代化建设、办好人民满意的教育的基石。为此,国家教育治理创新必须将县域作为重点场域,进一步深化县域教育治理创新行动。

(一) 直面实践现场

教育改革发展必须面对最广大人民群众,面向实践的一线,这是办好人民满意的教育的根本性需求。国家始终将人民是否满意作为衡量教育发展水平高低的标准,致力于在教育发展中为了人民、依靠人民,真正让教育改革发展的成果为人民所共享。在未来教育发展中,作为国家教育治理基本构成的县域教育治理要作为关键指标,来衡量治理水平和教育质量。也就是说,从目标指向上,要探索把县域教育治理纳入国家教育治理的整体结构中,思考县域教育治理的具体表现,着力于反映政府引导、社会自我调节、居民自治、学校自主发展的多元共治格局。

监测与评价教育治理现代化水平,可以基于教育决策科学民主指数、教育法治指数、教育公共事务透明指数、教育政务效能指数、教育监督质量指数、教育清廉指数等。[②] 其所依据的就是党的十八大报告强调的,要更加注重改进党的领导方式和执政方式,保证党领导人民有效治理国家,保障人民的知情权、参与权、表达权和监督权。这些要求具有宏观性和整体性,需要落实到县域教育治理实践之中,即考察政府—社会—学校三位一体的治理结构是否合理,以及各主体理应发挥的作用有无到位,不同

[①] 姚松. 县域教育治理现代化转型:价值、困境与创新路径[J]. 宁波大学学报(教育科学版),2020,42(03):88-94.
[②] 秦建平,张勇,张惠. 教育治理现代化及其监测评价研究[J]. 中国教育学刊,2016(12):23-28.

主体对于自己在教育发展中的权利与义务是否有更好的把握、定位和参与。如在目标整合与规划制定上,是否有学校层面的家校合作与课程建设,在社会层面上是否有对教育的关心、支持等。县域教育治理创新既要体现高效执行国家和省市区域教育改革发展的整体战略部署,同时又要有自身主动谋划、主动作为与创新的实践探索。与国家层面或者上级政府的教育治理不同,县域教育治理的重心在于直接面对一线学校,关注学校发展,关注学校发展的生态系统及其外部环境。

因此,县域教育治理创新直接关系到人民群众的教育满意度,县域教育治理创新必须把教育的社会满意度作为重要因素,体现国家将教育发展作为"民生战略"的定位。只有在县域,教育治理的参与者才能真正听到民意、获知民情、化解民忧和汇集民智。县域教育治理实践及其工作,走入基层和一线,直面广大人民包括教育工作者、学生、家长及社会成员,使教育治理成为教育实践的一种形态。

(二) 探索有效方法

学者项飙和吴琦在《把自己作为方法》中说:"'方法'首先是一种勇气。不一定要遵守那么多惯例,不一定要听所谓主流的意见,想做的事不一定做不成,同行的人不一定都会掉队。这个世界上还存在这么一种可能,问题可以一点一点辨析清楚,工作可以一点一点循序完成,狭窄的自我会一点一点舒展,在看似封闭的世界结构中,真正的改变就这样发生。"[①]确实如此,县域教育治理创新需要率先开启一种勇气,以"自我革命"精神,探索治理发展的新路径,成为国家教育治理创新的"方法"与"路径"建构的先导。

县域教育治理创新可以看成是一种看问题的方法、一种促进教育创新发展的思路。创新意味着拆卸旧的思维框架,不再坚持一种意见、一种声音和一种力量;治理创新需要对多元共治的内在活力持有信心,对教育可持续发展抱有坚定信仰。这种改变,对于个体和集体来说,都是根本性乃至颠覆性的,非得有巨大的勇气不可。

政府需要将县域教育治理创新作为整个国家教育发展与教育治理创新的"方法",作为整个国家教育治理体系和治理能力现代化的选择。作为方法的县域教育治理创新,需要实施自我变革,创新性执行政府教育改革发展规划及其要求,增加教育信息的公开透明,满足民众知情权,增加民众参与度,维护学校教育专业性和稳定性,听取社

---

① 项飙,吴琦. 把自己作为方法[M]. 上海:上海文艺出版社,2020:10.

会公众对教育的意见与建议,探索并总结提炼县域教育治理的一般性规律及创新性方向。

(三) 坚持问题导向

坚持问题导向是教育治理创新的要求之一。县域教育治理创新需要开展广泛而深入的调查研究,找准区域教育发展的主要矛盾和必须解决的主要问题。习近平总书记曾明确指出,深入调查研究要"坚持问题导向,增强问题意识,敢于正视问题,善于发现问题,既看'高楼大厦'又看'背阴胡同',真正把情况摸清、把问题找准、把对策提实"。可见,找准问题、对症下药,是县域教育治理创新的紧要之处。

在县域范围内,优质均衡的教育发展已经成为政府、社会和人民群众的普遍共识,"家门口的好学校"是人民的普遍诉求。但是,面向不断发展与变化的未来社会,教育发展也会面对更多的新形势、新现象、新问题和新挑战,县域教育发展需要不断创新的治理思想、治理体系、治理方式和治理能力。需要将不断增加的人民群众对教育的新要求和新期待,作为县域教育治理创新的驱动力,在治理创新框架内促进县域教育事业发展,使办好人民满意的教育成为一种不断发展的进程,而不是一种固化的结果。县域教育治理创新与整个国家的教育治理创新,具有本质上的内在统一和辩证统一。县域教育治理创新能够在实践中破解教育领域中成长的利益板结与利益固化,切实打破教育内外的部门藩篱、多头管理、各自为战的格局。这些县域探索与尝试,将成为国家教育治理体系建设和治理能力现代化的"样本"与"样例",成为中国特色社会主义教育体系建设的中国经验。

总之,县域是国家教育治理创新的重要场域,县域教育治理创新不仅是县域教育发展的需要,也是整个国家教育治理体系建设与治理能力现代化的需要,太仓市教育治理创新行动探索已经为此提供了示范。在推进国家教育治理体系与治理能力现代化进程中,需要总结包括太仓在内的县域教育治理创新实践及其成效,同时,面对日益复杂的教育发展未来,更需要强化县域教育治理创新的探索。深化县域教育治理创新,必须成为新时代中国教育治理创新的基础性的、重要的任务。

后 记

县域作为教育治理的基层单元,其治理效果直接关系到国家教育强国战略的落地与实施。县域教育治理是一个复杂而又重要的课题,它关系着教育的未来和社会的发展。太仓教育人选择政社协同的视域开展县域教育治理研究,一是鉴于我们深知当今教育不能仅局限于象牙之塔,而需依存于广阔的社会与生活,与社会环境、社会个体和组织高度关联,在政府的正确领导下,与社会各方协同合作,为县域教育带来真正的变革与进步。二是源于太仓作为发达地区县级市,在教育之外的领域率先开展"政社互动"的社会治理实践,积淀了政府与社会组织和个人协同开展基层治理的丰富经验,其成果入围第七届"中国地方政府创新奖"20强,并荣获中国法治政府奖,这为县域教育治理提供了很好的借鉴。

本书是教育部2020年度重点课题"政社协同视域下县域教育治理创新的行动研究"的研究成果,尝试通过理论探讨和案例分析,揭示政社协同机制在优化教育资源配置、创新办学模式、改进人才培养、提升教育质量、促进教育公平、打造教育品牌等方面的独特优势,为其他县域开展教育治理提供参考。在研究的过程中,我们以项目式管理的方式全面推进,成立了县域教育协同治理办公室,从机制改革、政策支持、法治环境建设等方面进行了顶层架构,通过招标的方式确立了20所项目学校,引导他们以协同治理的理念在学校治理机制创新、课程改革、协同育人、社工进校、特色教育等方面进行有益的探索,取得了较好的成效,为区域内其他学校开展教育治理提供了可模仿的范本,解决了教育治理中的普适性问题。

研究成果的取得,离不开社会各界的参与和支持、各级领导和专家们的引领与帮助。在此,特别感谢国家教育咨询委员会委员、中国教育学会原常务副会长、中国教育发展战略学会学术委员会名誉主任谈松华先生和中央电教馆原馆长王珠珠女士全程关心与悉心指导,江苏省教育科学研究院董林伟教授全力支持,华东师范大学教育学部朱益明教授及其团队鼎力相助。正是他们的高位引领与精准指导,让我们克服了一个个研究难关,顺利完成这项研究任务。同时,感谢太仓市教育局各位领导的高度重视和太仓市民政局张跃忠局长的大力支持,以及太仓市教师发展中心的有效组织与太仓市各所学校的积极参与和探索实践,大家共同研究、分享交流和总结提炼,为本课题研究提供了丰富而系统的素材,这些一手鲜活的案例与经验勾画出了太仓教育治理的初步画像。

2023年,太仓市被教育部认定为全国义务教育优质均衡发展县(市、区)之一。本书不仅是太仓市教育治理领域创新探索行动研究的成果,更是太仓市义务教育优质均衡发展的表现。我们相信,本书的出版将为当前我国推进基础教育扩优提质行动提供有益的参考与借鉴,为推动我国教育治理体系与治理能力现代化提供县域样板。

随着时代发展和教育改革的深入,县域教育治理将面临更多的挑战与机遇。在进一步深化教育改革的要求下,更需要充分发挥政府、社会、学校及家庭等多方的力量,共同建设全社会协同育人体系,加快推进区域教育现代化发展,办好人民满意的教育。本书只是对政社协同视域下的县域教育治理进行了初步探讨,仍有许多领域有待进一步深入研究。

期待在未来的研究中,继续与广大同仁携手并进,共同探索中国式县域教育治理的新模式、新路径,为推动教育高质量发展贡献更多的实践成果与理论智慧。